教育科学分支学科丛书

中国教育学会教育学分会　组编

顾　问／叶立群
主　编／瞿葆奎
副主编／吕　达
编委（以姓氏笔画为序）　／王汉澜　王道俊　吕　达　孙喜亭
张人杰　胡寅生　瞿葆奎
编委会秘书／郑金洲　袁文辉　程　亮

本卷特约审稿人／胡寅生

《教育科学分支学科丛书》（平装修订版）

策划 / 郭　戈　刘立德　韩华球

| 教育科学分支学科丛书 |

教育卫生学

JIAOYU WEISHENGXUE

朱家雄 / 著

人民教育出版社
PEOPLE'S EDUCATION PRESS
· 北京 ·

图书在版编目(CIP)数据

教育卫生学 / 朱家雄著. — 北京：人民教育出版社，2019. 11
（教育科学分支学科丛书）
ISBN 978-7-107-34101-4

Ⅰ. ①教… Ⅱ. ①朱… Ⅲ. ①学校卫生—卫生学 Ⅳ. ①G478

中国版本图书馆 CIP 数据核字（2019）第 261087 号

教育科学分支学科丛书 教育卫生学

出版发行 人民教育出版社
（北京市海淀区中关村南大街 17 号院 1 号楼 邮编：100081）
网 址 http://www.pep.com.cn
经 销 全国新华书店
印 刷 北京新华印刷有限公司
版 次 2019 年 11 月第 1 版
印 次 2019 年 12 月第 1 次印刷
开 本 890 毫米×1 240 毫米 1/32
印 张 13
字 数 326 千字
印 数 0 001～1 500 册
定 价 41. 20元

《教育科学分支学科丛书》出版说明

本丛书是新中国第一套尝试以系统结构编写的教育科学分支学科研究丛书，由中国教育学会教育学分会在人民教育出版社（课程教材研究所）支持下组编，瞿葆奎、吕达分别任正、副主编，各卷作者均为教育学相关分支学科专家。从教育科学分支学科的角度，试图全面反映教育科学发展的历史与现状，勾勒教育科学的概貌，并体现新的学术见解，力求做到历史与逻辑相结合、材料与观点相结合、叙述与评析相结合，是这套丛书的宗旨。

本丛书以其鲜明的学术性、时代性和实践性，受到海内外学者的广泛关注，并多次再版重印，荣获全国教育图书奖一等奖等各种奖项。其中不少分卷被评为全国高等学校优秀教材、普通高等教育国家级规划教材、普通高等教育精品教材。海外一些出版机构已经购买部分分卷版权。

为进一步满足广大读者的需要，我们特组织有关专家对本丛书加以修订完善，集中推出 20 卷本平装修订版。本次修订主要做了以下几项工作：进一步核实和规范了全书的注释、引文等；更新了各卷部分资料和观点；个别分卷的内容几近重写。其目的是反映教育科学界最新研究成果和教育改革发展的最新趋势。欢迎专家、学者和广大师生继续对本丛书编辑出版工作提出宝贵意见和建议，以使本丛书更臻完善。

人民教育出版社

2019 年 3 月

《教育科学分支学科丛书》前言

为了进一步促进我国社会主义教育科学的发展，中国教育学会教育学分会组织编写《教育科学分支学科丛书》（以下简称《丛书》），由人民教育出版社出版发行。

《丛书》从教育科学分类学的观点出发，比较系统地从教育科学分支学科的角度反映教育科学发展的历史与现状，试图勾勒教育科学的概貌。

《丛书》以历史唯物主义和“面向现代化，面向世界，面向未来”的战略思想为指导。同时力求做到“三个结合”：历史与逻辑相结合，材料与观点相结合，叙述与评析相结合。

《丛书》属于学术性著作。作者在广泛占有资料的基础上，力图从纵向上论述学科发生、发展与趋势，从横向上比较和分析不同流派的观点。“知人者智，自知者明”，通过对国内外有关研究成果的梳理辨析，努力反映学科前沿，亦体现作者自身的见解。

为提高书稿质量，我们分别聘请知名学者为各卷特约审稿人。特约审稿人对书稿的审阅是全方位的，他们与作者相互进行平等的学术切磋。特约审稿人和丛书正、副主编以及出版社编审人员，尊重作者言之成理、持之有故的不同的学术观点。

教育科学的分化已经有了一个世纪甚至一个多世纪的历史，现在已形成众多的分支学科。可是，相对而言，有的比较成熟，有的则甚稚嫩。这就使各分支学科的作者并不是站在同一条起跑线上。然而，在新的历史条件下，比较成熟者要求有新的发展；比较稚嫩者则要求迅速成长。随着教育实践与理论的发展，随着相关领域实践和理论的发展，教育科学的分化还在继续。这套丛书所展示的，只是当前教育科学分支学科大致的面貌。至于那些或因分支学科尚在孕育之中难以催生，或因没有物色到合适的作者难以落实等缘故而未能列入本《丛书》的，只好抱憾地暂付阙如。

《丛书》由时任中国教育学会副会长兼教育学分会第四届理事会理事长叶立群任顾问。《丛书》设编委会，编委(以姓氏笔画为序)是：王汉澜(河南大学教授)，王道俊(华中师范大学教授)，吕达(时任人民教育出版社副总编辑，中国教育学会教育学分会第五届理事会理事长)，孙喜亭(北京师范大学教授)，张人杰(广州大学教授)，胡寅生(中国教育学会教育学分会第四届理事会秘书长、第五届理事会副理事长)，瞿葆奎(时任中国教育学会副会长兼教育学分会第四届理事会副理事长)。瞿葆奎为主编，吕达为副主编。《丛书》的编辑出版工作得到了人民教育出版社的高度重视与大力支持。

在《丛书》编写出版过程中和出版后，叶立群先生、王汉澜先生、瞿葆奎先生、王道俊先生和孙喜亭先生先后去世。在此，我们谨对他们表示深切的怀念和敬意。

以系统的结构编写《教育科学分支学科丛书》是一种尝试，其中缺点、错误敬希读者指正。

中国教育学会教育学分会

2019 年 3 月

教育科学分类：问题与框架
——《教育科学分支学科丛书》代序

瞿葆奎　唐　莹

对教育科学进行分类，人们已做了一些尝试。它是从分类学的角度对教育科学本身进行的一种反思。这一方面意味着理智上的本能：从混沌逐渐走向有序；另一方面又反映出教育科学自身发展的逻辑：从幼稚逐渐走向成熟。但是，“我们也并非不知道，关于教育科学的分类至今还不够完善，甚至具有随意性”①。这是个不过分的估计。

一

就论题本身来看，我们要达到的直接目标是提供一个较合理的分类框架。由此自然会想到：构建一个分类框架，需要的是什么？在现实生活中，人们经常进行着分类，因为这是纷纭复杂的世界要求人们作出的选择。比如性别之分，籍贯之别，等等，这仅是分类的最简单的形式而已。同时，分类也是科学研究中的一项重要工作，一些学科本身就是分类学。但无论哪一种分类，当我们用“奥卡姆剃刀”② 刮掉关于分类的种种内容与现象时，可得到分类的内核便在于某种尺度，或者说一定标准，这标准将保证分类的顺利进

---

①［法］加斯东·米亚拉雷、让·维亚尔主编，张人杰等译：《世界教育史（1945 年至今）》，上海译文出版社 1991 年版，第 500 页。

② 奥卡姆（William of Occam），中世纪英国经院哲学家。宣称“若无必要，不应增加实在东西的数目”。此说后被称为“奥卡姆剃刀”。

行，并达到条理化、清晰化的目的。因此，教育科学分类首先要回答的是：依据怎样的标准进行分类？但是，接下来我们又要追问：标准从何而来？它是任意给定的吗？如果对一个事物可以从多种角度给出多种分类标准，这是不是主观随意性的表现？

要对分类及其标准问题透视得清楚一些，解剖分类典型也许是一个权宜之计。科学分类①是人们已长期探索的论题之一。教育科学分类与科学分类是特殊与一般的关系。对科学分类的一定分析，或许能为教育科学分类在思考方向上拨开一些迷雾。

严格地说，科学分类是科学发展、繁荣和分化以后的产物，即近代科学发展的产物。人们已对先辈为科学分类作出的贡献理出了一些清单。在这里，我们仅作一些综合而简约的分析。培根是以人类的理性能力作为分类标准的。② 圣西门否定这种主观的标准，提出了以研究对象为依据的分类，这是以客观标准分类的雏形，但同时显示出的是停留在表面现象上的机械对象观。③ 黑格尔把这种机械观作为靶子，以辩证发展的思想来看待分类，但学科之间的转化被说成是绝对精神自我发展的结果。④ 恩格斯则站在历史总结的地

---

① 由于“科学”这一概念有其历史的发展过程，人们在对它的理解上和运用上出现了不少分歧，在“科学分类”问题上也是如此。有的仅是对自然科学进行分类，有的则将人文、社会科学包括在内，更有人把哲学也考虑进去，但这并不妨碍我们对这一问题的分析。其实，这都是对学科进行分类。严格来说，用“学科分类”替代“科学分类”也许更恰当一些。

② 培根认为人类具有三种理性能力：记忆、想象和判断；相应地便有三类学科：记忆学科（包括历史学、语言学）、想象学科（包括文学、艺术）和理智学科（包括哲学和自然科学）。

③ 圣西门把科学研究的对象分为天文现象、物理现象、化学现象和生理现象，相应地便有天文学、物理学、化学和生物学这几类学科。

④ 黑格尔的科学分类思想体现在他的“自然哲学”里。他认为绝对精神既是自然发展的原因，又是自然发展的结果。自然的发展分为三个阶段：“机械性”阶段、“物理性”阶段和“有机性”阶段。相应于三个阶段的三类学科为：数学、力学；物理学、化学；地质学、植物学、动物学。

平线上，对圣西门和黑格尔的思想进行了分析，提出了科学分类的客观性和发展性原则，按物质的运动形式进行分类。① 与此同时，还有另一种取向，即由于科学方法的突飞猛进，由于价值问题的无法回避，因而有的学者提出以科学研究方法作为科学分类的一种标准。这从德国学者温德尔班（Windelband，W.）开始，② 逐渐普遍开来。这也可以说是对培根分类标准的发展，因为研究方法是人类理性能力的有力表现。总的说来，以研究对象为分类标准一直是科学分类的主流，由此在大体上形成了框架。从最大或基本部类来说，一般而言，英、法传统把科学分为自然科学、人文科学、社会科学，德国传统把科学分为自然科学与精神科学。两者有异曲同工之处。还有一种框架是把科学的涉及面扩大了，如苏联学者凯德洛夫（Кедров，Б. М.）在1954年对科学的分类，坚持了恩格斯的客观性与发展性原则，把科学的基本部类分为哲学、自然科学、社会科学，进而再寻找这三大部类之间的二级、三级联系。③

随着现代科学的迅速发展，人们不得不再次面对科学发展的特点，对科学分类作出新的思考。有几种趋势：从分类标准来说，分类标准多样化（这与分类目的有关）；从交叉学科形成的途径来分

---

① 恩格斯把物质运动形式分为五类：机械运动、物理运动、化学运动、生物运动和社会运动。对应于这五类运动形式有五类学科：力学、物理学、化学、生物学和社会科学。

② 温德尔班认为，由于科学认识目的的不同，存在着两种不同的研究方法，即“规范化”的方法与“表意化”的方法。根据这两种方法的区分，可以将科学分为：自然科学与历史科学。其继承人李克特（Rickert，H.）虽然认为科学分类既可遵循“质料的分类原则”（从研究对象的角度），也可遵循“形式的分类原则”（从研究方法角度），但他更倾向于后者。他把研究方法分为“普遍化的方法”与“历史的方法”，从而将科学分为自然科学与文化科学。

③［苏］凯德洛夫著，裘辉译，冯申校：《论科学的分类》；［苏］凯德洛夫著，刘伸摘译：《论现代科学的分类》，载瞿葆奎主编，陆亚松、李一平选编：《教育学文集·课程与教材》上册，人民教育出版社1988年版，第368—408页。

类；并且由于20世纪以来，人们对方法的崇尚，不少学科本身就是一种方法，因而以方法为标准似乎与以对象为标准各执一端，分庭抗礼。从形成的框架来说，科学的基本部类由三个推向多个。而凯德洛夫在科学新发展的挑战面前作出的判断：分类标准正从功能走向基质①，实际上进一步强调了科学分类所需的基本点：反归科学研究的事物本身。

迄今为止，科学分类是否已很合理暂且不论，但其探索历程中的成功与困惑，却为教育科学的分类提供了思考方向。科学分类的标准把科学所指向的客观事物作为思考的基本点，但如何处理好这一基本点与其他标准，诸如：方法的关系？如何才能做到主观与客观、历史与逻辑、形式逻辑与辩证逻辑的统一？同时，科学分类还告诉我们：作为理性的科学分类框架要能反映学科发展的历史与现状，具备较大的学科涵盖量，体现学科之间的内在联系，具有一定的预测性，从而间接地发挥着指导实践的功能，比如它将对今后学科的发展、研究的重点、课程的设置等提供理论基础。然而，教育科学分类并非科学分类简单的演绎，它具有自身的特性。也就是说，接下来的问题是：我们是在对怎样的事物进行分类？

二

从人类诞生之日起，教育这一实践活动就承担起了沉重而光荣的历史使命，它使人类世界的进化有了内在的承续性。也正因为如此，关于教育的知识成了人类理智探索的永恒论题。教育科学有自

---

① 这里，“基质”指的是科学研究的某一客体。科学分类的基质水平是更为复杂的、高级的水平，它与以研究对象为标准（客观性原则）的区别在于，它反对对象与科学是一一对应的，强调对某一客体（基质）的多方面研究，同一基质可以成为多门学科的对象。

己的骄傲：无论在西方古希腊哲人的，还是在东方古文明圣贤的著述中，它都可以找到自己最初的踪迹。从哲学母胎中出来，且逐渐地有了“学”的名分，标志着它的逐步走向独立；对教育现象进行科学的研究，且不断发展、丰富，标志着它逐步走向成熟。教育科学也有自己的悲哀：茫茫科学大地上，哪儿是它的位置？我们可以从奥利韦拉（Olivera，C. E.）列举的人文和社会科学的一些知名的分类中感受到这一点。比如迪韦尔热（Duverger，1961）的社会科学门类概览，维耶（Viet，1965）受结构主义影响的学科目录表，克劳斯纳（Klausner，1966）的对构成“整体社会”的研讨的考察，皮亚杰（Piaget，J. P.，1970）专为联合国起草的对学科类型的全面分析，这些分类都忽略了教育科学。① 教育科学在性质、范围甚至名称上一直成为人们争议的话题。

考察一下教育科学发展的历史，可以发现：有关教育知识的学科经历了由一门“教育学”到多门教育学科的发展过程。从用词上说，“教育科学”这一概念也经历了由单数到复数的变化。单数“教育科学”（educational science）主要指的是按经验科学的模式而形成的教育学，以区别于赫尔巴特的思辨教育学。这种提法是与自然科学研究方法向教育研究领域的渗透联系在一起的。19 世纪末 20 世纪初，实证主义思潮的兴起，使自然科学的规范和方法成了权威，社会科学领域纷纷效仿，“实验教育学”便是当时这种现象在教育研究领域里的表现。② 它力图使自己像自然科学一样，用种种自然科学方法研究客观的教育事实，它要放弃理想，放弃价值

---

① Olivera，C. E.，Comparative Education：Towards a Basic Theory，in *Prospects*，Vol. XVIII，No. 2，1988，p. 177.

② De Landsheere，G.，History of Educational Research，in Husen，T. & Postlethwaite，T. N.（eds.），*The International Encyclopedia of Education*，Vol. 3，1985，pp. 1589-1596.

与目的，成为经验科学，摆脱教育学的思辨面貌。于是便有了用“教育科学”（单数）一词来指称这种教育学。① 虽然教育学由此在某些方面获得了进展，然而至今这种理想还只是理想。

教育学自身在现实中的发展更具有生命力。复数“教育科学”（educational sciences）的产生也是对这个问题的有力回答。它的产生源于人们对教育学的理论基础的思考。早在赫尔巴特时，他就明确地把伦理学与心理学作为他的教育学的理论基石；在实证思潮的背景下，人们又陆续意识到生物学、生理学、社会学、统计学等对教育学的贡献；二战后，经济学、政治学及技术学等也跨入了教育学研究的行列。教育学似乎与很多的学科结下了不解之缘。在这种现象出现之初，敏锐的学者就以简洁的概念形式作出了概括。1921年，心理学家克拉帕雷德（Claparede，E.）在日内瓦指导一个教育心理学研讨班时，提出关于“教育科学”的新概念，明确地把“科学”一词用成复数形式，当时只涉及心理学、社会学、历史学和哲学。②

正如任何新生事物一样，复数教育科学概念被广泛接受经历了不短的时间，并且在不同语种的国家，作出的反应也不尽相同。有三种明显的倾向。第一种是几乎已完全承认“教育科学”的复数形式这一概念，它逐渐取代了“教育学”（pédagogie）一词，主要表现于法语国家。比如在法国，这一概念已明确确定了

---

① 使用“教育科学”一词的第一位学者很可能是法国的马克-安托万·朱利安（Jullien，M.-A.）。见［法］加斯东·米亚拉雷、让·维亚尔主编，张人杰等译：《世界教育史（1945年至今）》，上海译文出版社1991年版，第496页。有研究者认为，德国的里特（Ritter，K.）于1798年就提出了“教育科学”（erziehungswissenschaft）这一概念了。

②［法］加斯东·米亚拉雷著，雷若平译：《法国的教育科学》，载《国际教育科学杂志》（中文版）1985年第3卷第2期。

“约二十年之久”①。第二种取向是教育科学复数形式与教育学（pedagogy）共存。比如在德语国家，尽管“pädagogik”一词比较“顽固”，但强调复数教育科学的人们对它发起了强烈的攻势。②在我国，无两军对峙的局面，以“教育学”为名称的大量著作的出版发行，标志着它的存在并未受到威胁。不过，另一方面，人们对大“教育学”背上了沉重的翅膀难以起飞的局面也焦虑不安③，加上现代科学发展的分化、综合趋势，促使人们要面对现实，教育科学的复数形式也得到了正式的权威性的认可④。第三种取向是较少采用教育科学复数形式一词，但有自己的表达方式。比如，在英语国家中，经常使用教育理论及其基础学科（educational theory and its foundation discipline）这一术语，其含义与教育科学复数形式相近。此外，还有一种倾向值得注意：在俄语国家，一般把教育科学与教育学作为同义词，“现代教育学既是一门统一的学科，又是多分支的许多教育学学科的总和”⑤。对教育科学复数形式的态度，尽管有一些差异，但复数教育科学已成为不可否认的事实，并且有着大致相同的含义和范围。它是所有有关教育的知识体系的总称，由若干学科构成，这些学科从不同的研究角度或不同的层面来认识和改进教育活动。也正是因为教育科学以复数形式出现，才使教育科学分类成为必然。

教育科学在形式上由单数到复数的变化，并不是一种文字上的嬉戏，这当中蕴含着观念上的差异。单数“教育科学”中蕴含的观

---

①②［法］米歇尔·德博韦著，马肇元译：《关于教育科学性质的国际范围大辩论：一种比较研究的方法》，载《教育展望》（中文版）第23期，1990年5月。

③ 例如，陈桂生：《教育学的迷惘与迷惘的教育学》，载《华东师范大学学报（教育科学版）》1989年第3期。

④《中国大百科全书·教育》，中国大百科全书出版社1985年版。

⑤［苏］П. Р. 阿图托夫等主编，赵维贤等译：《教育科学发展的方法论问题》，教育科学出版社1990年版，第17页。

念是：力图把教育学变为经验科学。单数“教育科学”的“科学”含义是从严格意义上说的。复数“教育科学”中蕴含的观念是：教育科学是大量社会学科，还包括某些自然学科应用于教育领域而形成的，它们绝大多数以教育现象为对象；在方法上博采众家，其发展以这些学科的发展为前提。复数“教育科学”的“科学”含义比较宽泛，在形式上成了所有有关教育的学科的总称。

这种观念上的差异，可归结到对教育理论性质在认识上的区别。因此，对教育科学的认识需进一步追问：教育理论是以怎样的理论形态而存在——经验科学理论？抑或实用理论？这个问题已引起了许多论争①，我们将在这种论争的基础上，作进一步的思考。

科学理论是对经验世界的解释，其目的在于认识和探索事物本身，其价值在于揭示事物内在的规律，甚至在于为这种规律探索的沉思。因此，（经验）科学理论又常常意味着一种所谓“为知识而知识”的理性精神。它的结构一般可表述为：在大量事实基础上提出假设，按客观事物的实际联系和相互转化关系，把相应的概念、判断、推理组成一个严格而自为的逻辑体系。当然，从绝对意义上说，没有一种科学理论是能与实践相分离的。实用理论则把视线直接投向实践，它探讨有关如何把认识的规律运用于实践的问题，并

---

① 尤以英国学者奥康纳（O′Conner，D. J.）与赫斯特（Hirst，P. H.）之间的论争为代表。见 O′Conner，D. J.，An Introduction to the Philosophy of Education，1969；O′Conner，D. J.，The Nature of Educational Theory；Hirst，P. H.，The Nature of Educational Theory，Reply to D. J. O′ Conner，in Peters，R. S. et al.（eds.），*Proceeding of the Philosophy of Education Society of Great Britain*，Vol. 6，1972. Hirst，P. H.，Educational Theory，in Tibble，J. W.（ed.），*The Study of Education*，1966. Hirst，P. H.，Educational Theory，in Hirst，P. H.（ed.），*Educational Theory and Its Foundation Discipline*，1983. Evers，C. W.，Epistemology and the Structure of Educational Theory：Some Reflection on the O′ Conner-Hirst Debate，*Journal of Philosophy of Education*，Vol. 21，No. 1，1987。

且要为解决实践问题提供种种规范与建议，带有极强的价值与目的色彩，因此，具有实用理论形态的学科常被称为规范性学科。实用理论的结构可以大致这样来概括：提出某种希望达到的目的，对各种指向目的的备择手段予以论证，得出在既定的环境中某种合适的手段，然后建议如何用这一合适手段去兑现目的。①

从上述两种理论的特征来看，分析一下教育理论的对象（实践性活动）、目标（提出有效的建议），几乎可以肯定地说，教育理论不可能成为纯粹意义上的经验科学理论。它是一种实用理论。但教育理论中存在着“解释”部分，比如，它有对“人”的解释，这一事实成为人们把教育理论看成是既有（经验）科学理论又有实用理论成分的论据。这种观点值得推敲。首先，它似乎存在着把完整的理论肢解开来的危险；其次，我们要问：教育理论中的“解释”与（经验）科学理论中的“解释”，其性质是否一样？此外，它还隐含了对实用理论的偏见。的确，如果我们把实用理论仅仅与实际操作性原理联系在一起，仅仅把它与即时地解决问题联系在一起的话，那么，教育理论并不完全如此。实用理论是关于“实践”的理论，但它有关实践问题的论述，并不等于直接规范人们今天干什么，明天怎样干。作为一种理论，它有抽象性，有自己表达假设、进行论证的形式；它不同于直接的处方，而是处方的主要依据；它在思考如何运用规律时已蕴含了对规律本身的思考。因此，实用理论并不排斥“解释”，只是它解释的方式具有自己的特性。

就教育理论来说，由于它涉及对人的活动的解释，从而需要运用许多有关“人”的学科的概念与解释。而离开了这些学科的解释，教育理论只能对现象作事实的描述，却达不到解释的层面。但

① [英] 丹尼斯·劳顿等著，张渭城等译，郑仪等校：《课程研究的理论与实践》，人民教育出版社 1985 年版，第 9 页。

其他学科与教育理论两者间的关系又不是直接的演绎关系，教育理论中的命题可以追溯到哲学命题、心理学命题、社会学命题等，但它已不是这些命题本身，并且这些命题的正确性并不能保证教育理论命题的正确性。教育理论中解释方式的特性在于：它是“运用解释的解释”。比如说，它是在对心理学、社会学、人类学等学科有关人的解释的运用中来解释培养人这一活动的。这样，可以说，教育理论里具有科学探究的成分，也正由此而区分出其内部相对的基础部分。

此外，从研究角度来说，教育理论的形成，实际上在运用这些学科的解释的同时，也运用这些学科的方法，而对统计学等这样的学科，则主要是运用了它的方法。尤其是随着人类知识的不断增长，不少新兴方法性学科、工具性学科的涌现，如计算机科学进入教育领域，为教育理论的科学化以及新的教育学科的形成作出了贡献。

教育理论的这种特性，使它大可不必为自己不能成为纯粹意义上的（经验）科学理论而感到沮丧，恰恰应以此而自豪：它要站在“众人”的肩膀上——把许多学科集于一身，去综合成自身的体系。从某种意义上说，它比这些学科更复杂，也更富于挑战性。然而，我们也不得不正视现实，教育理论的现状，也许落在不少学科之后。不过，当我们正视现实，“眼中形势胸中策”，既把自己列在为难的境地，又不失信心地厉兵秣马，情况就会一天天更好起来。

这种对教育理论的性质的认识，不仅为复数教育科学的产生作了恰当的脚注，而且还反映了教育科学分支学科形成的总特征，即它们是在运用其他学科的理论和方法的过程中形成的。比如，当我们追溯教育社会学的形成轨迹时，必然会回到社会学家涂尔干（Durkheim，É.）那儿，他正是运用社会学的理论和方法来研究教育的。

事实上，从教育科学分支学科的形成史中，可以归纳为这样几个大致的规律性特征。第一，分支学科的形成与其他学科的发展和成熟度密切相关，它对其他学科发展的意识由迟钝到逐渐敏感起来，从而加速自身的形成和发展。当然在这种欣欣向荣的背后也有着“假冒伪劣”，这指的是：有些所谓的新教育学科，用了不少其他学科的新名词，但实际上并没有新的内容，或者说没有表现出具有从新的角度去解决教育科学其他分支学科未能解决的问题的能力。第二，对其他学科的运用由注意理论运用开始，逐渐也重视对方法、技术的运用，这样在重“解释”的教育科学分支学科不断形成的同时，偏“操作”的技术性的分支学科也得到了发展。第三，教育科学分支学科的形成由“分析”（即从某一其他学科出发来研究教育）开始，逐渐出现“综合”（即以多学科同时研究教育）。

教育科学发展至今，已形成了不少学科。教育科学分类最终要面对的就是已形成了的那些学科，对它们进行归纳性分析。因此，在回答“是在对怎样的事物进行分类”这一问题时，除了上述对教育科学概念及教育理论性质的理解之外，还须明确教育科学内部有哪些学科可成为我们考察的对象。这便涉及对“学科”的理解，怎样才算是一门学科？学科的要旨是什么？

对这个问题，一些学科的研究者已进行了比较深入的研究。例如，有的研究者以经验分析方法分析经验学科，得出确认学科本质特征的七项标准：（1）学科的材料域，即一组研究对象；（2）学科的“题材”，即从某一角度来考察材料域所得的范围；（3）学科的“理论”一体化水平；（4）学科的独特方法；（5）学科的“分析工具”；（6）学科在实验领域中的应用；（7）学科的“历史偶然性”。[①] 也有的研究者以结构分析法透视学科的本质，得出了三个标准：

---

① 刘仲林主编：《跨学科导论》，浙江教育出版社 1990 年版，第 34—38 页。

(1) 可观察或已形式化的客体，受方法、程序的制约；(2) 现象与客体相互作用的具体化；(3) 按照一组原理表达或阐述的定律。①我国也有研究者通过对社会科学学科的分析，提出了一门独立的学科所具有的特征：(1) 内容的专门性；(2) 对象的成熟性；(3) 研究方法的科学性；(4) 从理论形态上把握认识。② 借助这些研究者的研究，可以发现：不管人们是在对哪一门类的学科进行认识，也不管人们从各自角度提出了多少标准，只要是一门学科，其最根本的特征主要体现在两个方面：对象与方法。如果说有第三个方面，则是在此基础上形成的理论体系。学科的命名也概略地出现这样的分布：或以对象命名，或以方法命名。

关于学科，还有三点似乎值得注意。第一，根据学科的基本特征，可以说，在应用中形成的学科并不妨碍其成为真正的学科，它有对象、有方法，也可自成体系。第二，方法有“专利”，但并非专用。没有独特的方法也并不妨碍一门学科成为真正的学科。第三，评判一门学科的实践指标也很重要。舒尔茨（Shultz，D.）在谈到心理学成为一门独立学科的标志时，认为几乎都与实践有关，如第一个心理实验室、第一个心理学教授职称、第一个心理学学术组织、第一份心理学期刊等。③

归纳起来，评判一门教育科学的分支学科是否成熟，其指标可从两方面看：一是属于“理论”方面的——对象、方法（及理论体系）；一是属于“实践”方面的——是否有代表人物、著作、学术组织、学术刊物等。这就是说，成熟意味着：是否满足了所有这些

---

① 刘仲林主编：《跨学科导论》，浙江教育出版社 1990 年版，第 42 页。

② 陈波等著：《社会科学方法论》，中国人民大学出版社 1989 年版，第 36—37 页。

③［美］杜·舒尔茨著，沈德灿等译：《现代心理学史》，人民教育出版社 1981 年版，第 2 页。

方面？满足的程度又如何？

三

教育科学的分类是对其内部的学科进行分类，因而学科的特征量——对象与方法——便成了我们注意的焦点。是以对象为标准，还是以方法为标准？从科学分类中可以看到这一对矛盾，教育科学分类也同样碰到了这个问题。

以对象为标准，往往成了坚持客观性原则的标志。这个原则是恩格斯确立的。他把学科所要分析的对象，都归结到事物存在的运动形式上，因而“科学分类就是这些运动形式本身依其内在序列所进行的分类、排列”①。因此，以对象为标准，首先便要弄清所有学科所要分析的那些事物是什么，这些事物之间的内在区别与联系是怎样的。在教育科学的分类中，也有这种分类取向：如有的研究者认为，教育科学各个分支所表现出来的多层次性、多序列性与多量度性，正是由教育本身的、现实的系统特征所决定的。由此提出了教育系统的五个特征，相应列了五类教育科学分支学科。② 也有些研究者以教育现象（情境）的分析为基础，根据影响教育情境的因素的分类来对教育科学进行分类。③ 还有研究者按教育活动开展的阶段划分而区分了几类学科。④ 从这些探讨中，我们看到，对象

① 恩格斯：《自然辩证法》，载《马克思恩格斯全集》第 26 卷，人民出版社 2014 年版，第 579 页。

② 毛祖桓著：《教育学的系统观与教育系统工程》，四川教育出版社 1988 年版，第 102—105 页。

③ Mialaret，G.，*Introduction to the Educational Sciences*，1985. 见马骥雄著：《外国教育史略》，人民教育出版社 1991 年版，第 398 页。

④［德］赫尔马·格·弗兰克著，安文铸译：《未来教育科学入门》，中国世界语出版社 1986 年版。

是科学分类中一个不可忽略的重要方面。

但是，我们也要看到：对教育科学分类有着明显的认识论特征，认识论要通过追问“我们是怎样认识事物的”来达到对事物是什么的认识。“对象”本身就是一个认识论层次上的概念，它与客观存在并不完全一致。对象总是映射了一个主题，主体所面对的是整个客观存在，但最终所研究的则是主体从某一角度所看到的客体。而主体对对象的认识在很大程度上归功于认识的方法。仅以对象为标准，实际上预先为自己设立了一个前提，即对象与学科、对象与方法总是一一对应的。现代科学的发展已使这种严格的分界变得模糊起来。因为很多学科、方法有可能同时指向同一个对象。因此，仅以对象为依据，在很多情况下已难以分类。在教育科学的分类中，以对象为依据顶多只能区分这样两大类：一是以教育活动为研究对象的学科，二是以教育理论为研究对象的学科。从历史发展的眼光看，第二类学科是在第一类学科发展的基础上产生的，是第一类学科发展“自我意识”产生的标志。仅以方法为标准，也同样存在难以克服的局限，常常使一门学科分解开来。例如，日本学者根据研究问题的四种方法，把教育研究分为理论研究、实证研究、实验研究和历史研究，相应地把教育科学分为四类①，以及有些学者从研究方法的角度，把教育科学分为分析、规范、经验三类学科②，都存在着这样的问题。因此，分类标准的制定需同时考虑到对象与方法。在这里要注意的一点是：据前文所述，教育科

---

①［日］大河内一男等著，曲程等译：《教育学的理论问题》，教育科学出版社1984年版，第193—196页。

② Christensen，J. E. & Fisher，J. E.，Educology as an Organizational Concept for School of Teacher Education，Colleges of Education，and Faculties of Education，in Christensen，J. E.（ed.），*Perspectives on Education as Educology*，1981，pp. 275-287.

学内部的各门学科是在对其他学科的运用中产生的，教育科学所运用的方法也正是来自这些学科，这样，考虑对象与方法的关系问题就转变成了考虑对象与学科的关系问题。

有一点是十分明确的：除了以教育理论为研究对象的学科以外，所有分支学科都要以教育现象为汇集点，围绕教育本身来组织有关教育的知识。关键的问题是还需回答：在具体的层次上，这些学科各自与所研究的教育现象的结合点在哪里？也就是说，这些学科是怎样以不同的方式来透视教育的？

考察现已存在的教育科学的各门分支学科，大致有这样几种方式。

第一种方式是：像教育哲学①、教育经济学、教育心理学这些学科的形成，主要是把所运用的学科——哲学或经济学或心理学——作为一种理论分析框架，它们所研究的对象就是通过这些框架所观察到的那部分教育现象；其论述方式是各自运用这些学科的解释，研究达到目的的种种条件，从某一角度在教育领域中创造性地提供一种好的方法或好的活动结构，把这些学科所作出的一般承诺转化为对教育活动作出的特殊承诺。

在这类教育科学分支学科中，由于通过框架所观察到的那部分教育现象在性质上的异同，它们又可分为一些子群：(1) 运用框架所分析的是教育领域中的形而上问题，是对教育活动的形而上思考；(2) 运用框架偏重探讨教育中的社会现象；(3) 运用框架偏重

---

① 作为一门学科被命名为教育哲学，是在19世纪末。德国学者罗森克兰茨(Rosenkranz，K.)发表了《作为系统的教育学》(*Die Pädagogik als System*)(1848)一书，后来由美国学者布雷克特(Brackett，A.C.)把它译成英文，名为《教育哲学》(*The Philosophy of Education*)(1894)。把教育学作为一种系统是教育哲学的第一种含义；教育哲学的第二种含义是用哲学观点探讨教育问题，如杜威的《民主主义与教育》；还有一种含义是指教育理论、原理，如法国学者埃德诺·拉埃里的《教育哲学——一般教育原理》。见金哲等主编：《世界新学科总览》，重庆出版社1986年版，第245—246页。

探讨教育领域中的个体——“人”的问题。

第二种结合方式是：所运用的学科是以一种具体的方法为特征，例如比较教育学①；或具有工具性，例如教育统计学。这些学科与教育的结合点在于：教育领域在哪些方面可以运用这些方法进行研究？如何运用？由此而形成的教育学科，其对象是这种方法所能达到的地方。根据这类教育学科在对象上的不同特点，又可将其分为两小群。(1) 运用学科的方法，直接分析教育活动。分析的角度因方法而异。(2) 另一小群学科主要针对的是如何将方法运用到教育领域中来。也就是说它直接以方法的运用为对象，探讨在教育研究中运用这些方法的种种原则与规范。

教育学科形成的第三种方式是：综合运用多门学科的解释（或成果）来解决教育的某一相对具体的实际问题。这类学科带有较强的可操作性。在这类教育学科中，又有两种不同的情况：一种情况是学科所研究的对象是属于教育领域内部的活动，是教育活动独有的问题，这群学科有课程论、教学论等；另一种情况是学科所研究的对象并非教育领域独有的问题，如管理、技术、规划等问题，这些问题是行政学、技术学、规划学的研究对象。但这三门学科在研究这些问题时本身就综合运用了多门学科的研究成果。因此教育行

---

① 人们对“比较教育学”有不同的理解。第一种是把它等同于国际教育，用比较方法来研究不同国家、地方的教育（例如张渭城：《比较教育》，载张渭城编：《国外教育学科发展概述》，教育科学出版社 1982 年版，第 60 页）。第二种是把它看成为有关教育过程中两个或两个以上实体比较的知识［如 Christensen，J. E. (ed.)，*Perspectives on Education as Educology*，1981，pp. 149，279］。第三种则认为，如果比较作为方法是普遍的，一门“比较”学科只有当它把比较推到一个更高的抽象作用水平，比如说“诸如比较之比较”时，才堪称这一名称，比较教育学实际上表示更高的认识论水平（如 Olivera，C. E.，Comparative Education: Towards a Basic Theory，in *Prospects*，Vol. XVIII，No. 2，1988）。从比较教育学这门学科的历史来看，第一种理解更为符合学科现实的特点。见朱勃著：《比较教育史略》，广东高等教育出版社 1988 年版。

政（管理）学、教育技术学、教育规划学，看上去是一门学科（行政学或技术学或规划学）运用于教育领域的结果，而实际上是综合运用了许多学科而形成的。如教育技术学，它以教育技术为对象，但它不试图解释技术，对于一台教学机器，教育技术学对它的物理学原理兴趣不大，它感兴趣的是这台机器（在考虑到种种影响因素的情况下）如何提高教学效率乃至整个教育效果。当技术转化为教育技术时，这本身就隐含了对教育活动规律的思考，而对这些教育活动规律的解释又都是建立在许多学科理论的基础上的。在这里，所谓的"教育技术"是指人类在教育活动中所采用的一切技术手段的总和，其目的是达到优化的教育效果。为了不让人对"技术"产生误解，即仅理解为教学机器之类的"硬件"，克里斯坦森曾提出了以"教育实践学"（praxiology）一词来取代"教育技术学"一词。①

上述由三种形式而形成的教育科学分支学科，都是以教育活动这一实践形态为对象的，最终以理论形态表现出来。随着这些学科在理论上的不断发展和逐步成熟，教育科学也同许多其他学科一样，产生了自我反思的需要，也就是要对教育理论本身进行研究和分析，由此一些新的学科正在形成，并跻身于教育科学的行列，如元教育学②、教育学史。元教育学重在研究教育理论的结构与功

---

① Christensen, J. E., *Educology and Some Related Concepts*: *A Dialogue*, in Christensen, J. E. (ed.), op. cit., p. 138. 克里斯坦森以"教育实践学"来代替"教育技术学"，界定了其为有关教育过程中有效实践的知识。但由此看来，前者比后者含义更为宽泛。

② "元"，英文为"meta"，本义为"在……之后""超越"，后引申为一种更高的逻辑形式。把"meta"放在某学科（discipline）前面所构成的名词，意味着一门新的但与原学科有关的学科，它将对原学科的性质、结构等进行分析。见 Gove, P. B. (ed.), *Webster's Third New International Dictionary*, 1981, p. 1418。我国台湾一些学者译"meta"为"后设"。"元教育学"的名称也是可以商榷的。

能、教育理论研究的方法论问题、教育理论与实践的关系等，教育学史重在研究教育学形成和发展的历史、教育学的逻辑演进序列、教育学的发展机制等。元教育学、教育学史的形成是建立在上述分析的各门教育学科理论发展的基础上的，它在研究对象上与上述各门学科区分开来，从而构成了教育科学分类体系中的一类。

到这里，教育科学的分类已成雏形。我们试图做的是：沿着教育科学各门学科形成和发展的历史足迹，分析学科形成的内在机制及学科的构成，较有根据地提出分类标准，并尝试提出一个分类标准的体系。

第一，以研究对象为标准，区分出教育科学的两大类：以教育活动为对象的学科与以教育理论为对象的学科。这是第一个层次。

第二，对以教育活动为对象的学科进一步分类。这是在第一层次分类标准的基础上，以学科的形成机制为标准。由于教育理论的性质决定了这一大类教育学科形成的总特征：在运用其他学科的过程中形成的，所以形成机制又反映在这种运用的不同方式上。由此区分出三类教育学科。这是第二个层次。

第三，对上述三类教育学科又进一步分类（小群）。这是在第二个层次分类标准的基础上，同时以研究对象的性质为标准，由此区分出类中的群。这是第三个层次。

这样，教育科学分类的框架已略见端倪。

四

根据上述分析提出的分类标准，可以为教育科学体系初步绘制一个类型学的框架表。

教育科学分类框架表

以教育活动为研究对象；以不同方式运用其他学科	把被运用学科作为理论分析框架	分析教育中的形而上问题	教育哲学　教育逻辑学 教育伦理学　教育美学
		分析教育中的社会现象	教育社会学　教育经济学 教育政治学　教育法学 教育人类学　教育人口学 教育生态学　教育文化学
		分析教育中的个体的“人”	教育生物学　教育生理学 教育心理学
	采用被运用学科的方法	运用方法直接分析教育活动	教育史学　比较教育学 教育未来学
		研究如何运用方法来分析教育活动	教育统计学　教育测量学 教育评价学　教育实验学 教育信息学
	综合运用各门学科，解决教育的实际行动问题	分析与其他领域共有的实际问题	教育卫生学　教育行政（管理）学 教育规划学　教育技术学
		分析教育领域独有的实际问题	课程论　教学论
以教育理论为研究对象			元教育学　教育学史

框架力图大致描绘目前教育科学的概貌。从上至下，学科由偏重认识问题，走向偏重解决问题；从侧重一个角度分析教育到综合地分析教育。上表反映出教育科学的研究在对象认识上具有了一定的深度（实践层面—理论层面）和一定的广度（从众多的角度看教育），这也同时反映出教育科学在研究方法上的多样性，反映出各门学科的形成方式及在教育科学总表中的位置。透过这张表，也可看到教育活动的丰富性，它的涉及面如此之广，几乎有点目不暇接了。

关于这个分类框架，还有几个问题需作进一步的说明。

分类使教育科学的各门分支学科明确地分离开来，那么这些学科的内在联系表现在哪里？这是我们要说明的第一个问题，即教育科学的统一性问题。

复数教育科学的脱颖而出，使教育科学的发展生机勃勃，但会不会各门分支学科“壁垒森严”，因而人们在欣喜的同时也有忧虑：如果各门学科间缺乏交流，缺乏相互合作，教育科学也就缺乏凝聚力。实际上，学科的统一性问题不只存在于教育科学之中。现代科学的发展，使人们越来越意识到学科之间的界限已不是泾渭分明了。于是便有了以“结构”观点、发生学观点来透视学科的方法，因为，当用“结构”观点透视学科时，就可以忽略不同学科研究对象的差异和定理表达方式的不同，找到学科结构的共同点和转换机制；发生学的意义则在于：它不承认有任何绝对起点，这意味着许多学科之间存在着内在联系。① 于是也有了以“基质”取代“功能”的提法，这表明考虑到了对象的综合性，希望把所有的学科都统一在世界物质的统一性这一前提之下。因此，教育科学统一性问题的提出，也正反映了这种大趋势。关键也许是在于把握住两个方面。一方面，教育科学在这种分化的表象背后有着深厚的统一基础，即除了以教育理论为研究对象的学科以外，所有学科都聚焦于“教育”（这在框架中也反映了出来），而一门分支学科只能触及教育活动的一个方面。教育活动的丰富性使这种单支的探索缺乏力度，

---

① 皮亚杰把这两种方法作为他探讨学科问题的指导思想。见刘仲林主编：《跨学科导论》，浙江教育出版社 1990 年版，第 98 页。皮亚杰在其《跨学科认识论》（*L'épistémologie des relations interdieiplinaires*）中说，跨学科研究应该是达到这一阶段的研究：“一门科学与邻近学科或邻近领域之间的合作，导致彼此有一些真正的相互作用，即在交流中导致某种互利，诸如互相使对方在总体上有所丰富。”这种跨学科研究还应该继续得到发展，以达到一个“高级阶段……即综合研究阶段，而是要使各有关学科融为一个总的体系，在其内部建立有这种系统”。见［法］加斯东·米亚拉雷、让·维亚尔主编，张人杰等译：《世界教育史（1945 年至今）》，上海译文出版社 1991 年版，第 502 页。

它要综合所有的学科，创造性地利用这些分支学科。教育科学的统一性，既统一在一系列协调一致的实践原则中，又统一在分支学科的广泛的理论结合中。另一方面，分化是教育科学发展的必经阶段，新的统一是建立在成熟的分化之上的。学科分化中表现出的“危机”给人们提出了新的课题：跨学科的研究。它是走向统一的希望所在！

在思考教育科学的统一性问题时，我们不由得会想到教育科学的原本统一形式，即教育学。在现今的教育科学体系中，教育学的位置在哪里？本框架中似乎把它“遗忘”了。是一种疏忽吗？这是我们要说明的又一个问题。现今人们对教育学的理解似乎走向了“两极”。其一，认为教育学是教育科学中的哲学。正如现代科学体系中的哲学一样，当一门门学科逐渐分离出去时，它也变得“轻松”起来，内涵更为明确，更具指导作用。教育学是这样吗？随着一门门分支学科的形成，出现了复数教育科学，它以怎样的方式在复数教育科学体系中成为各门分支学科的“哲学”？它讨论的议题是什么？其二，认为教育学主要涉及教学论。因为那些被运用的学科各自与教育的结合，主要体现在对教育进行所谓“解释”的基础研究层面，因此当这些学科涉足教育领域，形成分支学科，纷纷从教育学分离出去时，剩下的就是教学论一类的应用研究了。这种理解，表明对教育学的理解又回到了最初用“pedagogy”一词所表达的那种意义上了。这个词来自希腊语“paidagōgia”，按其词源来说，意为引导儿童学习的学问。① 因此在现代的一些英语词典上，这个词的主要意思是“教学法（教学论）”。后来，英语的“pedagogy”一

① 希腊语“paidagōgia”由“pais”和“agein”两部分构成。“pais”意为孩子，“agein”意为引导。见 Gove，P. B.（ed.），*Webster's Third New International Dictionary*，1981，pp. 1663，1619。

词在“教育学”意义上往往为“education”一词所代替。①

可以换个视角来看“教育学”。首先，“教育学”的历史和师范院校的历史关系密切。师范院校为培养教师而开设教育学课程。当“教育学”作为一门师资培训的必修教学科目时，具有“概论”的性质，就像“普通物理学”“普通心理学”② 那样。它更多地以教材体系表现其内容，是一门教学科目（subject），很难说是科学体系中的一门学科（discipline）。其次，我们常常笼统地说教育学研究，实际上它已分得很细。当说某人在进行教育学研究时，往往指的是研究一两门专业分支。但我们仍需要一个一般的术语，来指称有关教育包罗的学问，有人便提出了“educology”一词。③ 它相对于“教育”（education）这一研究对象，就如“社会学”（sociology）之于“社会”（society）。这样看来，“教育学”即为现代意义上的“教育科学”。如果将教育学放在框架上的话，那么，它也许是涵盖以教育活动为研究对象的全部分支学科了。正因为对“教育

① 有关“education”取代“pedagogy”的过程，见 Monroe，P.（ed.），*A Cyclopedia of Education*，1913，pp. 621-622；［美］亨德森著，沈剑平、崔允漷译：《教育学》，瞿葆奎主编，瞿葆奎、沈剑平选编：《教育学文集·教育与教育学》，人民教育出版社 1993 年版，第 295—298 页。

② 在习惯上称的“普通物理学”“普通心理学”等，严格说来，是“一般物理学”“一般心理学”等。

③ 此词由哈丁（Harding，L.）、斯坦纳（Steiner，E.）、比格斯（Biggs，J.）和埃尔德（Elder，R.）等人所创。1964 年，在一次教育哲学家的国际性会议上，斯坦纳提出了“educatology”一词。当时在与会学者格伦（Gruen，W.）的建议下，简化为“educology”。见 Christensen，J. E.（ed.），*Perspectives on Education as Educology*，1981，pp. v-viii，107-108。马骥雄教授为了答复瞿葆奎的请教，于 1987 年写了一张便条：“‘educology’一词，本当译作‘教育学’。唯在我国‘教育学’已经是‘pedagogics’的译语，如仍译为‘教育学’会造成术语的雷同和混乱，踟蹰良久，想不出一个恰当的译名。转思我国的学科名称有伦理学、物理学、心理学、生理学、病理学、法理学等等。因此，姑暂译作‘教理学’，供商榷，以便定出恰当的译名。”云云。

学”的理解还有着分歧，姑暂“悬置”，有待共析。

还有一个要说明的问题是：本框架的形成，是根据对现有可称为学科的教育科学分支学科进行考察归纳的。这些学科有的已较成熟，有的正在发展中，甚至正在形成中，那么，框架的预测性表现在哪里？有些研究者为科学分类能像门捷列夫化学元素周期表那样作出准确预言曾不甘雌伏。如果说凯德洛夫的科学分类框架，以在各学科门类及学科之间可进行二级、三级，乃至四级交叉来预测学科还有粗浅之嫌的话，那么有的研究者提出的学科自身结构的“自生殖”力量与实践需要之间平衡的观点①，也还没有把预测兑现在科学分类的框架上。因为科学分类中的学科与元素周期表中的元素不一样，前者是要在实践中所产生的，而后者是为人们在实践中所发现的。因此，教育科学分类框架的预测，只能就一些趋势作可能性判断。由于教育科学的特性，对其分类框架的预测似可作如下判断：在从某一角度分析教育的某一方面或某一组成部分的层面上，有多少涉及“人”的学科；在教育研究的层面上，有多少可用于研究“人”的问题的方法，便有可能产生多少分支学科；在把教育作为一个整体，从多种角度同时进行综合研究的层面上，教育领域内有多少种具有现实作用和影响的实际问题，就有可能产生多少分支学科。而这些学科要成为现实，必然与教育的实践需要，以及学科研究所具备的各种条件有关。如此说来，本框架为未来的教育科学分支学科留下了位置，等待着人们去填写。

最后要说明的一点：任何分类总免不了带有人为的色彩，但主观的随意性却是为所有追求真理之研究所抛弃的。教育科学分类本是学科本身的特点与人们认识的结晶。本框架在认识有关教育科学的问题的基础上进行分类，力求主客观的统一。另一方面，本框架

---

① 赵红洲著：《大科学观》，人民出版社 1988 年版，第 156—157 页。

试图把通过分析教育理论性质而演绎出来的逻辑结构，与通过分析教育学科的发展与现状而归纳出来的逻辑结构结合起来，这也许在一定程度上反映了历史与逻辑相统一的方法论思想。此外，对分类标准的思考，也企图超越单纯形式逻辑的思维方式。当然，由于教育科学内部学科的多样性与复杂性，使分类半青半黄，相对出现了多种分类标准和框架；并且，历史发展的无限性与人们认识的有限性之间的矛盾，也决定了分类的暂时性与相对性。但这也正是人类思维进步的内在动力。以“有涯”追“无涯”，不亦悦乎？人的理智与情感的需要，教育科学自身发展的需要，将引导人们为此而继续深思。嘤其鸣兮，求其友声，亦寻其异音耳。

目　录

绪论

第一节　健康的概念

一、健康概念的演变

教育卫生学是一门研究保护和增进儿童青少年健康的学科。对健康概念的认识决定了这门学科的研究范畴、性质、研究方法和发展方向。

健康是医学哲学最基本的概念之一，也是最难以阐明的概念之一。在不同的历史发展阶段，人们对健康有不同的认识。随着社会的发展，科学技术的不断更新、分化、交叉、渗透和综合，新兴边缘学科的出现，特别是人类对客观世界和自身认识的不断深化，对健康的认识也必然日趋确切和更符合健康本身的含义。

许多年以来，不少人都把“健康”定义为“没有疾病”，把“疾病”定义为“不健康”。这种对健康概念的认识是消极的。健康和疾病并非如同一枚硬币的正反两面，而是人体生命状态的两端，这两端之间存在着无数不同谱级的状态。

人们对疾病的认识比对健康的认识要早得多。最初，人们认为疾病是独立存在的实体，它与人体的关系是两种实体之间的关系：或是由于巫术的作用，异物进入了人体；或是恶魔、鬼神缠住了人身；或是病者失去了生命的本原。对疾病的这类认识是一种本体论的疾病观。之后，医学逐渐脱离了巫术，人们开始形成了自然哲学的疾病观，借用当时流行的哲学概念解释疾病的发生、发展和转归，例如认为疾病是人体诸元素之间失去平衡所致，或是气发生紊乱而产生的。随着医学从中世纪神学中解放及自然科学各门学科的发展，人们又逐渐形成了自然科学的疾病观，从 19 世纪开始，许多专业工作者都强调了疾病是机体对致病因子有害作用的一种反应，是机体功能的紊乱。当然，在疾病过程中不仅存在机体受损害和发生功能紊乱的一面，还有机体防御、适应和代偿等生理性反应的一面。

即使在当代，自然科学的健康观和疾病观仍有很大的影响，例如，美国医学哲学家布尔斯（Boorse，C.）提出："什么是疾病？凡是与健康不一致的都是疾病。……健康是正常的功能活动，这里的正常状态是统计学的，功能是生物学的。"① 这一类的阐述不能说是没有道理的。生命各个层次的功能最终是为了满足机体生存和繁衍的需要，功能正常是机体健康的必要条件。

美国社会学家帕森斯（Parsons，T.）对健康的定义是以个体参与复杂社会体系的这一本质为基础的，他认为"健康可以解释为社会化的个人完成角色和任务的能力处于最适当的状态"②。与此同时，他也不否认个体状况在健康定义中的重要性，认为健康"也与他在社会上的'状况'，即角色的不同类型和相应任务结构有关，诸如性别、年龄、已有的受教育程度等等"③。帕森斯对健康和疾病所作的社会文化学定义的最突出特点是：将能对社会起最佳作用的能力视作健康的标准。在应用帕森斯的定义时，学者们纷纷提出了以社会机能为基础的健康状况指征，例如，有人假设从社会功能正常到社会功能失调，存在着若干种连续的状态，每个个体都处于某种状态之中，反映出不同的个体处于不同的健康状态之中。

20 世纪 60 年代以来，在对心理模式及由此而产生的对紧张生活事件的研究中，健康又被一些学者定义为情绪良好或快乐。这种对健康的观念分析了个体对产生压力的社会事件所作的心理反应，分析了压力对某些疾病可能造成的影响。某些社会事件，特别是能

---

① Boorse，C.，*Philosophy of Science*，Vol. 4，pp. 542-573，1977.

② ③［美］沃林斯基著，孙牧虹等译：《健康社会学》，社会科学文献出版社 1992 年版，第 132 页。

够改变正常生活的事件，会导致个体产生焦虑或紧张，使个体需要进行一定程度的调整，以便应付这些事件引起的压力。过大的压力会使人处于紧张状态之中，如此个体通常就不会处于健康状态。

人们已越来越清楚地认识到，对健康概念的较为完整的认识应该包括生理方面、心理方面和社会方面三个维度，三个方面的健康状态是相互影响、相互制约的。事实上，早在20世纪30年代，美国健康教育家鲍尔（Bauer，W. W.）和霍尔（Hull，H. G.）就曾经提出过一个较为完善的健康的定义："健康是人们在身体、心情和精神方面都自觉良好、活力充沛的一种状态。其基础在于机体一切器官组织机能正常，并掌握和实行适应物质、精神环境和健康生活的科学规律。另外，还形成这样一种态度，也就是不把健康看作是生活的最终目的，而看作是争取使生命更高尚、更丰富所具备的必要的物质条件，而这种生活是以有益于人群的建设性服务为特征的。"① 1947年，世界卫生组织（World Health Organization，WHO）将健康定义为："一种身体的、心理的和社会适应的健全状态，而不只是没有疾病或虚弱现象。"② 世界卫生组织在它的宪章中进一步指出："对最高的能达到的健康标准的享有是每个人的一种基本权利，不存在种族、地区、政治信仰，或者经济、社会情况的区别。"③世界卫生组织对健康的定义和解释已被越来越多的人认可和接受。邓恩（Dunn，H.）将理想的健康或高水准的健全状态看作是"一种机能整合的方式，它使个体发挥自身的最大潜能，它要求个体在其所处的环境中保持连续的平衡和有目标的方向"④。根据邓恩的看法，健康不是一种固定的状态或水准，而是趋向更高机能

---

① 贾伟廉主编：《健康教育学》，人民卫生出版社1988年版，第2页。

② ③ Constitution of the World Health Organization, *Chronicle of the WHO*, p. 3, 1947.

④ Dunn, H., *High-Level Wellness*, pp. 4-5, 1961.

潜在力量的进步方向，健康具有整体性，它是生存、自我更新、创造性地调整和实现的良好状态。1978 年 9 月，国际初级卫生保健大会发表的《阿拉木图宣言》对健康的含义又作了重申："健康不仅是疾病与体弱的匿迹，而且是身心健康、社会幸福的完美状态。"① 并进一步提出："健康是基本人权，达到尽可能的健康水平，是世界范围内的一项最重要的社会性目标。"②

如果从这种广义的、积极的意义上去认识健康，那么保护和增进健康已经超出了医学卫生所胜任的范围，成为社会共同的责任。卫生保健所要达到的目标已不只是一个仅靠医学努力就能达到的目标，而是一个要由整个社会、民族、国家和全人类努力争取的目标。

如果从广义的、积极的意义上去认识健康，那么作为一门研究保护和增进儿童青少年健康的学科——教育卫生学，它的研究范畴就不再局限于传统医学卫生的范畴，会涉及行为科学和社会科学的方方面面。教育卫生学面临的问题，只有通过包括生物学、心理学、社会学、教育学等多方面的广泛研究，通过教育工作者、心理工作者、医务卫生和保健工作者、社会工作者的通力合作，通过全社会的关心和支持，方可得以较好解决。

二、影响健康的因素

健康是许多相互交叉、渗透、影响和制约的因素共同作用的结果。人的身体、心理和社会适应的健全状态有赖于人生存的良好的自然环境和社会环境，也有赖于人的自身状况，还与人作用于环境的方式及环境对人的反作用有关。要将影响健康的诸多因素截然分开是困难的。

---

① ② 贾伟廉主编：《健康教育学》，人民卫生出版社 1988 年版，第 2 页。

根据对健康概念的新认识，健康是个体在身体、心理和社会适应方面有效地与其他个体、群体、社会及环境交互作用的能力，是一个动态的过程，是达到更高级的机能状态的方向。由此，除机体自身因素以外，人体的健康状况在很大程度上取决于环境，如果环境的改变超出了机体适应性的限度，就会导致机体与环境原有的平衡被破坏，以致危及健康。

霍门（Hoyman，H. S.）将理想的健康看成是遗传、环境、自身和经验交互作用的结果，提出了健康的生态模型。根据这个模型，在影响健康的生态系统中有许多种生态因子和条件，有利的生态因子和条件会促使个体向健康状态发展，不利的生态因子和条件则可导致个体向与健康相反的方向转化。在这个生态系统中，各种生态因子和条件对健康的影响作用具有综合性，各种生态因子和条件的作用相互制约、相互消长，有时，某些生态因子和条件还可成为触发因子，触发健康状态发生急剧的变化（如图 0-1）。

布卢姆（Blum，H. L.，1976）在考察了影响个体或群体健康的诸多因素以后，对这些因素作了归纳和概括，提出了一个决定个体或群体健康状态的公式：

$$HS = f(E) + AcHs + B + LS$$

公式中“HS”（Health Status）指的是“健康状态”，“f”是一个函数，“E”（Environment）表示“环境”，“B”（Biological Factors）表示“生物学因素”，“LS”（Life Style）表示“生活方式”，“$AcHs$”（Accessibility to Health Service）表示“保健设施的易获得性”。布卢姆将影响健康的因素归纳为环境（包括自然环境和社会环境）、生物因素（包括生理和心理因素）、生活方式及保健设施的易获得程度四类，健康是隶属于这四类因素的许多相互交叉、渗透、影响和制约的因素相互作用的结果。

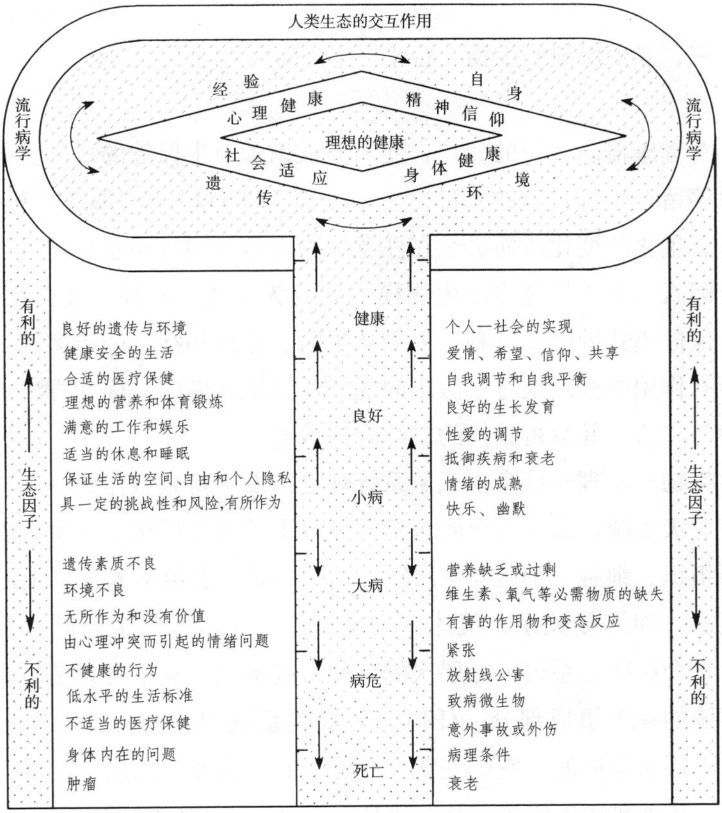

图 0-1　健康的生态模型

（据 Hoyman，H. S.，1975）

作为生活在影响健康的生态系统中的成员，儿童青少年同样受到各种因素对其健康的影响作用。儿童青少年正处于生长发育时期，他们虽然具有人体的基本结构和功能，但是身心发展尚未完善，对内外环境及其变化的影响甚为敏感，易受各种不良因素的损害。我们在考察影响儿童青少年健康的因素并实施卫生保健时，既要考虑到他们与社会其他人群的共性，也要考虑到他们的特殊性。

三、卫生保健的生物—心理—社会模式

对健康概念认识的变化，使人们认识到卫生保健的科学基础不能只停留在生物科学的基础之上，不能只注意机体的形态、机能、生理、生化的变化，而必须在注意生物因素的同时注意心理因素和社会因素，卫生保健应由生物模式转变为生物—心理—社会模式。卫生保健模式的转变有利于人们从生物、心理和社会的诸多因素及其相互作用中全面地考察健康问题，使卫生保健的目标和方法更趋合理与完善，并取得整体的、综合的效益。

生物—心理—社会模式从系统观点出发，将人看作是一个多层次的等级系统，这个系统既包括人体以下的各个层次，如系统、器官、组织、细胞、细胞器①、分子、原子等，也包括人体以上的各个层次，如人际关系、集体、文化、社会和国家、生态圈、宇宙等。每个层次的系统由低层次的一些系统构成，其本身又是更高层次系统的一个组成部分。任何一个层次系统中的变化都会影响到上、下层次，同时，它的变化又受到比它更高或更低层次的系统的作用。正如美国医学家英格尔（Engel，G. L.）所指出的："基于系统方法的生物—心理—社会模式摈弃科学上业已陈旧的二元论和还原论原理，用互为因果的模式替代线性因果性的简单解释。因此，根据每个等级层次上每个组成系统的相对完整性和功能活动来形成健康、疾病和功能丧失等概念。总体的健康反映系统内和系统间高水平的协调，这种协调可以在任何层次，如在细胞、器官系统、整体的人或社区层次遭到破坏。"②

---

① 细胞器比细胞低一层次，如线粒体等。

② Burrell，G. D. & Sheps，C. G.（eds.），Primary Health Care in Industrialized Nations，*The New York Academy of Science*，pp. 169-181，1978.

生物—心理—社会模式有三个维度。生物维度包括遗传因素、体质状况、神经类型、生理生化和免疫特征等，心理维度包括认知、情感、人格特征、行为习惯、个体生活经验、价值观和信念等，社会文化维度包括政治制度、社会文化、经济状况、人际关系、社会地位和教育等。卫生保健从生物模式向生物—心理—社会模式的转变意味着人类正经历着一场新的卫生保健革命，这场革命的目标是改变以治病为主的临床医学时代和以预防为主的预防医学时代，使卫生保健以增进健康为主，卫生保健服务的范围扩大到了心理和社会的范畴。

运用生物—心理—社会模式实施卫生保健，应从身体、心理和社会适应三个方面揭示各种因素对健康产生影响作用的性质、程度和基本规律，查明人对各种环境因素的适应和补偿作用的性质和限度，科学、全面地制订卫生标准，提出卫生要求和采取相应的卫生措施。从这种模式出发，保护和增进个体或群体的健康就成了全社会为之奋斗的一个目标，也是社会各方面工作者共同的责任。

运用生物—心理—社会模式对儿童青少年实施卫生保健，同样应涉及生物、心理和社会三个方面的问题，此外，卫生保健已不再只是教育和医务机构所关心的事，而应涉及全社会的各个方面。

第二节　教育卫生学的学科性质和内容

一、教育卫生学的学科性质

作为医学科学中的一门学科，卫生学主要“研究外界环境因素与人体相互关系的规律，利用有利于健康的因素，防止和消除有害因素的措施和方法……”①。

从古希腊的医学中，曾分化出一个部分，那就是当时的所谓卫生学，其主要涉及营养、体育锻炼、沐浴、充足的日光、新鲜的空气等，逐渐由一些零星的理性认识系统化而成为理论。

我国古代很早就有“养生”“摄生”和预防疾病的思想。我国现存最早的一部医学文献《黄帝内经》就有“虚邪贼风，避之有时，恬淡虚无，真气从之，精神内守，病安从来”②的论述，说的就是既要回避邪气的侵袭，又要注重精神的保养，从而达到祛病延年的目的。

作为一门系统的科学，卫生学却是在 18 世纪和 19 世纪初开始形成的。卫生学的产生和发展与近代资本主义产业革命带来的大工业生产和城市化有关，也与物理学、化学等基础科学的发展有关。德国的派登可弗（Pettenkofer，M.）堪称卫生学的创始人，他从 1854 年开始，就采用自然科学实验的方法，在空气、土壤、水、住宅、通风、采暖、营养、服饰等方面进行了卫生学研究，为现代卫生学奠定了基础。在 19 世纪中叶和末叶，由于微生物学和免疫学的迅速发展，促使了流行病学和防疫措施的进一步发展，卫生学的研究更为充实。在 19 世纪末和 20 世纪初，部分学者又将注意力集中在社会因素对人们健康的影响方面，所谓“社会病”发生的原因及其预防措施也成为研究的热点。

卫生学在发展过程中日益充实，日益繁复，分化和形成了一些新的分科，如“环境卫生学”“营养卫生学”“劳动卫生学”等，其中将学科的研究重点放置于儿童青少年的健康与学校教育和学校生

---

①《辞海》，上海辞书出版社 1999 年版，第 1170 页。

②《黄帝内经·素问》第一卷《上古天真论》，浙江书局重刊，光绪丁亥七月，第 2 页。

活环境之间的关系之上的学科为“学校卫生学”。在医学院校开设“学校卫生学”一科，原先只探讨学校的卫生问题，后将研究对象扩大到学龄前儿童，我国的医学院校遂于 1960 年将“学校卫生学”改为“儿童少年卫生学”。[①] 国内外也有学者将它称为“教育卫生学”。

对于教育卫生学的学科性质，存在着一些不同的看法。一种看法认为，儿童少年卫生学（或学校卫生学）属医学科学[②]，是预防医学的一个组成部分[③]，是保护和增进儿童青少年健康的一门卫生科学[④]，是卫生学的分科而不是教育学的分科。[⑤] 持这种意见的人，对于这门学科的内容和学科的发展也存在着不同的看法。唐锡麟认为，该学科内容应包括：（1）儿童少年的生长发育；（2）儿童少年健康状况及常见病、流行病学；（3）儿童少年教育卫生（教育环境、教育活动）；（4）儿童少年保健组织和卫生教育。其中，生长发育、视力保护和教育环境是三个最基本最核心的内容，其他方面的内容，如儿童少年的营养、心理卫生等尽管按逻辑也属该学科的范围，但这类内容在研究方法和理论基础上也是营养学、心理学的课题，对儿童少年卫生学的独立存在不起作用。[⑥] 叶恭绍等人认为，这门学科的主要内容有：（1）集体儿童健康状况；（2）生长发育；（3）营养；（4）疾病预防；（5）教育过程卫生；（6）教学环境

---

① ③ 唐锡麟主编：《儿童少年卫生学》，人民卫生出版社 1988 年版，第 1 页。

② 杨波：《儿少卫生学问答》，载《学校卫生》1983 年第 1 期。

④ 叶恭绍主编：《中国医学百科全书·儿童少年卫生学》，上海科学技术出版社 1984 年版，第 1 页。

⑤ 贾灏、周宗祺、朱贵升：《对儿少卫生工作发展方向的讨论意见》，载《学校卫生》1983 年第 4 期。

⑥ 唐锡麟：《试谈儿少卫生学的立足点》，载《学校卫生》1982 年第 2 期。

及设备卫生；（7）卫生宣传和卫生监督。① 傅茂笋则认为，这门学科研究内容的一个重要方面是儿童青少年的心理卫生和智力发育，除了研究生物因素对青少年的影响外，应更多转向研究社会因素对青少年健康影响、社会卫生咨询和卫生服务，学科的研究方向应逐渐从研究生物环境因素向社会环境因素方面转移，向“社会儿少卫生学”发展。②

主张教育卫生学（或儿童少年卫生学、学校卫生学）的学者主要是从事医学研究和教学的人员。从教育卫生学的产生和部分发展过程来看，这种看法无可非议；从主张这种观点的人员从事的研究和教学工作的领域和范围来看，这种看法也很合适。但是，这些年以来，对健康的认识已经发生了很大的变化，从教育的角度研究保护和增进健康的问题已经超出了医学所能涉及的范畴，从事教育卫生学研究的人员也远不只是从事医学研究和教学的学者和工作人员。因此，将教育卫生学依然看成是卫生学的一个独立分科是有它的局限性的，这种观点难以处理这门学科的许多新的研究领域与卫生科学的其他分科及其他科学领域的研究内容之间的关系，从而致使这门学科的研究被局限在一个比较狭小的范围之内。

另一种看法认为，学校卫生学是一门使学生身心健康成长的育人科学，学校卫生学以一定的卫生理论和标准武装教育科学，使教育理论与卫生理论相结合，提高教育学科的水平。

持这种观点的人主要是长期从事教育科学研究的学者。从教育卫生学的研究对象及它所要解决的问题来看，这种观点也是有它的道理的。但是，这种观点似乎忽视了这门独立学科的形成和发展的

---

① 叶恭绍主编：《中国医学百科全书·儿童少年卫生学》，上海科学技术出版社1984年版，第1页。

② 傅茂笋：《从现代医学的发展看儿少卫生学的研究方向》，载《学校卫生》1985年第2期。

历史背景，忽视了它的理论基础和研究方法上的独特性，因此也难以被有些从事这门学科研究的人员所接受。

我们认为，学校卫生学是研究保护和增进学生健康的一门学科。学校卫生学以卫生学的原理为指导，研究学校教育问题，是教育科学和卫生科学的交叉学科。这门学科的研究，不仅要把握人的生物学特征，而且要从作为一个完整的、受心理因素和社会因素影响的人的更广泛的联系上去研究健康与环境之间的关系，即从生物、心理和社会因素等方面去全面地考察和研究学生的健康问题。学校卫生学的研究应从学生的身体、心理和社会适应诸方面与学校教育和生活环境之间的相互关系中，揭示其本质的联系，提出和采取科学的卫生保健措施，以获得学生健康的最佳效益。①

从夸美纽斯（Comenius，J. A.）到赫尔巴特（Herbart，J. F.），教育学作为包罗教育之万象的科学而存在。20 世纪以来，教育学经历了一个不断分化发展的过程，一方面表现为其理论本身的分化和重组，另一方面表现为与其他相关学科的结合，这样便产生了研究教育现象的学科群，即出现了新的交叉学科和边缘学科，从这个意义上讲，教育科学与卫生科学的结合就产生了教育卫生学，这是从教育科学发展的角度说明问题的。同样，我们也可以从卫生科学发展的角度说明教育卫生学是卫生学在分化发展过程中产生的研究卫生问题的学科群中的一门交叉学科和边缘学科。一门学科在不同的历史发展时期有不同的外延和内涵，教育卫生学的产生虽然最初源于卫生学，然而时至今日，如果仍然只将它局限在卫生学范畴之内，只会限制它的进一步发展。不管是从教育科学的角度还是从卫生科学的角度去建立和发展这门学科，其目标和性质都是一致的，

---

① 童立亚、万钫、赵幼侠、朱家雄编著：《学校卫生学》，上海教育出版社 1987 年版，第 1、2 页。

只是途径不同而已。

由于学科发展的历史原因，我们以前多以“学校卫生学”或者“儿童少年卫生学”命名这一学科。应该看到，在过去的几十年里，人们对“教育”一词的看法逐渐发生了变化，教育领域被极大地拓宽了，学校等教育机构的影响作用相对在下降，学校以外的教育机构乃至整个社会的教育作用正在相对地扩大。教育能够存在于几代人之间，也可存在于一代人的内部，还可被看作随年龄增长而出现的自我意识；教育存在于学校以外的多种类型和多种层次的机构和情境；教育所产生的结果可能是有目的的，也可能是没有目的的。① 运用生物—心理—社会模式对儿童青少年施行卫生保健，不仅应包括学校教育的范畴，还应包括学校教育以外的多种类型和多种层次教育的范畴。20 世纪初，曾有中外学者以“教育卫生学”命名这门学科，也编著了“教育卫生学”的专著，如艾佛里尔（Averill, L. A.）1926 年出版的《教育卫生学》(*Educational Hygiene*）等，但就学科内容而言，主要涉及的都是学校内的卫生问题。当今，卫生保健的模式和教育的观念都已发生了变化，从这个意义上说，以“教育卫生学”命名这门学科似乎更为确切。

教育卫生学是一门综合性的边缘学科，既包含生理学、预防医学、建筑科学等自然科学领域的学科内容，也包含教育学、心理学、社会学、伦理学、管理学、传播学等社会科学领域的学科内容。教育卫生学又是一门应用性学科，具有很强的实践性，这门学科综合地运用各相关学科的理论于儿童青少年的卫生保健实践之中，为实现保护和增进儿童青少年的健康服务。

① Cremin, L. A., *Public Education*, pp. 28-29, 1976.

二、教育卫生学的研究内容

教育卫生学的研究内容随着人们对健康概念认识的变化及教育、卫生科学的发展而发生变化。

从教育卫生学学科产生开始，到20世纪中期，教育卫生学的研究多侧重于儿童青少年的机体本身及其教育环境，特别是学校环境与儿童青少年身体发育和健康的关系。在卫生保健的生物模式影响下，教育卫生学研究儿童青少年身体的形态、机能、素质、内分泌等方面发育的规律及评价方法；研究儿童青少年代谢的生理特点和营养需要量，以及在学校建立平衡合理的膳食和饮食卫生制度问题；研究教育、教学过程中的卫生问题，根据学生大脑皮层的机能特点制定学校生活制度，合理安排儿童青少年的学习、劳动、体育活动、休息和睡眠的时间，避免脑力和体力负担过重；研究学校的外部环境的卫生要求和卫生标准问题，如学校场地和教室的规模，采光照明和通风取暖的要求，课桌椅、黑板、教具和文具的卫生标准等；研究儿童青少年中传染病和学校常见病发生和消长的规律，以及降低和控制患病率的措施；研究学校对儿童青少年卫生知识的传授，以及卫生习惯的培养问题；等等。教育卫生学的这些研究内容主要涉及生物医学的理论和技术，针对的是儿童青少年身体的卫生保健问题。

在以往的数十年中，随着社会的发展，与社会其他人群一样，儿童青少年的健康问题发生了变化，而且，学校与整个教育体系也发生了变化。例如，以前，儿童青少年的患病率和死亡率主要归因于传染病，而今，患病率和死亡率主要取决于他们的行为；又如，工业的发展、社会生活节奏的加快使人口相对集聚在城市地区，儿童青少年学习和生活的自然环境（如三废污染等）和心理社会环境

（如拥挤、生活压力加大、父母离婚率增高、父母与子女的人际交往减少等），都发生了变化。面对当今社会对儿童青少年健康的维护和促进所产生的新问题和挑战，教育工作者、卫生工作者及其他人员研究了如何有效地应付和处理各种新出现的问题，同时，他们也懂得了健康及与健康相关的一些行为对于儿童青少年的教育成功与否会起到何等重要的作用。正如麦克金尼斯（McGinnis，M.）所述："对于儿童来说，教育与卫生不可分解地缠绕在一起是十分清楚的。一个儿童，他受没有检出的视听障碍所累，或者处于饥饿状态，或者受药物或酒精的损害，他就不是健康的，他没有受益于教育过程。同样的，一个儿童在他早年的生活中没有在卫生态度、信仰和习惯的形成方面受到帮助，那么在他今后的生涯中似乎难以取得成绩。"①

对健康概念认识的变化及卫生保健模式的转变，使教育卫生学的研究内容发生了相应的变化。教育卫生学已不再局限于研究传统的预防医学领域中的问题，也着力于研究社会科学包括行为科学和管理科学等方面的问题。这使教育卫生学的研究范围大为扩展，也使学科的综合性大为加强。除了对传统的教育卫生学的内容作进一步深入的研究外，教育卫生学还研究健康教育的理论、方法和途径，从身体、心理和社会适应多方面改善儿童青少年的卫生知识、态度和行为习惯；研究对儿童青少年生活方式和社会行为不良（如意外伤亡、厌食或饮食过度、吸烟、酗酒、滥用药物、自杀、攻击性行为、性变态等）的对策；研究儿童青少年心理障碍和异常及心身疾病的发生和消长规律、相应的预防和控制措施；研究学校、家庭和社会的健康心理社会环境的创设，包括良好的人际关系的建

---

① McGinnis，M.，Health Problems of Children and Youth：A Challenge for School，*Health Education Quarterly*，Vol. 8，No. 1，pp. 11-14，1981.

立、民主的课堂和家庭气氛的创设、适度的学习和生活压力的给予等；研究包括教师、学校管理人员、校医、学校心理工作者或健康咨询人员、社会工作者等在内的教育卫生保健队伍的建立及社会保健服务的问题；研究学校和社会卫生资源的合理使用等问题。教育卫生学研究内容的扩展和变化使教育与卫生之间的联系更趋紧密，使教育卫生学这门学科在指导教育行政部门、教师和其他人员在维护和增进学生身心健康和社会适应方面更具生命力。

从 20 世纪初开始，学校卫生方案一般被认为包含三个方面的成分：学校卫生服务、学校健康教育和学校健康环境。① 学校卫生学学科内容多从以上三个方面进行构建。学校卫生方案上述三个成分之间的关系如图 0-2。

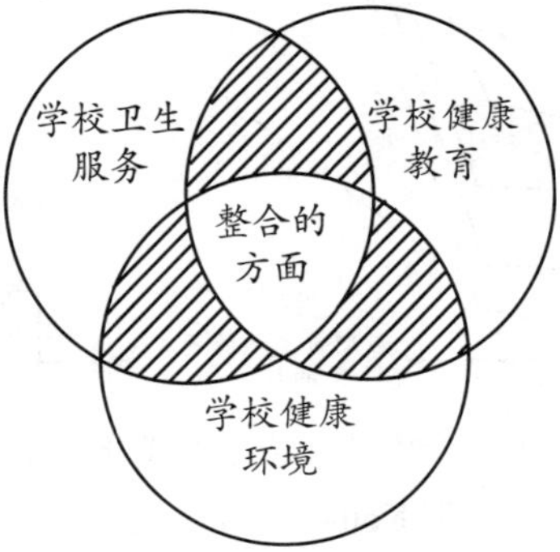

图 0-2　学校卫生方案三个主要成分之间的关系

（据 Stone，D. B.，1976）

科尔伯（Kolbe，L. J.）根据社会和现实生活对教育卫生提出的新问题和挑战，认为学校卫生方案不仅应包括学校卫生服务、学校健康教育和学校健康环境三个方面，而且应包括学校和社会机构

① Allensworth，D. D.，et al.，The Comprehensive School Health Program：Exploring an Expanded Concept，*Journal of School Health*，Vol. 57，No. 10，p. 409，1987.

对改进学生健康状况的共同努力、学校供膳方案、学校体育、学校咨询和心理方案及学校保护和增进教职员工健康的方案五个方面。这八个方面的成分相对独立，又密切联系，对保护和促进学生身心健康、保证学生在学业上获得成就可产生综合效应（如图 0-3）。这种构想引起了有关专家的兴趣，在美国，专业人员正在对方案中的每一种成分及各种成分之间的关系进行了深入的研究。学校卫生学学科内容的构建会因此受到影响。

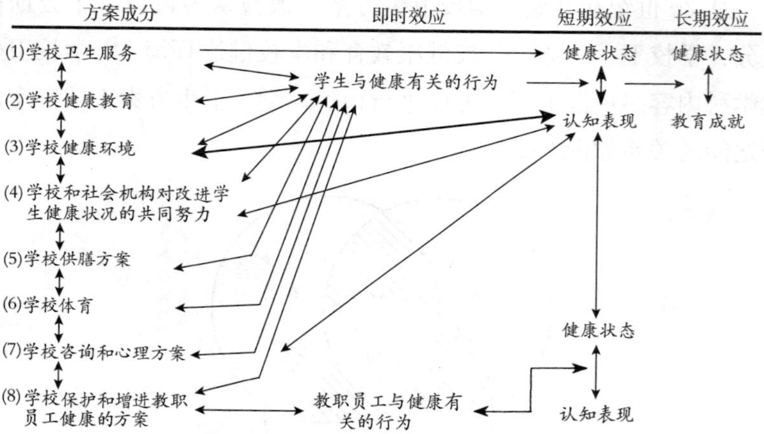

图 0-3 学校卫生方案的成分和效应

（据 Kolbe，L. J. 1986）

科尔伯对学校卫生方案的成分和效应的构想反映了当时学校卫生服务的理论和实践工作者所面临的新问题、新挑战及他们面对这些问题和挑战而提出的新思路。事实上，有些学者早已将学校咨询、学校体育、学校供膳等方面的内容归于学校卫生服务和学校卫生环境等范围之内，科尔伯只是更强调了这些领域而已，而在当今社会中，学校咨询等领域的重要性似乎日趋增加。但是，科尔伯的构想还只是从学校的工作这一立场出发，而不是从学科的构建着眼，因而未能为学科本身的逻辑提供有益的线索；这个构想虽然也提及学校与社会机构对增进健康的共同努力，然而其基本出发点是学校，而不是从大教育的角度探讨儿童青少年健康的维护和增进问题。如果说，科尔伯的构想对构建教育卫生学学科有一定的影响作用的话，那就是它突出了部分方案成分的重要性，并使人们对各种方案成分的关系和即时、短期、长期效应有一个比较清楚的认识。

第三节　教育卫生学的发展简史

重视对儿童青少年的卫生保健，不论在国内还是国外，都具有悠久的历史。在古印度的摩奴法典、古希伯来的摩西律法和其他的古代法律中已能找到关于儿童卫生方面的条例。古代希腊斯巴达的教育通过军事体育练习和艰苦生活的磨炼，把儿童培养成刚毅果敢而不是柔弱多病的人。我国唐代医学教学用书《千金要方》中就有“生民之道，莫不以养小为大，若无于小，卒不成大”的论述。然而，将教育中的卫生问题提上科学的日程，当归功于近代的一些教育家。

捷克教育家夸美纽斯在他的教育理论代表作《大教学论·教学法解析》中以很多的篇幅论述了儿童的身心发展和健康问题。夸美纽斯提出：“我们的身体由于有规律的和适度的生活而保持健康和力量”①，“谁遵守这三条原则（即食量适度、锻炼身体和利用自然提供的休息），他就能尽可能长久地保持他的生命和健康”②，“必

①②［捷］夸美纽斯著，任钟印译：《大教学论·教学法解析》，人民教育出版社2006年版，第101、102页。

须保护身体使免于疾病和偶然事件”①，“所有的人都应祈求有一个寓于健全身体的健全的精神”②……。夸美纽斯认为，教育和训导儿童时，最主要的目的之一是必须关心如何增强儿童的健康，在《大教学论》中，夸美纽斯对于教育过程卫生、营养卫生、教育气氛的健康和教育方法的完善等问题也都有述及。

英国哲学家和教育家洛克（Locke，J.）对教育卫生思想的发展也起了重要的作用。洛克在《教育漫话》中一开始就提出“健康的精神寓于健康的身体”③。洛克把体育放在全部教育的第一位，他所说的体育，实际上属于健康教育的范畴，他仔细拟订了保持健康体魄的具体建议：“大量呼吸新鲜空气，经常运动，睡眠充足；食物须清淡，不喝酒或烈性饮料，少用乃至不用药物；衣服不可过暖、过紧，尤其是头、脚要保持凉爽，脚应习惯与冷水接触，不怕暴露在潮湿的环境中。”④洛克不仅重视身体健康，也强调精神健康的重要性，他认为：“身体强健主要体现在能吃苦耐劳，精神的强健同样如此。”⑤

倡导自然教育的法国启蒙思想家卢梭（Rousseau，J.-J.）主张教育必须适应儿童自然，反对压抑和摧残儿童的个性，这些在教育教学和体育锻炼等方面的自然主义思想倾向对教育卫生基本理论的建立具有重要的影响作用。

瑞士教育家裴斯泰洛齐（Pestalozzi，J. H.）对教育卫生问题的论述集中地反映在他的著作《林哈德和葛笃德》中，他最早提出了学生使用的课桌椅应当与其身体相适合，他还指出了关于学校对学生进行的教学应与学生的体力相适合等问题。

---

①②［捷］夸美纽斯著，任钟印译：《大教学论·教学法解析》，人民教育出版社2006年版，第100、100—101页。

③④⑤［英］洛克著，杨汉麟译：《教育漫话》，人民教育出版社2006年版，第7、28、29页。

19 世纪中叶以后，物理学、化学、生理学、微生物学等自然科学学科得到了长足发展，普通卫生学在此基础上应运而生，教育卫生学作为一门独立的学科也随同普通卫生学一起产生，并逐步发展起来。

19 世纪后半期，俄国的学校卫生学已经达到了较高的发展水平，70 年代，俄国的教育家与卫生学家合作，成立了有关学校卫生的第一个科学中心，1875 年，又在该处成立了学校卫生委员会，研究学校的建筑设备卫生和教学卫生等问题。别卡尔尤科夫（Д. Д. Бекарюков）的《学校卫生教程》、莫尔科夫（А. В. Мопьков）的《学校卫生学》等都是俄国早期的学校卫生学著作。

在美国，公共卫生的发展刺激了人们去关心学校儿童的健康问题。据明斯（Means，R.）报道，到了 1890 年，有 38 个州和地区通过了法律，要求在学校中开设生理学和卫生学课程。① 19 世纪末到 20 世纪初，有关学校卫生的著作和文章像雨后春笋般地出现。美国学校卫生学会（American School Health Association，ASHA）积极参与政府有关学校卫生保健的活动，学会主办的刊物《学校卫生杂志》（*Journal of School Health*）从 1930 年到 1987 年的 57 年里共发表了八千多篇有关学校卫生的文章。根据社会和学校的需要，这些年来曾出版了许多种教育卫生学的专著或教科书，特别是健康教育的专著或教科书。

19 世纪末和 20 世纪初，我国众多有识之士力主废科举、兴学堂。在当时的各级师范学校中，都曾开设了学校卫生科目。在 1904 年清政府颁布的《奏定学堂章程·优级师范学堂章程》的课程标准中，学校卫生就是教育科目之一。1923 年，全国当时仅有

---

① Means，R.，*A History of Health Education in the United States*，pp. 50-56，1962.

的一所高等师范学校——北京师范大学的教育系，为各系拟定的公共必修的教育科目就有健康教育一科。1930 年，南京国民政府教育部颁布高、中师范课程暂行标准，教育科目中也有健康教育科目。此后，直到中华人民共和国成立前，在高等师范学校的课程中，学校卫生与教育法令、教育制度等学科一起，演变为教育行政一科。大量的有关学校卫生学的译作和著作也在那时问世。1901 年，《教育世界》刊载了汪有龄翻译的日本三岛通良的著作《学校卫生学》，这是我国发行最早的学校卫生学专著，此后，相继出版了周尚翻译的《心理卫生与教育》(1919 年)、俞凤宾著的《学校卫生要旨》(1924 年)、廖世承著的《性教育概论》(1925 年)、李廷安著的《学校卫生概要》(1929 年)、程瀚章著的《学校卫生与行政》(1930 年) 等。

中华人民共和国成立以来，由于重视对学校卫生学的研究，该学科有了长足发展。从 20 世纪 50 年代起，在中等、高等师范院校和医学院校都开设了学校卫生课程，使用的教材主要是由苏联的教材翻译而来的，如佛廖罗夫（O. B. фпёров）著的《学校卫生学》，索维托夫编的《学校卫生学》和莫尔科夫（A. B. Мопьковым）等著的《学校卫生学》。“文革”以后，一些高等师范院校和教育学院先后恢复开设了这门学科，20 世纪 80 年代，受国家教育委员会委托，华东师范大学等三所院校和西南师范大学分别编写了适合高等师范院校教育学专业和教育管理学专业学生使用的学校卫生学教材①，供全国高等师范院校选用。

---

① 童立亚、万钫、赵幼侠、朱家雄编著：《学校卫生学》，上海教育出版社 1987 年版；李林静编著：《学校卫生学》，西南师范大学出版社 1986 年版。

第一章
儿童青少年身体的生长发育

生长指的是“全身在大小方面的增加，或者在儿童成熟过程中局部发生的大小、数量或组织的任何增长”①，发育指的是“在达到成熟状态过程中所产生的生成变化，诸如胚胎期器官和组织的分化，出生后消化机能的建立，整个儿童期骨骼的成熟及机体免疫抗体的生成等”②。身体的生长发育也伴随动作技能的获得及智力和情绪情感的发展。③迈克尔（Michael，Jr.）则用“生长”表示“随时间而发生的固有的遗传的变化（如身高的变化）”，而用“发育”表示“身体的功能”④。生长和发育不是相同的过程，也不是相互独立的过程，它们相互依存，密不可分。生长发育是在机体与外环境相互作用下得以实现的。在中枢神经系统和内分泌系统的调节和控制下，各系统和器官协调活动，使机体成为统一的整体与外环境发生联系，并适应外环境的变化。

身体的生长发育是衡量儿童青少年健康状况的一个重要指标。儿童青少年新陈代谢的特点是同化作用显著大于异化作用，表现为机体不断地生长发育。在生长发育时期，为儿童青少年创造有利的环境条件，能使他们身体的生长发育潜力得到最大的发挥。

---

① Stuart，H. C. & Prugh，D. G.，*The Health Child*，p. 7，1960.

② ③ Valadian，I. & Porter，D.，*Physical Growth and Development*，p. 3，1977.

④ 中央教育科学研究所比较教育研究室编译：《简明国际教育百科全书·人的发展》，教育科学出版社 1989 年版，第 307 页。

第一节　身体生长发育的原理

在正常情况下，儿童青少年身体的生长发育存在着一个共同的模式，而在正常范围内，个体间生长发育又存在着明显的差异。这种生长发育的共同模式和个体差异是由个体生长发育的潜力及发挥这种潜力的内外环境因素决定的。在正常条件下，儿童青少年身体的生长发育符合一般的规律。

探讨儿童青少年生长发育的规律不仅有理论意义，而且对教育和卫生具有指导作用。例如，学校建筑、教室内课桌椅、运动器材、劳动工具及学生用品和服装，需要适应学生在不同年龄阶段身体生长发育的变化；又如，学校体育教学、训练的内容、方法与手段，也应适应不同年龄儿童青少年生长发育的特点。

一、国外学者对儿童青少年生长发育原理的论述

美国学者范拉迪安（Valadian，I.）和波特（Porter，D.）在《身体的生长发育——从妊娠到成熟》一书中列出了身体生长发育的五条原理。

1. 人类生长具有一个共同的模式，那就是所有健康的个体，其生长过程都相类似，并表现于整个发育时期。

2. 在任何年龄阶段，健康的个体之间在身体特征和生长发育的速率等方面存在着很大的差异。

3. 在任何年龄的各种特征方面，在发育的连续阶段中，个体的生长模式都趋向于相对稳定。

4. 儿童生长发育的潜力主要取决于内在因素。

5. 个体达到其生长潜力水平的程度主要取决于环境因素或外

界因素。①

日本学者中山健太郎在他的著作《幼儿科学》一书中阐述了生长发育的一般原理，他将这些原理归纳为5条。

1. 生长发育一般都按正常的秩序、按一定的顺序进行。

2. 生长发育是连续的，但并非以同一速率进行，各种器官也非以同一步调发育。

3. 器官的结构和功能发育都有决定性时期，若在此期间内，正常的发育受到干涉，则可能残留永久性缺陷或永久性功能障碍。

4. 生长发育存在几个基本的方向，如头尾发育方向，即胎生期的身体，近头部位比上下肢先发育；出生以后神经肌肉的发育既按头尾方向发育，又按正侧方向发育，即身体的中心部位比末梢部分先发育……。

5. 随着身体的生长发育，个体特征和个体差异日趋明显。②

英国学者坦纳（Tanner，J. M.）在他的论著《从胎儿到成熟的身体生长》中也对生长发育的原理作了讨论，他认为，儿童青少年的生长发育具有以下一些基本原理和规律。

1. 生长管道（canalization）、追赶性生长（catch up growth）和分化有其稳定的途径，在一定的方向上，有回复既定生长发育目标的能力。

2. 细胞和组织的分化都有一定的适应期，错过该时期就难以实现。

3. 从适应期又延伸到敏感期（或称临界期，或称特别易受损伤期）。

4. 不协调发育和期外发生。身体一部分的发育速度与其他部

---

① Valadian，I. & Porter，D.，*Physical Growth and Development*，pp. 25-57，1977.

② ［日］中山健太郎：《幼儿科学》，文光堂1976年版，第13—14页。

分的发育速度不一定协调，或使之协调的控制不一定成功，如上、下腭生长速度不协调会发生咬合异常。结构和功能发育速度的异常变动（期外发生）是多数人身体结构个别差异的基础。

5. 生长成熟度的倾斜。例如，儿童青少年足长、小腿长、大腿长与成人相比，所占百分比都是足长最大、小腿长次之、大腿长更次之。

6. 发育过程的阶段问题。假设儿童发育过程是连续的，是可划分为阶段的，这在解剖学、生理学等方面都找不到充分的证据。例如，爬和行走的运动能力的发育是逐渐的，骨、牙齿和体格的生长发育则常出现突增。①

从以上几个有代表性的对生长发育的论述可以看出，这些学者基于生长发育的现象而归纳和总结的生长发育规律主要是指生物学现象的规律而言。迄今为止，由于生命科学的进展，特别是遗传密码的发现，人们对遗传因素对生长发育所起的作用的认识已经向前迈进了一步；在内分泌激素的化学控制和神经系统的调节等方面，也由于生物化学和生理学的发展而有了许多新的认识。但是，生长发育是一个发生在作为整体的人身上的极为复杂的现象，它是许多种因素共同作用而产生的综合结果，因此，应该说对生长发育本质的认识尚未完全清楚。

二、我国学者对儿童青少年生长发育一般规律的总结

在我国的有关专著和教材中，常用生长发育的“一般规律”这一用语表示生长发育的原理。

---

①［英］Tanner，J. M. 著，［日］熊谷公明译：《从胎儿到成熟的身体生长》，幼儿医学出版社 1988 年版，第 167—179 页。

叶恭绍在《儿童少年卫生学》一书中将儿童青少年生长发育的一般规律概括为以下 6 个方面。

1. 生长发育是由量变到质变的。儿童青少年的生长发育是由不显露的细小量变到根本的、突然的、质变的复杂过程；不仅是身高、体重的增加，而且器官也在逐渐分化，机能也逐渐成熟，量变与质变经常同时进行着，虽然各有一定的缓急阶段。

2. 生长发育是有一定程序的，既有连续性，又有阶段性。生长发育的每一阶段都有其独有的特点，区别于其他阶段，并且，每一个阶段都与它的前后阶段彼此很有规律地交替着、衔接着，前一个阶段为后一个阶段的发育打下了必要的基础。任何一个阶段的发育受到阻碍，都会对后一阶段的发育起不良的影响。

3. 生长发育的速度是波浪式的。儿童青少年生长发育的速率不是线性的，而是呈波浪式的、不等速的，有时快些，有时慢些，交替地进行着。例如，从胎儿到成熟期，身高和体重有两次突增阶段，第一次突增表现为头尾发展规律，第二次突增则表现为向心发展规律。

4. 身体各系统的发育是不平衡的，但又是统一协调的。身体的不同器官或系统呈现出四种不同的发育趋势：神经系统领先发育；淋巴系统在第一个十年中表现出特殊的速度，在第二个十年间逐渐退缩；生殖系统在第一个十年中发育缓慢，在第二个十年，特别是在第二次突增阶段才迅速发育；全身其他系统或器官呈波浪式发育。

5. 生长发育包括生理和心理两个方面，它们是密切联系、相互影响的。

6. 每个儿童的生长发育都有其自己的规律。①

① 哈尔滨医科大学主编：《儿童少年卫生学》，人民卫生出版社 1980 年版，第 29—35 页。

叶恭绍在归纳和总结儿童青少年生长发育中发生的各种现象和情况时，运用唯物辩证的方法和术语提出了儿童青少年生长发育的规律。她对儿童青少年生长发育规律的论述，被我国出版的许多有关书籍引用和借鉴。

林琬生、李宝文在叶恭绍对生长发育的一般规律所作的论述的基础上，将儿童青少年生长发育的一般规律归纳为以下 4 条。

1. 生长发育是由量变到质变的复杂过程；

2. 个体间生长发育的总趋势一致；

3. 个体间身体各部增长比例和发展程序相同；

4. 个体儿童的发育等级在各发育阶段均相对稳定。①

唐锡麟在回顾了国内外学者对生长发育的原理所作的诸多论述以后，认为这些研究多从生物学、儿科学或心理学角度探讨生长发育的原理或一般规律，而很少涉及流行病学的观点。从这一立场出发，结合已有的相关研究，他将生长发育的一般规律概括为以下 5 个方面。

1. 生长发育的可能性和现实性。生长发育是机体发展变化逐渐达到成熟的过程。机体的遗传因素决定生长发育的可能性。发育中的机体在外界环境支持下，同化作用大于异化作用，外界环境在一定程度上决定生长发育的现实性。

2. 生长发育的共同性和个体性。正常的生长发育有其共同的模式，从孕卵开始，出生后经儿童期、青春期而达到成熟，但每个儿童又有他个体发育过程的特点。个体儿童身高的发育似有一定的追求目标，虽有波动，但只在一定的幅度内进行，一般不超过一个等级（约为±1 个标准差），见不到超越一个等级的现象，这种现

① 叶恭绍主编：《中国医学百科全书・儿童少年卫生学》，上海科学技术出版社 1984 年版，第 2—4 页。

象称为生长管道现象。上下体比例、坐高等形态发育和某些功能发育也存在类似现象。由于外部条件恶化，儿童青少年体格发育暂时落后，但当条件改善后，随即加快速度，赶上应有的发育水平，这种现象称作追赶性生长。生长管道和追赶性生长这些受遗传因素制约又受环境因素影响的现象，既反映在个体发育上，也反映在群体发育上。

3. 生长发育的程序性和时间性。这是由遗传因素所制约的生长发育现象，例如生长发育的头尾律和正侧律、生长成熟度的倾斜、一定的敏感期、第二性征和青春期其他体征的出现等，都有一定的次序和时间。

4. 人类生长发育具有不同于动物的特殊性。发育中的机体是一个整体，各系统紧密联系在一起，但各系统又有其自身的生长模式，如神经系统在早期的生长速度有一个高峰，生殖系统在青春期有一个高峰，而骨骼、肌肉、呼吸系统、心血管系统、身高、体重等两个高峰兼而有之，在中间还有一个缓慢的发育时期，这是人类身体发育的特点，而一般哺乳动物的这两个高峰是连成一体的。

5. 人群生长发育的自然性和社会性。人群发育除有种族、民族、性别、年龄等由遗传因素所决定的差别外，还有地区差别、城乡差别及社会不同人群的差别，还有年代变化的规律，即生长的长期趋势等。这些主要是由外界自然因素和社会因素的影响而造成。①

三、生长发育规律的生物力学分析

综观国内外学者对生长发育规律的探讨，尽管在论述上不尽相

① 唐锡麟编：《儿童少年生长发育》，人民卫生出版社 1991 年版，第 12—13 页。

同，却有许多相似之处。人体生长发育表现出来的共同模式和个体差异，不仅反映了个体发生和发展的近因，而且反映了种系发生和发展的渊源，证明了人体的生长发育是符合生物学中的适应和遗传变异及机能与形态的统一法则的。

从生物力学的观点出发，在生长发育的不同阶段，人体各部的受力和运动负荷是不相同的。

在胎儿期，胎儿处于母体子宫内的特殊环境之中，肢体蜷曲，无支撑功能，因此受力与运动负荷很小。在生长发育过程中，首先是保证了中枢神经系统的发育，尤其是大脑的发育，其次是内脏和躯干的发育，最后是四肢的发育。这种先后次序表现为头尾发展规律。

出生以后，儿童所处的环境发生了质的变化，肢体由蜷曲状态变成舒展并能自由活动的状态，其运动和运动负荷骤增，促进了肢体的生长发育。特别是直立行走以后，人体与地面的位置发生了变化，上肢完全解放出来，由下肢行使支撑和行走的功能，造成了人体的静力和动力结构发生了质的变化。

由于直立，人体的头、躯干和下肢由平行于地面变为垂直于地面，重力的作用随之由横向变为纵向，下肢以上的人体重量都加之于下肢。这样，人体各部所受的静力负荷从头至足向下递增，静力负荷的大小顺序是足—小腿—大腿—躯干—上肢—头，足的负荷为最大。

不仅人体的静力结构发生了变化，人体的动力结构也发生了变化。在儿童青少年期，体力活动以游戏、体育运动和日常生活中的动作为主，这些动作又以下蹲、起立、行走、奔跑、跳跃等动作给人体以较大的负荷，此类动作以下肢为主，以躯干、上肢为辅。全身性的动力负荷，如提拉、推移、上举和投掷，上肢肌肉和躯干部肌肉所受的力也都传到下肢，通过下肢作用于地面，因此，人体各部所受的力也是由下而向上递减。一般说来，上肢在动力负荷中所受到的力虽比躯干小，但是上肢的动作多，动作幅度大，加之上肢肌肉、骨骼的横断面比躯干小，因此上肢负荷的程度和相对运动量一般比躯干大。综合各种因素，人体动力负荷的大小顺序是足—小腿—大腿—手—臂—躯干—头。

在儿童青少年的整个活动中，动力负荷的量和程度远大于静力负荷，因此，儿童青少年时期人体各部的总负荷（动、静力负荷之和）的大小顺序是足—小腿—大腿—手—臂—躯干—头。

学者们认为，儿童青少年时期人体各部总负荷的大小次序与人体各部的发育程序相一致，这种联系并非偶然巧合，而是有其内在的必然联系，也就是说，这种联系是由形态与功能的统一性法则支配的因果关系所决定的。① 儿童青少年期活动最多，人体负荷的量和强度最大的首推下肢，依次是上肢和躯干，而儿童青少年形态生长发育符合向心发展律，这种发展程序正好适应上述功能活动的需要。

此外，由于直立，上肢从负担体重中解放出来，从事更复杂和精细的活动，使上肢特别是手的结构和功能向复杂和精细的方向发展，与下肢相比，其长度和围度②相对减少；而下肢须负担全部体重并作躯干与上肢活动的支撑和基础，其结构和功能便向简单、粗长的方向发展。在种系发生、发展过程中，由于运动功能及生物力学方面的需要，促使下肢发育的时间和速度都超过上肢和躯干。

身体生长发育的规律不仅有其生物力学的缘由，还与其他诸多因素有关。对生长发育规律的内在原由作理论上的探讨，有助于更深入地理解生长发育的本质，并用以指导解决儿童青少年卫生保健中的各种问题。

---

① 中国科学技术情报研究所编：《科学技术成果报告：编号 0205·中国青少年儿童身体形态、机能与素质的研究》，科学技术文献出版社 1982 年版，第 105—107 页。

② 围度包括头围、胸围等形态指标。

第二节 青春期的发育

青春期（puberty）指的是："随着性腺从儿童状态向成人状态的变化，男女儿童中所发生的形态和生理的变化。这种变化几乎涉及机体的所有器官和结构，但是它们并不起始于相同的年龄，也不需要相同长度的时间以达到成人的水平。"① 我国医学百科全书则将青春期定义为："由儿童发育到成人的过渡时期，它起始于生长突增的开始，止于骨骼完全愈合、躯体停止生长，是生长发育的最后阶段，也是决定人一生的体格、体质和智力水平的关键时期。青春期的形态、生理、心理发育突飞猛进，变化多端，其中最突出的是生殖系统的发育。"②

马歇尔（Marshall，W. A.）等人列出了青春期的5个基本表现。

1. 青春期生长的突增，也就是说，大部分骨骼和许多内脏器官的加速生长，随着生长速度减缓而减慢。

2. 性腺的发育。

3. 性器官和第二性征的发育。

4. 机体成分发生变化，即与骨骼和肌肉的发育有关，脂肪的量和分布发生了变化。

5. 循环系统和呼吸系统的发展导致力量和耐力的增加，这种变化在男性儿童青少年中尤为明显。③

给青春期划定明确的年龄范围是困难的，这是因为青春期开始与成熟时间有着很大的个体差异，而对于群体儿童青少年而言，青

---

① ③ Marshall，W. A. & Tanner，J. M.，Puberty，*Human Growth*，（edited by Falkner，F. & Tanner，J. M.），Vol. 2，p. 171，170-180，1986.

② 叶恭绍主编：《中国医学百科全书·儿童少年卫生学》，上海科学技术出版社1984年版，第9页。

春期的开始与终止也因种族、性别、社会生活条件及自然地理环境的不同而有所不同，特别是青春期的起始年龄还随生长发育的长期变化而提前。尽管如此，各国的学者仍为青春期划分了一个大致的范围。1980 年，在联合国世界卫生组织召开的西太平洋地区青春期会议上，学者们将 10—20 岁划为青春期，这种划分与我国学者的划分是一致的。① 近些年来，我国部分学校卫生工作者通过调查，提出了青春期的年龄范围女子为 9—21 岁，男子为 11—24 岁，② 这与日本的一些学者对青春期的年龄划定相接近。

一、青春期生长突增

生长突增是青春期发育的重要特征之一，主要表现在身体形态的突然变化，以及功能和运动素质等方面的相应变化。

（一）身高的生长突增

身高是身体纵向生长的指标之一，它以骨骼生长为基础，能够反映出青春期长度生长最具代表性的特征。身高发育速度曲线能清楚地反映出身高突增现象。身高生长高峰（Peak Height Velocity，PHV）是青春期身高生长突增的重要标志，反映身高年增长的最大值。

身高生长高峰的绝对值存在明显的个体差异。对群体儿童从出生到成熟作纵向研究，可以描绘出身高发育曲线图（如图 1-1）。青春期开始后生长突增，身高年增长值发生了明显的变化，以超过以前的速度加速生长，迅速达到最高峰，之后急剧下降，逐渐停止，在图中形成青春期特有的尖锐单峰曲线。

---

① 叶恭绍主编：《中国医学百科全书·儿童少年卫生学》，上海科学技术出版社 1984 年版，第 8 页；唐锡麟主编：《儿童少年卫生学》，人民卫生出版社 1988 年版，第 18—19 页。

② 唐锡麟编：《儿童少年生长发育》，人民卫生出版社 1991 年版，第 91 页。

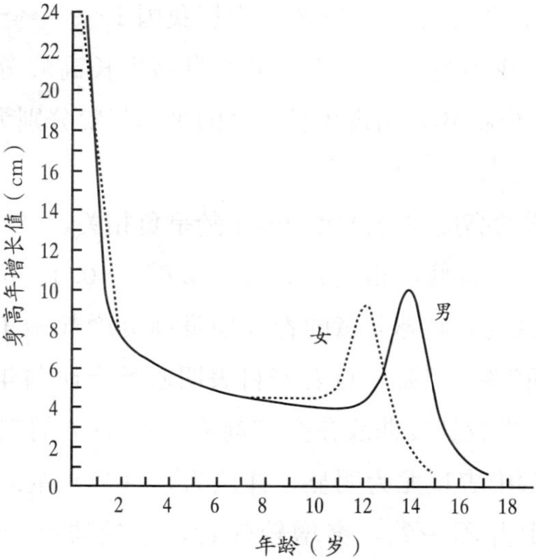

图 1-1　英国儿童青少年典型身高发育速度曲线

（据 Tanner，J. M.，1966）

马歇尔等人报告了英国男生平均身高生长高峰为 10.3 厘米/年，标准差为 1.54 厘米/年，女性学生平均身高生长高峰为 9.0 厘米/年，标准差为 0.92 厘米/年，男女学生出现身高生长高峰的平均年龄分别是 14.06 岁和 12.10 岁。这些统计资料是根据对 49 位男生和 41 位女生每隔 3 个月测量一次所获得的资料而取得的。① 欧美一些国家和日本的有关资料与马歇尔等人的报告十分相似。例如，瑞典斯德哥尔摩男女儿童的平均身高生长高峰分别为 9.9 厘米/年和 8.6 厘米/年。日本 20 世纪 60 年代的资料表明，男女儿童身高生长高峰分别为 10.85 厘米/年和 8.77 厘米/年，男女儿童生长高峰的平均

① Marshall，W. A. & Tanner，J. M.，Variation in the Pattern of Pubertal Changes in Girls，*Arch. Dis. Child*，Vol. 44，pp. 291-303，1969；Marshall，W. A. & Tanner，J. M.，Variation in the Pattern of Pubertal Changes in Boys，*Arch. Dis. Child*，Vol. 45，pp. 13-23，1970.

年龄分别为 13.36 岁和 11.45 岁。根据我国 1979 年全国 16 个省市的调查资料，我国当时男女儿童平均身高生长高峰分别是 6.6 厘米/年和 5.9 厘米/年，出现生长高峰的平均年龄分别为 13.43 岁和 11.67 岁。①

身高突增的高度与身高突增的年龄呈负相关，早成熟的儿童有较高的身高生长高峰，相关系数在－0.6—－0.3。拉构（Largo，R. H.）等人认为，晚熟儿童的青春期身高突增起始于“较低的青春期前的台阶”②，但是，也有资料表明起始台阶与年龄无关。一般认为，身高发育速度曲线在突增前有一个向下的斜坡，这在晚熟的男性儿童中表现尤为明显，并认为，每个儿童的青春期突增曲线在外形上并不一致，突增较晚者，也较快结束突增（如图 1-2）。

由此，在正常的男女儿童中，身高生长高峰与最终发育水平之间不存在必然的联系。平均而言，早熟的儿童与晚熟的儿童最终的身高是很接近的，虽然在女性儿童中，早熟者倾向于较胖和较为丰满，晚熟者则倾向于较瘦。

研究表明，身高生长高峰的年龄与体重生长高峰（Peak Weight Velocity，PWV）有密切关系，在男生中，相关系数达 0.93，在女生中达 0.80，体重高峰年龄在身高高峰年龄以后，男生约滞后 0.25 年，女生约为 0.63 年。③

身高高峰年龄与女生月经初潮年龄之间存在密切的关联，相关系数可达 0.8—0.9。平均而言，月经初潮发生在身高生长高峰的

---

① ③ 唐锡麟编：《儿童少年生长发育》，人民卫生出版社 1991 年版，第 95、174 页。

② Largo，R. H.，Gasser，Th.，Prader，A.，Stuetzle，W.，and Huber，P. T.，Analysis of The Adolescent Growth Spurt Using Smoothing Spline Functions，*Ann. Hum. Bio.*，Vol. 5，pp. 421-434，1978.

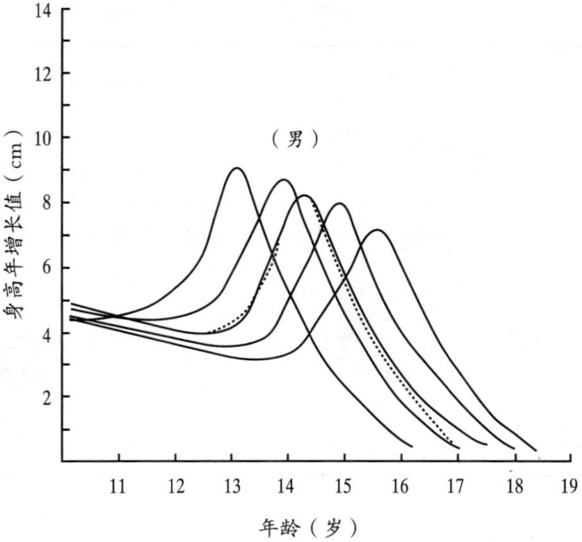

图 1-2　各种类型的身高发育速度曲线

（据 Tanner，J. M.，1966）

1.3 年以后，个体差异的范围大约在 0—2.5 年，只有大约 1%的女生，在身高生长高峰以前出现了月经。

（二）体重的生长突增

体重指人体的总重量，在一定程度上代表儿童的骨骼、肌肉、皮下脂肪和内脏重量及其增长的综合情况。体重易受外界因素的影响而发生变化，因此较身高具有较大的不稳定性。

青春期以前，男女儿童体重的发育水平很接近，体重的年增长量比较平稳或者稍有上升趋势，这是与身高发育速度曲线的缓慢下降相对应的。进入青春期以后，体重迅速增长，体重生长高峰值男子为 8—10 千克，女子为 7—9 千克，超过青春期前的 2—3 倍（见表 1-1）。坦纳提出了经过修正加工的英国儿童青少年体重发育速度曲线图（如图 1-3），其他各国有关资料与坦纳提供的曲线图所反映的发育情况十分相似。

表 1-1　青春期体重生长高峰值（PWV）和体重高峰年龄（PWA）

	男					女				
	N	PWV（kg）		PWA（岁）		N	PWV（kg）		PWA（岁）	
		$\overline{X}$	SD	$\overline{X}$	SD		$\overline{X}$	SD	$\overline{X}$	SD
英国坦纳① 1966	46	9.8	2.03	14.3	0.89	33	8.8	1.46	12.9	1.01
日本高石 1968②	126	8.4	2.04	13.6	0.88	273	6.85	1.89	12.02	0.94
中国 1979③		5.5		14.1			4.3		12.4	

（据唐锡麟，1991 年）

注：①②为追踪观察材料

③系全国 16 省市横断面调查材料

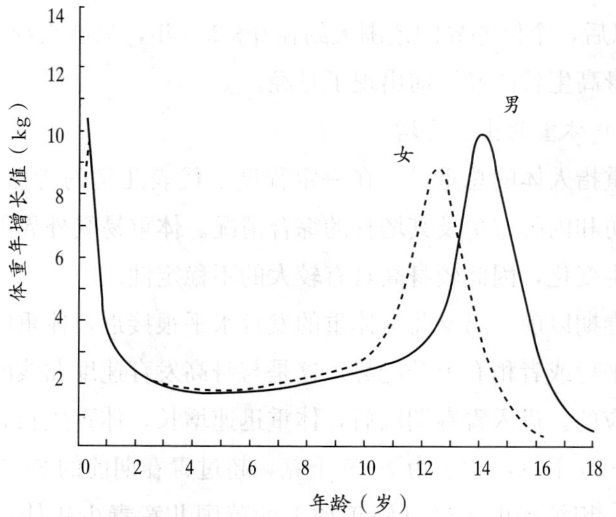

图 1-3　英国儿童青少年典型体重发育速度曲线

（据 Tanner，J. M.，1966）

体重生长高峰出现早晚和高峰值之间的关系，在男子中有如身高一般的规律，那就是早熟型体重的峰值高，晚熟型体重的峰值低，而在女子中则无此现象。有人认为，这可能与男女性儿童身体的成分在发育中有所不同有关，男子肌肉发育明显，而皮下脂肪较少；女子肌肉发育差，皮下脂肪发育突出，因此，表现出青春期前开始肥胖或青春期间肥胖两种不同类型，造成对体重发育的影响有所不同。

体重高峰年龄与女生月经初潮年龄的关系也十分密切。据日本的一个统计资料，月经初潮多发生在体重突增高峰之后的一年以内，平均为 0.63 年，标准差为 0.71 年，少数人发生在体重生长高峰之前或者同时。①

（三）心肺等内脏器官的生长

与机体的长度、围度和体重等形态学的生长突增相平行，青春期心肺等内脏器官也相应地发生着明显的变化。西蒙（Simon，G.）等人通过对胸部作 X 光透视而进行的追踪研究发现，青春期心脏和肺的生长高峰年龄与身高生长高峰的年龄是一致的，男女儿童突增量大致相同。② 肺部长度的增长比宽度晚，一般到宽度突增高峰 6 个月以后才出现长度生长高峰。肺脏的平均宽度始终是男生超过女生。到青春期末，心脏容积都有明显增加，如心脏的重量和容积都增加了 1—1.5 倍，心排血量也增加了 1.5 倍。

---

① 唐锡麟编：《儿童少年生长发育》，人民卫生出版社 1991 年版，第 101 页。

② Simon，G.，et al.，Growth of Radiologically Determined Heart Diameter，Lung Width，Lung Length from 5-19 Years with Standards for Clinical Use，*Arch. Dis. Child*，Vol. 47，pp. 373-381，1972.

二、性发育

在身体各系统的发育中，生殖系统发育最晚。青春期以前，生殖系统发育缓慢，生殖器保持幼稚状态，性功能则处于静止期。青春期开始以后，生殖系统迅速发育，包括性腺和性器官的迅速发育及第二性征的出现，并逐渐获得生殖能力，与此同时，身体的形态和功能也发生了显著的变化，最终达到了男女两性的完全分化。

（一）男性性发育

男性性发育在形态和生理上包括男性生殖器官的形态发育、功能发育和第二性征发育。

睾丸是男性重要的生殖器官和内分泌腺。青春期前，睾丸仍保持着婴儿状态，体积一般不超过 3.0 mL，长径不足 2.0 cm，组织学上尚未分化，功能上处于静止状态。据塔瑞吉（Taranger，J.）等人报告，青春期男性睾丸迅速发育，在身高生长高峰期间，睾丸平均体积达 12 mL。① 我国程桂兰等人对哈尔滨市郊县的调查表明，该地区儿童从 10 岁起睾丸开始发育，体积明显增大，至 15 岁时，体积达到 13.5 mL±4.96 mL，5 年增长了 10.61 mL，平均年增长 2.1 mL，最高年增长为 3.23 mL，此时年龄为 13.05 岁，与身高、体重生长高峰很接近。② 成年男子睾丸的体积个体差异很大，一般在 12 mL—25 mL，它与体重、身高、肩宽等高度相关。随着睾丸体积的增大，睾丸在组织学上也进行着快速的分化和增

---

① Taranger，J.，et al.，The Somatic Development of Children in a Swedish Urban Community：VI. Somatic Pubertal Development，*Acta Paediatr. Scand.* (Suppl.)，Vol. 258，pp. 121-135，1976.

② 程桂兰等：《睾丸与儿童少年生长发育关系的初步探讨》，载《学校卫生》1989 年第 3 期。

殖，曲细精管长度、弯曲度迅速增长，精原细胞分裂并繁殖成为各期精原细胞，最终产生出成人样精子。与此同时，附睾、精囊、前列腺等也伴随睾丸发育而逐渐成熟。

坦纳将阴茎和阴囊的发育划分为五个阶段。

第一阶段：婴儿状态。从出生至青春期前，外生殖器稍有增长，但是全身无任何变化。

第二阶段：阴茎开始增大，阴囊皮肤变红。

第三阶段：阴茎以长度增长为主，宽度稍有增加，阴囊进一步发育。

第四阶段：阴茎长度、宽度均增长，腺体发育，阴囊显著增大，皮肤颜色变暗。

第五阶段：如成人型外生殖器。①

青春期前，阴茎的长度一般不超过 5.0 cm，至青春期末可达 12.4 cm。阴茎突增年龄和达到完全成熟年龄有很大的个体差异。

男性第二性征发育主要表现在毛发的生长、变声和出现喉结等方面。毛发主要指阴毛、腋毛和胡须。坦纳也将男性阴毛的发育分为五个阶段。一般而言，男性儿童在 11 岁左右出现阴毛，1—2 年后出现腋毛，再一年后，胡须萌出，12 岁时喉结开始出现，13 岁声音变粗，18 岁时发育基本完成。

尽管个体发育之间存在很大差异，但是性发育的顺序是一致的，性发育程序是睾丸、阴茎、阴毛、腋毛、喉结、变声。全部发育经历 2—5 年或 5 年以上。

青春期中期，当阴茎开始突增一年左右会出现首次遗精。首次遗精年龄是男性青春期性发育的重要标志。拉龙（Laron，Z.）

---

① Marshall，W. A. & Tanner，J. M.，Puberty，*Human Growth*，(edited by Falkner，F. & Tanner，J. M.)，Vol. 2，p. 180，1986.

等人报告，在以色列男性儿童首次遗精的年龄是 12.5—16.5 岁，平均年龄大约为 14.5 岁，睾丸体积在 5—20 mL。[①] 海斯赫（Hirsch，M.）等人通过对尿液中精子存在与否的研究，得出了相似的结论。[②] 据北京市 1980 年对 1 801 名男生的调查，首次遗精的最小年龄为 12 岁，至 18 岁时 97%的男生已有首次遗精发生，平均期望首次遗精的年龄为 15.6 岁，比女生平均期望月经初潮年龄晚 2 年。[③]

（二）女性性发育

女性性发育在形态和生理上包括女性生殖器官的形态发育、功能发育和第二性征发育。

青春期前，卵巢发育十分缓慢，6—10 岁时仅重 1.91 克。青春期开始以后，卵巢迅速增长，11—15 岁时达 4.04 克，16—20 岁时达 8.34 克。月经初潮时，卵巢尚未完全成熟，重量仅达成人的 30%，以后才逐渐成熟，性功能也逐步完善。

由于卵巢的发育和性激素分泌的增加，子宫发育从 10—18 岁呈直线上升，长度增加 1 倍，宫体明显增大，宫颈相对变短。青春期开始后受卵巢激素的影响，子宫内膜呈周期性改变并出现月经。阴道长度随年龄发生变化，初生时为 4.0 cm，10 岁时增至 7—8.5 cm，月经初潮时达 10.5—11.5 cm，颜色变为灰色，黏液腺发育，排出大量分泌物。

坦纳将女性乳房的发育分为五个阶段。

第一阶段：婴儿状态，从刚出生到青春期开始。

---

① Laron，Z.，et al.，Age at First Conscious Ejaculation—A Milestone in Male Puberty，*Helv. Paediatr. Acta*，Vol. 35，pp. 13-20，1980.

② Hirsch，M.，et al.，Emission of Spermatozoa Age of Onset，*Int. J. Androl.*，Vol. 2，pp. 289-298，1979.

③ 叶恭绍主编：《中国医学百科全书·儿童少年卫生学》，上海科学技术出版社 1984 年版，第 15 页。

第二阶段：萌芽阶段，乳房和乳头像一块小丘突起，乳晕直径扩大，这种外形的变化是青春期乳房发育的最早征象。

第三阶段：乳房和乳晕进一步扩大，产生了有点像成人乳腺一般的小的圆形轮廓的外形。

第四阶段：乳晕和乳头进一步增大，形成乳房上突起的第二个小丘。

第五阶段：成人期典型的平滑圆形轮廓，第四阶段产生的第二个小丘消失。①

一般而言，乳房发育在第二性征发育中是最早的征象，乳房处于第二阶段的年龄，最早可出现在8—9岁，大多数女童在13岁以前就已出现；到达第五阶段的年龄，早至12岁，晚至19岁，甚至更晚。

个体儿童之间性发育的时间差异很大，但是发育的程序基本一致，即乳房萌出、阴毛出现、月经出现，直至完全成熟，历时需1.5—6年或更长的时间。进入青春发育期以后，身高生长首先出现突增，但不易被察觉，有30%—40%女生的身高生长高峰与乳房发育进入第二阶段同时外，多数在乳房发育第二阶段之后，少数在前。乳房发育到第二阶段后六个月至一年，出现阴毛，腋毛和月经初潮通常出现在乳房发育的第三至四阶段。②

三、生理生化变化

青春期也出现了儿童青少年机体的许多生理生化变化。在形态

---

① Marshall, W. A. & Tanner, J. M., Puberty, *Human Growth*, (edited by Falkner, F. & Tanner, J. M.), Vol. 2, pp. 207-208, 1986.

② 唐锡麟编：《儿童少年生长发育》，人民卫生出版社1991年版，第113—114页。

发生变化的同时，机能发生了相应的变化，例如，肌肉的体积和力量增加了，心脏和肺脏增大了，不仅表现在绝对量方面，也表现在与整个身体体积的关系上，而且，心脏的收缩压提高了，心率减小，男性儿童中由睾丸酮诱导的血液中血红蛋白浓度的增高使血液携氧的能力也提高了。

骨骼生长突增伴随着血浆中无机磷酸盐和碱性磷酸酶的增加。在一项追踪研究中，让德（Round，J. M.）等人发现碱性磷酸酶的升高和降低的高峰早于身高生长高峰四个月。① 血清脲酸盐的水平在男性儿童的青春发育期中出现猛增，但在女性儿童中却只有少量变化。② 维生素 D 代谢物在青春期突增时也提高了。③

对于青春期血脂和脂蛋白的含量有许多研究。在男性儿童中，血浆胆固醇在青春期早期和中期都有所降低，而在晚期则升高，降低的主要是高密度脂蛋白，升高的则是低密度脂蛋白。在女性儿童中，青春中期血浆胆固醇也下降，后期也出现升高。甘油三酸酯水平在男女儿童的整个青春发育期都增高，虽然可能在女性儿童青春期末出现下降趋势。④

青春期血红蛋白和红细胞总数男性有明显增加，10—17 岁时

---

① Round，J. M.，et al.，Changes in Plasma Inorganic Phosphorus and Alkaline Phosphatase Activity during the Adolescent Growth Spurt，*Ann. Hum. Bio.*，Vol. 6，pp. 129-136，1979.

② Bennett，D. L.，et al.，Relationship of Serum Alkaline Phosphatase Concentrations to Sex Maturity Ratings in Adolescents，*J. Pediatr.*，Vol. 88，pp. 633-636，1976.

③ Aksnes，L. & Aarskog，D.，Plasma Concentrations of Vitamin D Metabolities in Puberty-Effect of Sexual Maturation and Implication for Growth，*J. Endocrinol. Metab.*，Vol. 55，pp. 94-101，1982.

④ Christensen，B.，et al.，Plasma Cholesterol and Triglyceride Distributions in 13665 Children and Adolescents—Prevalence Study of the Lipid Research Clinics Program，*Pediatr. Res.*，Vol. 14，pp. 194-202，1980.

期，血红蛋白均值从 14.5 g/dl 增加到 16.5 g/dl，红细胞数从 460 万/ul左右增加到 530 万/ul，女性则无明显增加，这种差别可能是由于女性月经来潮后血液丢失的原因。因此，青春期的女性儿童少年容易发生贫血。白细胞总数及其分类检查也是衡量青春期生理功能变化的一个重要指标。在青春期，无论男性还是女性，白细胞总数都随年龄增加而减少，各年龄组中，男女无明显差异，但是分类检查却发现，无论男女，嗜中性粒细胞都随年龄增大而增加，而淋巴细胞却随年龄增大而减少，这说明通过青春期发育，个体越来越发展了以嗜中性粒细胞为防御武器的机制，而淋巴系统开始退化。①

四、运动素质和运动能力的发育

青春期，运动速度、耐力、肌力、协调性、灵活性等运动素质的发育是与形态、功能的发育相一致的，又与运动能力密切地结合在一起。

美国、日本、法国、德国、加拿大等国曾对儿童少年运动素质和运动能力作了大量的研究。我国学者曲宗湖等人将部分国家的研究材料加以综合，认为“在青春发育期前，除力量素质和能力外，男女差异不大，在形态和柔韧方面甚至女孩超过男孩，柔韧素质随年龄增大也比男孩要好；其他素质、能力，一般男孩均优于女孩”②。曲宗湖等人还比较了这些国家的研究资料，列出了男女儿童各种运动素质的快速发展、高峰及其保持和下降的年龄阶段（见表 1-2）。

---

① 叶恭绍主编：《中国医学百科全书·儿童少年卫生学》，上海科学技术出版社 1984 年版，第 12 页。

② 瞿葆奎主编，朱家雄等选编：《教育学文集·体育》，人民教育出版社 1988 年版，第 102—103 页。

表 1-2　运动素质和能力的发育趋势

类别		高峰阶段	快速发展阶段	保持和下降阶段	备注
柔软性	男	17岁	12—16岁	17岁后	日本文部省1978年资料、日本学者研究资料
	女	17岁	11—14岁	17—19岁后	
速度性	男	17岁	10—16岁	19岁后	日本、加拿大、苏联资料
	女	14岁	9—13岁	15岁后	
肌肉力量	男	22岁	11—17岁	30—35岁后	日本、苏联的材料
	女	20岁	9—13岁	20岁后	
弹跳力	男	17岁	11—13岁	22岁后	日本、加拿大和苏联的材料
	女	16.7岁	10.3—11.8岁	16岁后	
克服自身体重的臂肌力	男	19岁	12—14岁	19岁后	日本、加拿大、苏联的材料
	女	12岁	10—12岁	14岁后	
敏捷性	男	17.6岁	10.5—16岁	18岁后	日本、加拿大的材料
	女	16.6岁	10—12岁	17岁后	
耐久力	男	17岁	11—13岁	17.3岁后	日本、加拿大材料
	女	15岁	9—11岁	15.5岁后	
投掷力量	男	19岁	12.5—14岁	22岁后	日本、苏联的材料
	女	17岁	11—13岁	20岁后	
综合评定	男	17岁	13—15岁	22岁后	日本的材料
	女	15.6岁	13—14.3岁	18岁后	

（据曲宗湖等，1981年）

日本学者根据对研究材料的统计分析，认为在男女儿童青少年中存在的差异主要表现在以下几个方面。

1. 女子比男子重心低，单脚站立男子比女子差。

2. 前后屈体女子比男子好，11 岁前男女相差不多，11 岁以后差距逐渐加大。

3. 在敏捷性方面，各年龄组男子都比女子好，15 岁后差距逐渐加大。

4. 力量（主要指背力），女子比男子差 30%左右，15 岁以后差距进一步加大。

5. 随年龄的变化，立定跳远、垂直跳非常相似，女子大体等于男子的 5/7，17 岁以后差距加大。

6. 引体向上和双杠臂屈伸，男女差距较大，引体向上在 10 岁以前、臂屈伸在 11 岁以后女子约低于男子一半；单脚跳在 12 或 13 岁以后男女差距逐渐加大。

7. 在同等条件下，男子肺活量大于女子，15 岁后差距更大。

根据 1978—1980 年我国对 16 个省市青少年儿童身体形态、机能、素质所作的大规模调查研究获得的资料，陈明达等人的报告认为，我国儿童青少年运动素质和运动能力的各项指标，“男子 19 岁以前，女子在 11—14 岁以前，随年龄的增长而提高。男子各项指标发展的高峰在 19—22 岁，23 岁后缓慢下降，呈单峰型；女子在 11—14 岁出现第一个波峰，14—17 岁趋于停滞或有所下降，18 岁后回升，19—25 岁出现第二次波峰，呈双峰型”①。以一分钟仰卧起坐、60 米跑、屈臂悬垂、立定跳远和 400 米跑作为衡量指标，“7—25 岁各年龄组五项指标均为男子高于女子，但是在 12 岁以前差别较小，13—17 岁差别迅速加大，18 岁后更大，并趋于稳定”②。他们认为，13—17 岁差距显著加大，这个时期正处于青春发育的开始到性成熟。这一规律，首先受形态、机能生长发育规律

---

① ② 陈明达等：《关于中国青少年儿童身体形态、机能、素质研究的概述》，载《体育科学》1981 年第 1 期。

所支配。①

第三节 生长发育的长期变化

19 世纪末，德国学者阿姆蒙（Ammon，O.）从对兵役年龄的青年身体测量资料的对比中发现，19 世纪的后 40 年间青年的身高增加了 1.2 厘米。此后，欧美一些国家和日本的学者也相继对儿童青少年的人体测量指标作了调查研究，报告了关于身高逐代增加，女性儿童月经初潮年龄逐步提前的现象。

1953 年，德国莱比锡校医科赫（Koch，E. W.）首先解释了这一现象，根据增长幅度有随年代进展而逐渐加快的趋势，将它称作生长发育的长期加速（sekuläre akzeleration）。在以后的英美等国的文献中，多将它称作生长发育的长期趋势（secular growth trend）。在英语中，“secular”一词可译为“长期的”，也可译为“持续一个世纪的”。近年来，一些学者认为“生长发育的长期趋势”这一术语不如“生长发育的长期变化”（secular growth changes）更为妥当，因为“长期变化持续的时间可能少于一个世纪，也可能多于一个世纪。变化并不是不受干扰地朝一个方向发生，它们会表现出积极的或者消极的方面来……”②。

生长发育的长期变化普遍出现在经济迅速发展的国家中。据欧

---

① 陈明达等：《关于中国青少年儿童身体形态、机能、素质研究的概述》，载《体育科学》1981 年第 1 期。

② Van Wieringen，J. C.，Secular Growth Changes，*Human Growth*，Vol. 3，(edited by Falkner，F. & Tanner，J. M.)，p. 307，1986.

美一些国家约100年的资料表明，成人的身高每10年约增高1厘米。生长发育的长期变化的一个重要特征是身高和坐高关系的变化，也就是说，坐高对身高的百分比降低了。坦纳分析了从1957—1977年日本儿童的情况，发现在身高方面发生的变化“纯粹是腿长度的变化”①，其他许多证据也都表明，成人身高方面的年代变化主要发生在腿长上。此外，学者们也发现生长发育的长期变化还发生在其他许多方面，例如头围（Nellhaus，G.，1970）、脑重（Miller，A. K. and Corsellis，J. A.，1977）、血红蛋白（Owen，G. M. et al.，1970）、骨骼年龄（De Wijn，J. F. and Rusbach，H. W. 1961）、牙齿发育（Garn，S. M. and Russell，A. L.，1971）等。但是，生长发育的长期变化最为明显地表现在身高、体重及性成熟等方面，这些参数对于生长发育的长期变化具有代表性。

一、身高和体重的长期变化

大多数国家的儿童青少年的身高从19世纪起即见增加。现在初入学的学生的平均身高较20世纪初增长5—10厘米，当今成年人的身高比100年前高9.2厘米。过去，一些学者认为，约每隔10年儿童平均身高就增加1厘米，但是近年来不少国家儿童身高的加速增长已经超过了这个尺度。

哈里森（Harrison，G. A.）等人曾报道，英国、德国、波兰、北美和斯堪的纳维亚地区等的调查资料揭示了极为相似的变化趋势：5—7岁组的儿童在1880—1950年期间身高每10年平均增长1厘米，体重增长0.5千克；在青春期平均增长2.5厘米，体重增长7千克；

---

① Van Wieringen，J. C.，Secular Growth Changes，*Human Growth*，（edited by Falkner，F. & Tanner，J. M.），Vol. 3，p. 308，1986.

在接近成人阶段，每 10 年增长的数量又减少到 1 厘米。①

据日本学者的调查资料，1900—1960 年日本男性儿童平均增长 8—9 厘米，女性儿童增长 10—11 厘米，在 50—60 年代的 20 年中，17 岁的男性青少年增长了 8.2 厘米。

莫斯科 15—18 岁男性青少年在 1882—1963 年的 80 年间身高有明显增加，13 岁的少年平均增加 10 厘米，15 岁的少年增加 20 厘米，体重分别增加 8.5 千克和 16 千克。

我国学者胡虞志综合了 14 个城市 7—18 岁儿童少年若干年的身高资料，认为我国男、女儿童青少年平均每年增高分别为 2.8 厘米和 2.6 厘米。各城市的具体情况见表 1-3。以北京为例，1959—1979 年 7—17 岁中小学生身高每 10 年平均男性增加 2.3 厘米，女性增加 1.6 厘米，1979—1986 年的 7 年中仍有较大幅度的增加。②

表 1-3　中国 14 个城市儿童青少年身高发育的长期变化

地　名	观察年代	年距	年龄（岁）	平均增高		每 10 年增高	
				男	女	男	女
上　海	1931—1979	43	7—15	8.9		1.8	
沈　阳	1949—1979	30	7—18	14.2	11.5	4.7	3.8
武　汉	1952—1979	27	7—17（男）	8.1	—	3.0	—
			7—16（女）	—	6.7	—	2.5
哈尔滨	1956—1982	26	8—17	7.3	6.3	2.8	2.4
乌鲁木齐	1957—1982	25	7—17	5.6	4.6	2.2	1.8
太　原	1956—1979	23	7—18	4.1	3.7	1.8	1.6

① Harrison，G. A.，et al.，*Human Biology*，pp. 348-350，1977.

② 胡虞志：《要重视当代儿童发育加速面临的有关问题》，载《学校卫生》1986 年第 4 期。

续表

地名	观察年代	年距	年龄（岁）	平均增高		每10年增高	
				男	女	男	女
天津	1957—1979	22	8—16	4.2	4.4	1.9	2.0
广州	1957—1979	22	7—17	8.2	7.4	3.7	3.4
昆明	1957—1979	22	7—14	7.5	7.2	3.4	3.3
福州	1957—1979	22	7—17	5.5	5.7	2.5	2.6
兰州	1957—1979	22	7—17	5.5	5.7	2.5	2.6
成都	1958—1979	21	7—17	5.9	5.8	2.8	2.9
西安	1958—1979	21	7—16	6.7	6.9	3.0	3.1
北京	1959—1979	20	7—17	4.7	3.3	2.3	1.6

（据胡虞志，1986年）

坦纳在综合了不同国家的一百多份关于生长发育和成熟的资料后，进行了以下的归纳。

1. 除了招募新兵的医学检查资料外，最早的文献只是一些从积极的或者消极的角度选择的小样本。

2. 19世纪积极的趋势的开始是与工业化改进社会经济状况相一致的。例如，两者与死亡率的下降有相同的联系。

3. 这种趋势在出生以后就直接开始。在5—7岁，每10年身高增长1—2厘米。

4. 体重的增长与身高以相接近的比例增加。

5. 战争和饥饿会延缓这种趋势。

6. 第二次世界大战以后，在一些国家中积极的趋势强过20世纪初期。

7. 如果成人的身高始终保持稳定不变，那么儿童身高的增长会导致早熟。但是，成人的身高也发生了增长，并较早达到最后高度，对男性而言，现在大约是18岁，以前则是26岁。

8. 在1938年，瑞典男性儿童身高增长速度的高峰比1883年早一年达到。根据身高的标准差，在1825—1837年挪威儿童生长的突增发生在17岁，而在20世纪30年代，突增则是在14岁。①

有关身高和体重的长期变化问题，近些年以来在学术界围绕着以下的一系列问题进行着讨论。

1. 如果对某一群体来说，在若干年间隔以后在身高方面没有差别，那么是因为基因控制达到了极限，还是由于环境因素达到了最高水平？

2. 如果积极的趋势继续发生，那么身高的范围会不会进一步减小？

3. 如果儿童期积极的趋势继续发生，那么成人的身高会不会进一步增加？

4. 在那些积极的趋势已经十分显著的国家中，在战后的环境因素中究竟是什么原因致使身高继续增长？

5. 对积极的长期趋势来说，新的中位数曲线是否与以前的较高百分位数曲线相重合？

6. 在长期身高变化中有没有系统的性别差异存在？

7. 在身高增加原因方面的解释上是一贯积极的，还是也有消极的方面？②

二、性成熟的长期变化

对于性成熟的长期变化来说，常用的资料来自对月经年龄的调

---

① Tanner, J. M., The Secular Trend towards Earlier Physical Maturation, *J. Soc. Geneesk*, Vol. 44, pp. 524-538, 1966.

② Van Wieringen, J. C., Secular Growth Changes, *Human Growth*, Vol. 3, (edited by Falkner, F. & Tanner, J. M.), p. 313, 1986.

查。近百年来，各国学者通过调查，发现性功能的发育也伴随着长期变化而发生着变化，趋向于成熟年龄的提前。例如，19 世纪末，德国女性儿童月经初潮的年龄是 15—16 岁，至 1960 年提前到 13 岁，这 60 年间提前了 2—3 岁。西欧一些国家的女性儿童，1840—1970 年，月经初潮的年龄每 10 年提前 3—4 个月。美国 1910—1968 年，女性儿童月经初潮的年龄从 14.3 岁提前到 12.5 岁。日本在战前至 1979 年的 48 年中，女性月经初潮从 14 岁提前到 12.5 岁。综合以上这些资料，一些发达国家女性儿童月经初潮的年龄每 100 年提前 2—3 岁，每 10 年提前 3—4 个月（如图 1-4）。

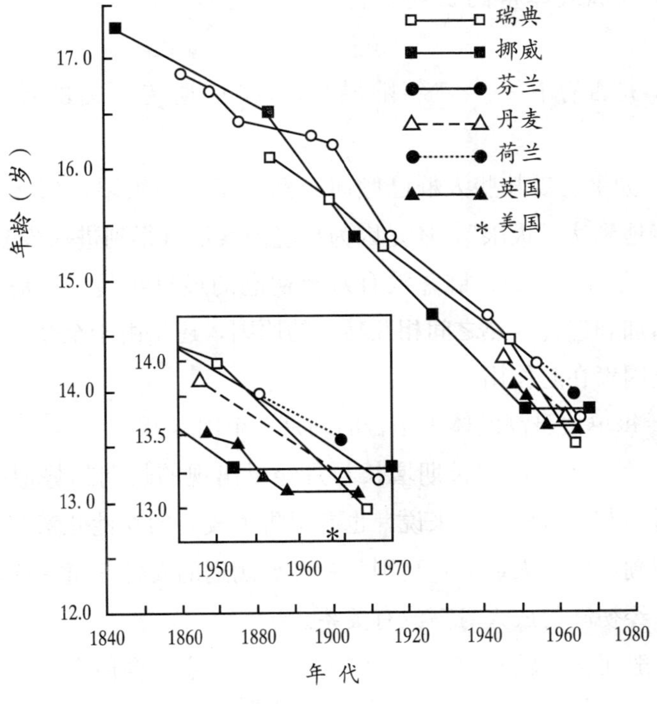

图 1-4　1840—1970 年欧美各国女性儿童月经初潮年龄变动

（据 Tanner，J. M.，1975）

据近几十年来我国的调查资料，表明我国儿童月经初潮年龄也有明显提前的倾向。例如，上海市 1951—1979 年的 20 多年中，女性儿童月经初潮年龄从 15.9 岁提前到 13.9 岁；北京市 1964—1979 年，女性儿童月经初潮年龄从 14.5 岁提前到 13.7 岁。有资料表明，这种初潮年龄提前的趋势仍在继续。

德莱森（Dreizen，S.）等人对于近年来关于月经初潮的长期变化问题所引起的讨论作了如下的归纳。

1. 在人群中可能与长期变化有关的能影响月经年龄的环境因素是什么？

2. 身高或体重的长期变化是否总与月经的长期变化结合在一起？

3. 是否存在一条“年龄界限”，例如遗传所需的最小成熟阶段？

4. 如果发现某些人群已倾向于到达年龄的极限，那么是“因为自然地到达了极限”，还是因为环境因素没有得到进一步改善？

5. 身高最高的人群并没有月经初潮的最早年龄——是由于身高的增加和遗传成熟之间相互独立的原因，还是由于至今还不清楚的环境因素在起作用？

6. 每单位身高的体重是否的确是一个因素？

7. 事实上身高的长期增长与月经早出现的长期趋势似乎有一些矛盾，对于有些人群来说，也有报告说较高的女性儿童有较早的月经初潮，而成人期的身高则与月经初潮迟的女性儿童一样，换言之，月经初潮与成人身高没有关系。①

一般而言，较好的社会经济条件和小的家庭会使女性儿童月经

① Dreizen，S.，et al.，A Comparison of Skeletal Growth and Maturation in Undernourished and Well-nourished Girls Before and After Menarche，*J. Pediatr.*，Vol. 70，pp. 256-263，1967.

初潮的年龄提前，但是身高的增长和成熟可能是相互独立的。然而，也有与此不一致的报告。布伦德兰德（Brundtland，G. H.）等人发现，从二战后到 1975 年奥斯陆人群中社会地位的差异与身高的关系实际上并不存在，而较低社会层次的人群，月经初潮的年龄反而比较高社会层次的人提前。① 月经初潮年龄与社会地位差异之间的这种逆向关系与较低社会阶层的女性儿童每单位身高有较大的体重有关联。布伦德兰德（Brundtland，G. H.）等人也曾提到 1950—1970 年在身高方面发生的长期增加，而月经的年龄并没有改变。② 内锡（Neyzi，O.）等人则发现了月经初潮与体重—身高之比率的比较对月经初潮所获得的体重存在更有意义的负相关。

月经初潮的年龄会有一个最低的限度，不同的人群或者不同的地区，这个限度是不相同的。一种意见倾向于是遗传的原因所致，例如坦纳等人主张在欧洲存在西北和东南的地域差异。③ 但是，约翰斯顿（Johnston，F. E.）在一份综合文献中却指出对月经初潮的年龄有多种不同的控制因素。④ 单就环境而言就十分复杂，例如，疾病会使成熟延缓，由于城乡差别、家庭大小的差异和社会经济状况的不同而反映出来的在营养方面的差异也会影响成熟，此外，其他因素，如季节、日照量等也会影响成熟。

---

① Brundtland，G. H.，et al.，Height，Weight and Menarcheal Age of Oslo Schoolchildren during the Last 60 years，*Ann. Hum. Biol.*，Vol. 7，pp. 307-322，1980.

② Brundtland，G. H.，Menarcheal Age in Norway：Halt in the Trend towards Earlier Maturation，*Nature*，No. 241，pp. 478-479，1973.

③ Tanner，J. M. & Eveleth，P. B.，Variability between Populations in Growth and Development at Puberty，*Puberty：Biologic and Psychosocial Components*，(edited by Berenberge，S. R.)，p. 256，1975.

④ Johnston，F. E.，Control of Age at Menarche，*Hum. Bio.*，Vol. 46，pp. 159-171，1974.

第四节 影响儿童青少年身体生长发育的因素

儿童青少年身体的生长发育是其遗传、先天环境和后天环境中各种因素相互作用的结果，生长发育的过程是机体在环境中遗传性和适应性矛盾统一的过程。作为环境因素的一个重要方面，教育也影响着儿童青少年的生长发育。

一、遗传因素

遗传指的是子代和亲代之间在形态结构及生理功能上的相似。在生长发育过程中，遗传基因决定了机体的各种遗传性状，但是它的作用只有在一定的环境条件下才能发挥，而在某些环境条件下则有可能发生变异。罗恩（Ron，R. J.）认为，遗传与环境这两大方面，在某一人群中哪一方面表现更为明显，取决于人群本身，各社会经济阶层之间差异越小，遗传表现就越明显。① 遗传影响表现在家族、种族方面，对双生子及移民儿童青少年的研究能清楚地说明这种倾向。

（一）家族性倾向

根据大量调查研究资料的分析结果，证实了儿童青少年生长发育的多项形态、生理指标，如身高、体重、皮下脂肪、血压等确有不同程度的家族性倾向，其中尤以身高的遗传倾向更为明显。

威尔逊（Wilson，R. S.）在对双生子的研究中发现，同卵双生子和异卵双生子在出生时身高的差异无显著差别，但随着年龄的增长，3—9 岁的同卵双生子身高相关在 0.93 左右，而异卵双生子

---

① Ron，R. J.，*Brit. Med. Bulletin*，Vol. 37，No. 3，pp. 265-272，1981.

在出生时身长相关虽有0.79，但随着年龄的增长，到8岁时只有0.49的相关。① 菲斯赫拜恩（Fischbein，S.）对青春期男女青少年的类似研究表明，同卵双生子的身高相关为0.9，异卵双生子身高相关值随年龄增大而摆动于0.5—0.8。②

从各国报道的类似资料中可以发现，2岁以下儿童的身长往往与父母身高无关，此后，遗传的影响就逐渐体现，但在青春期生长突增阶段，由于成熟类型的差异，相关系数较低，至青春期后期又有明显的增高。罗伯茨（Roberts，D. F.）曾探讨了基因在控制身高生长方面的作用，在出生后的生长发育过程中表现为："（1）全部生长过程均受基因控制，但在对各特征的控制上作用时强时弱；（2）作用方式大部分是多效应的，少部分属单效应的；（3）控制生长速度与控制最终身高的基因是不同组的；（4）不同组基因在生长的不同时期起作用；（5）基因对生长的控制是广泛通过染色体上的不同排列实现的。"③ 据研究，儿童青少年在良好环境下成长至成人时，其身高和父母平均身高之间的相关系数为0.75。④

（二）种族差异

各种族儿童青少年的生长发育表现出明显的种族倾向性。研究表明，儿童青少年的体型、躯干和四肢的比例受种族遗传的影响更大，而较少受环境因素的影响。例如，无论是在东京还是在洛杉矶长大的日本儿童，由于生活水平相仿，身高无差异，但是他们的腿长却都短于同等身高的欧洲儿童；同样，同等条件下生长的非洲儿童和欧洲儿童平均身高虽无明显差异，但是非洲儿童的腿长超过欧

---

① Wilson，R. S.，*Ann. Hum. Biol.*，Vol. 6，pp. 205-220，1979.

② Fischbein，S.，*Ann. Hum. Biol.*，Vol. 4，pp. 417-430，1977.

③ Roberts，D. F.，*Brit. Med. Bulletin*，Vol. 31，No. 3，p. 239，1981.

④ 叶恭绍主编：《中国医学百科全书·儿童少年卫生学》，上海科学技术出版社1984年版，第6页。

洲儿童。又如，中国儿童在早期出现的骨化中心并不比其他种族推迟，但是，女性儿童3—10岁、男性儿童3—12岁时的骨龄却落后于其他一些种族的儿童，而在青春期，骨骼成熟的速度又加快，与美国儿童相比较，在3个骨年龄的时间内，骨的发育增长了4个骨年龄，因此，中国儿童青少年骨骼成熟的最终平均时间并不落后。

二、环境因素

（一）营养

人体需要的各种营养素是生长发育的物质基础，儿童青少年必须不断地从外界摄取这些营养素，方能保证同化过程超过异化过程，使机体获得充分的发育。营养缺乏或不合理的膳食会影响儿童青少年的生长发育，甚至导致各种营养缺乏症。

营养不良对儿童青少年生长发育的影响与营养不良发生的时间、严重程度、持续久暂等因素有关。现时的营养不良主要表现为体重下降、身体消瘦；慢性长期的营养不良则可以表现出不同程度的发育迟缓，甚至发育停滞，表现为身材矮小，体重水平相应地减少。营养不良对骨骼年龄、恒牙萌出时间、女生月经初潮及青春期生长发育突增都有直接的影响，例如，慢性长期营养不良会使青春期生长发育增长的时间推迟，而现时的营养不良则会使突增的幅度减小。目前，国外对营养因素对儿童青少年发育的影响作用所作的研究，多在比较贫困的国家和农村地区进行。例如，印度对海德拉巴农村677名年龄在13—18岁的男性青少年进行了一年多的调查，并对比了既往对他们追踪调查4年的类似资料，结果发现早期有明显生长迟缓的儿童，尽管可以获得和西方儿童接近的最大生长速度，但是要推迟两年，而且5岁年龄组儿童身高不足者可一直持续到青春期，体重不足者则更为明显，这说明早期生长发育迟缓者在青春期仍较标准为矮且轻。①

儿童青少年对营养的需要是多方面的，任何一种营养素的缺乏都会引起营养疾病，并在不同程度上影响生长发育。但是，蛋白质—能量不良（protein-energy malnutrition，PEM）是最重要的类型之一。有研究表明，垂体分泌的生长激素本身并不直接作用于长骨，而是通过刺激肝脏产生生长素介质（somatomedin）作用于细胞膜上的特异性受体而发挥功能的，蛋白质—能量不良儿童的血液中生长素介质的活力明显降低，同时血液中还可能存在一种生长素介质的抑制剂，从而导致生长发育迟缓。

在影响儿童青少年生长发育的各种营养素中，微量元素的作用日益受到重视。由于生长发育的需要，儿童青少年对铁的需求量相对增加，容易产生缺铁性贫血。据报道，发展中国家儿童的患病率为30%—90%，我国各地的报告为20%—60%不等。② 缺铁可使机体很多含铁酶和铁依赖酶的活性降低，影响多种代谢过程，从而损害神经、消化、肌肉和免疫系统功能，以及智能发育和行为。

微量元素碘是合成甲状腺素的必要成分，还具有广泛的内分泌功能，碘的缺乏会引起儿童青少年体格和智力发育障碍，甚至引起克汀病，表现为生长发育受阻，骨发育延迟。特劳布里奇（Trobridge，F. L.）认为，缺碘可影响地方性甲状腺肿流行区居民的智力发展。③ 科瑞德（Corred，H.）也提出，地方性甲状腺肿和地方性克汀病流行区的儿童的智力水平低于非病区。④ 笔者等人曾对我

---

① 徐苏恩主编：《儿童少年卫生学进展》，人民卫生出版社1984年版，第57—58页。

② 刘志诚、于守洋主编：《营养与食品卫生学》，人民卫生出版社1988年版，第73页。

③ Trowbridge，F. L.，*Human Development and the Thyroid Gland*，p. 137，1972.

④ Corred，H.，*Endemic Goiter and Endemic Cretism*，p. 567，1980.

国缺碘地区各年龄组的儿童青少年智力发展情况作过调查研究，发现缺碘地区各年龄组儿童的平均言语智商、操作智商和全量表智商都明显低于非缺碘地区的儿童，① 这些地区，在正常人与克汀病人之间存在大量的阶梯式的智力水平低于正常水平的人。据报告，“中国三分之一以上的人口居住在缺碘地区，其中有10%已呈现出碘缺乏症的临床迹象。发病地区大部分是内陆和高山地区”②。分省调查资料表明，“智残人数与某一省的碘缺乏失调症的数据有一定关系”③。

近些年来，微量元素锌对于生长发育与性成熟的影响作用也引起了学者的关注。人体锌缺乏是普鲁塞德（Prusad，A. S.）1961年在伊朗首先发现的，之后，埃及、土耳其、葡萄牙、摩洛哥、印度等国都有报道，欧美国家也有轻度缺锌的报道。我国近年来的调查也证实我国有相当一部分地区的儿童青少年体内缺锌。人体内已证实的含锌的酶有五十余种，这些酶参与人体的代谢及多种器官的生长发育和功能成熟。当锌缺乏时，特别是当某一系统的细胞在迅速分裂，生成或合成蛋白质期间锌缺乏时，就会对全身所有的系统产生不利的影响，受累最为严重的是性腺的发育和成熟受到严重的阻抑。④

此外，钙、磷、铬等元素对儿童青少年生长发育的影响作用也是十分明显的。

---

① 朱家雄等：《碘缺乏对儿童青少年智力和体格发育的影响以及缺碘地区学校教育的若干问题》，载《华东师范大学学报（教育科学版）》1986年第3期。

② ③《中国政府—联合国儿童基金会合作方案：儿童与妇女的生存、保护和发展总体执行计划（1994—1995年合作周期）》（内部资料）。

④ Prusad，A. S.，et al.，Zinc Metabolism in Patients with the Syndrome of Iron Deficiency Anemia，Hepatosplenomegaly，Dwarfism，and Hypogonadism，*J. Lab. Clin. Med.*，Vol. 61，pp. 537-549，1963.

（二）生活环境

工业化造成的环境污染不仅可引起儿童青少年的各种疾病，而且会影响他们的生长发育。

苏联学者对受大气污染城市的学生作了10年以上的观察，发现其身高、体重、胸围的发育与对照组相比并没有出现明显的差异，但是他们的呼吸差，肺活量较小，肌力的增长也处于停滞状态，周围血象以血红蛋白下降最为明显，说明了大气污染对儿童青少年功能发育有较显著的不良影响。有学者发现，空气中的化学物质（如二氧化硫、一氧化碳、烃类）、飘尘与儿童肺炎、支气管炎、鼻咽炎、耳炎等的发病率有显著相关。①

儿童青少年铅中毒的问题已引起国内外学者的广泛重视。瓦特（Walter，S. D.）等人认为，儿童青少年摄入铅的主要途径是：（1）空气铅（主要是汽车废气）；（2）土壤铅；（3）尘埃铅；（4）含铅设备（油漆屑、暖气管）；（5）儿童异食癖、咬指甲、啃咬含铅油墨印刷的书报等。② 据报道，美国每年铅中毒的儿童在20万以上，若以血铅大于40 μg/100 mL作为儿童过量铅吸收的判定标准，那么欧美一些城市中有30%的儿童血铅过高。③ 铅中毒的症状有食欲减退、恶心呕吐、消化不良、精神呆滞等，尤罗柯斯（Youroukos，S.）认为过量摄入铅可引起或加重心理发育迟缓。④ 一般认为，血铅达到或超过60 μg/100 mL—80 μg/100 mL时才出现症状，但是大卫（David，O. J.）等人则认为这种看法对儿童是有害的，因为铅中毒的早期症状和体征是模糊的，在血铅达到这一水平

---

① Даумов，Ф. Ф.，*Гил Сак*，No. 5，p. 87，p. 3，1980.

② Walter，S. D.，et al.，Age－Specific Risk Factors for Lead Absorption in Children，*Arch. Environ. Health*，Vol. 35. No. 1，p. 53，1980.

③ Lin-Fu，J. S.，*New Engli. J. Med.*，Vol. 286，p. 702，1972.

④ Youroukos，S.，*Arch. Environ. Health*，Vol. 33，No. 6，p. 297，1978.

之前，常表现出轻微的智能迟钝、感觉运动功能障碍及各种行为异常。①

（三）体育运动

适当的体育运动能促进儿童青少年身体的生长发育。尼尔森（Nilsson，B. E.）等人的研究表明，体育运动有利于平衡骨骼及全身的钙磷代谢，加速矿物质的骨内沉积，使骨密度增加；② 贝利（Bailey，D. A.）的研究也证实了长期体育锻炼者骨骼的直径增粗，骨髓腔增大。③ 体育运动还能促进肌肉的新陈代谢，使肌纤维增长增粗，使素质发育更加迅速，运动速度、耐力、肌力（臂力、握力、背肌力等）和爆发力明显提高，协调性和灵敏性更为良好；体育运动还能调节体重，改变身体的成分，使机体的最大氧耗量、心脏容积、肺容积、血红蛋白量也显著增大。经常参加体育锻炼的儿童青少年，身体的身高、体重、骨龄及第二性征的发育都较为理想。体育运动对儿童青少年生长发育的这些方面的作用，也都已经被学者的研究证实。

（四）疾病

任何引起机体生理功能紊乱的急慢性疾病对儿童青少年的生长发育都能发生直接影响，影响的程度取决于疾病病变涉及的部位、病程的长短及疾病的严重程度。慢性疾病对儿童青少年发育的影响作用更为明显。据报道，第三世界国家的儿童常因感染由细菌、病毒、原虫和蠕虫等引起的慢性疾病而导致明显的发育障碍。某些内分泌疾病、代谢紊乱、骨骼发育障碍及严重的器官功能不良等都会

---

① David，O. J.，et al.，Childhood Lead Poisoning：A Re-evaluation，*Arch. Environ. Health*，Vol. 34，No. 2，p. 106，1979.

② Nilsson，B. E.，et al.，Bone Density in Athletes，*Clin. Orthop. & Related Research*，Vol. 77，pp. 179-182，1971.

③ Bailey，D. A.，*Child in Sport and Physical Activity*，pp. 81-93，1976.

限制儿童青少年的生长发育，如克汀病、大骨节病、性早熟、糖尿病、严重的先天性心脏病、慢性肾功能不全等。儿童青少年时期的急性传染病，如麻疹、百日咳、急性肠道感染等，如果治疗不当，或加上并发症时，也会影响生长发育。

（五）社会因素

儿童青少年同样生活在复杂的社会—文化体系之中，这个体系包括经济关系、伦理道德、宗教、风俗、社会安定状态、社会福利状态、教育等，这个体系的各种因素都可能直接或间接地影响儿童青少年的生长发育。

儿童青少年的生长发育存在着明显的城乡差异。国内外的许多调查研究表明，城区儿童的发育水平一般高于郊区和乡村的儿童，其原因与城乡之间社会经济生活水平的不同有关。

由于社会原因而引起的贫穷、失业、营养缺乏、居住拥挤、缺乏必要的卫生设施和卫生知识、疾病流行、吸毒、酗酒、性病等也都在影响着儿童青少年的生长发育。例如，在一些国家中，由于家庭破裂、未婚先孕的子女的增多，给部分儿童造成了心理创伤，长期的情绪压抑会影响其生长发育。弗莱齐尔（Frasier，S. D.）曾报告，一些遭受虐待歧视的儿童青少年，生长发育缓慢，身材矮小，骨龄落后，性发育迟缓，成为社会心理性侏儒，他们并无明显的家族史，究其原因，可能是由于不良环境对中枢神经系统（尤其是下丘脑）形成长期的恶性刺激，导致生长激素释放因子分泌缺乏而引起的。一旦改变他们的社会处境，他们的生长速度会大大加速，甚至最终可达正常水平。①

教育作为一种以影响人的发展为直接目标的特殊社会活动，对儿童青少年身体的生长发育也具有重要的影响作用。教育对儿童青

---

① Frasier，S. D.，*Ped. Clin. North Am.*，Vol. 26，No. 1，p. 1，1979.

少年身体生长发育的影响作用不像营养、疾病等因素那样直接，一般通过自然因素或者心理因素为中介，间接地影响生长发育。但是，教育对儿童青少年身体生长发育的促进作用似乎更具目的性和计划性。

除了上述诸多方面的因素外，还有许多其他因素（如气候、季节、地理位置等）也都会影响儿童青少年的生长发育。应该指出，由于生长发育的阶段性、波浪性和非等比性，身体各部分各系统的增长是不一致的，而处于快速增长期的某一部分对各种内外因素的影响最为敏感，也最容易受到不利因素的伤害。例如，体重的第二次突增期，机体的发育对营养等外界环境的影响特别敏感，这个时期缺乏必需的营养，体重的增加就会受到损害。

第五节　生长发育的评价

对儿童青少年生长发育实施评价，能了解儿童青少年生长发育的现状及今后的发展趋势，并为卫生保健提供依据。身体生长发育的评价包括发育水平、发育速度和匀称程度三个方面，据此而建立评价标准和多种评价方法。

一、生长发育的评价标准

生长发育的评价标准是用以评价个体或集体儿童青少年生长发育状况的统一尺度。一般通过一次大数量的（横断面）调查研究，搜集某几项发育指标的测量数值，经过统计学处理，将所获得的资料作为该地区儿童青少年生长发育的评价标准。

一般认为，所有的生长发育标准都是相对的、暂时的，只能在一定地区和一定时间内使用。这是由于种族遗传倾向不尽相同，由于各地的气候、地理位置、营养来源及社会环境等各不相同，也由于近百年来世界上很多地区儿童均出现长期变化的趋势，致使不同时期、不同地区、不同种族儿童青少年的生长发育存在一定的差异，因此，各地不宜采用统一的标准，而且生长发育的标准也应每5—10年修订一次。对大数量的发育调查资料按不同统计方法进行处理，如均数和标准差、中位数与百分位数、相关回归等。

唐锡麟对上述看法提出了异议，他认为，任何一项评价标准都不是绝对的，实质上只是评价的参考值，因此，各地区必须建立适合自己的评价标准的看法是不全面的。他还认为，由于评价的目的不同，选用的评价标准也就不同。例如，营养状况可选用营养状况良好的儿童作为标准，而不是采用现状的平均水平；又如20世纪70年代联合国世界卫生组织提出的“国际用发育评价图表”，采用了美国儿童的发育资料，推荐给其他国家作为评价的标准；又如在一般情况下发育水平低于3%分数线估计为异常，但是有些国家在儿童保健卡上却以10%分数线作为警戒线。①

（一）身体形态发育的评价标准

1. 发育水平的等级

均值标准差法和百分位数法是对发育水平作等级划分的两种方法，它们都以离差的概念为基础。

自从坦纳推荐使用 P_3、P_{10}、P_{25}、P_{50}、P_{75}、P_{90}、P_{97} 7个百分位数作为划分发育水平等级的标准以来，许多国家一直沿用，或在此基础上稍作改动。例如，美国学校和儿科诊所常用的评价儿

---

① 唐锡麟编：《儿童少年生长发育》，人民卫生出版社1991年版，第56页。

童青少年生长发育的标准是“身高—体重百分位数曲线图”，它根据美国全国卫生统计中心（National Center for Health Statistics，NCHS）的资料为基准，将2—18岁儿童青少年各年龄的身高、体重百分位数分布曲线（P_5、P_{10}、P_{50}、P_{75}、P_{90}、P_{95}）编制在图中，用以评价个体或群体儿童身高和体重的发育水平。我国国家体委科研所1981年曾采用坦纳的方法，将P_{25}—P_{75}列为中等、P_{75}—P_{90}列为中上等、P_{90}以上为上等，而将P_{10}—P_{25}列为中下等，P_{10}以下列为下等。1985年，中国儿童发展中心、首都儿科研究所等采用了P_3、P_5、P_{10}、P_{20}、P_{25}、P_{50}、P_{75}、P_{80}、P_{90}、P_{95}、P_{97}共11个百分位数，供选择使用。在形态发育指标属非正态分布时，百分位数法的误差比均值标准差法要小得多。

日本等国则较多运用均值标准差法。这种方法一般以±1个标准差的范围为中等，加一个标准差以上和减一个标准差以下分别为上等和下等，共三个发育等级，或者再细分为更细的若干个等级，如五个发育等级或七个发育等级。

2. 发育速度

制订发育速度标准要采用追踪观察的方法，最简单的方法是对同一批有代表性的儿童，每隔一年作两次同样的调查，但是每个年龄组的标准都以一年的速度表示。由于发育速度的变异范围较大，尤其在青春期，变异的范围更大，运用时应当慎重。

发育速度可以用年增长值和年增长率加以表示，前者运用更为广泛。

3. 身体比例和匀称度

评价身体比例和发育匀称度的方法有身体指数评价法、体型图法、相关回归法等。

身体指数评价法根据人体各部分之间的比例关系，借助数学公式换算成各种指数，如身高体重指数、身体质量指数（即Kaup指数）、身高胸围指数、身高坐高指数等。身体质量指数是评价儿童营养状况的常用指标，它反映了一定体积所有的重量，常用的判断标准是 15 以下表示有消瘦的倾向，15—18 为正常，18 以上有肥胖的倾向。其他各项指标也都有相应的评价标准。

体型图法能简便地评价各项指标的发育水平，有的体型图（如费氏综合评价法）还能评价发育速度，除此之外，体型图还可用以大致评价个体儿童身体发育的匀称程度，如果各项发育指标均在同一个标准差范围内，即可认为该个体的发育是比较匀称的。但是，由于各个指标的数据之间没有经过相关回归处理，因而不能确切反映它们的关联和匀称程度。体型图法使用的评价标准与评价发育水平、发育速度的评价标准一致，因为它本身就是离差评价法中的一种。

相关回归法可以比较准确地用以评价儿童青少年生长发育的匀称程度。例如，该方法以身高为自变量（X），以体重或其他指标为因变量（Y），制成回归方程式，求得适应身高的估计体重或其他指标（$\hat{Y}$），并计算出回归标准差（S_{YX}），按以下公式评价身体发育的匀称程度（R）：

$$R=\frac{Y-\hat{Y}}{S_{YX}}$$

匀称程度的划分标准为：

$-1<R<1$　匀称

$R\geqslant 1$　不匀称，趋于粗壮

$R\leqslant -1$　不匀称，趋于细长

在我国 1978—1980 年对 16 省市中国青少年儿童身体形态、机能与素质的调查研究中，所使用的相关评定即先用离差法对身高作分等评价，再以身高为自变量，以体重、胸围为因变量的回归直线为基准

值，以其标准估计误差为离散距而制成，将儿童体型分成匀称型、粗壮型和细长型三类，并结合身高、体重、胸围指标，将儿童青少年的身体发育分为良好、较好、一般、较差和落后五个等级（见表 1-4）。

表 1-4　五等级评价标准

评　价	条　件
良　好	1. 身高上等　体型粗壮 2. 身高上等　体型匀称
较　好	1. 身高中上等　体型粗壮 2. 身高中上等　体型匀称 3. 身高中等　体型粗壮 4. 身高上等　体型细长
一　般	1. 身高中等　体型匀称 2. 身高中下等　体型粗壮 3. 身高中下等　体型匀称 4. 身高中上等　体型细长
较　差	1. 身高下等　体型粗壮 2. 身高下等　体型匀称 3. 身高中下等　体型细长 4. 身高中等　体型细长
落　后	1. 身高下等　体型细长 2. 凡体重、胸围显著落后于相应身高者①

（据中国科学技术情报研究所，1982）

注：①显著落后是指体重或胸围小于估计值减 2 个标准估计误差以上。

（二）运动素质和运动能力的评价标准

世界各国都重视对儿童青少年运动素质和运动能力的测试和评价，制订了不同的测试方法和评价标准，大多数国家采用的方法和标准的共同点是，所选的项目不多，技术性不强，规定动作易掌握，能反映身体全面发展情况，能用客观数据加以评定，讲究实效，并向标准化、制度化方向发展。

曲宗湖等人综合了美国、日本、加拿大、法国等国家在身体素质和运动能力方面的测试内容，认为它们有大同小异的情况（见表 1-5）。

表 1-5　各国儿童青少年运动素质和运动能力测试内容

<table>
<tr><th colspan="2"></th><th colspan="2">测　试　内　容</th></tr>
<tr><td rowspan="2">美国</td><td>男</td><td colspan="2">1. 引体向上；2. 仰卧起坐；3. 4×300 英尺穿梭跑；
4. 立定跳远；5. 50 码跑；6. 垒球掷远；7. 600 码竞走。</td></tr>
<tr><td>女</td><td colspan="2">1. 单杠屈臂悬垂；2. 仰卧起坐；3. 4×300 英尺穿梭跑；
4. 立定跳远；5. 50 码跑；6. 垒球掷远；7. 600 码竞走。</td></tr>
<tr><td rowspan="2">日本</td><td>小学</td><td>身体素质：
1. 反复侧跨；2. 纵跳；3. 背肌力；
4. 握力；5. 小凳子上下运动；
6. 俯卧后仰；7. 站立前屈。</td><td>运动能力：
1. 50 米跑；2. 跳远；
3. 掷垒球；4. 低单杠仰卧悬垂臂屈伸；
5. 曲线运球跑；
6. 低单杠连续翻身上落地。</td></tr>
<tr><td>中学</td><td>身体素质：
1. 反复侧跨；2. 纵跳；3. 背肌力；
4. 握力；5. 小凳子上下运动；
6. 俯卧后仰；7. 站立前屈。</td><td>运动能力：
1. 50 米跑；2. 跳远；3. 掷手球；
4. 男为高单杠引体向上，女为低单杠仰卧臂屈伸；
5. 男 1 500 米跑，女 1 000 米跑；
6. 游泳、滑雪、滑冰。
（上述四种必测）</td></tr>
<tr><td colspan="2">加拿大</td><td colspan="2">1. 快速仰卧起坐；2. 立定跳远；3. 屈臂悬垂；
4. 50 码跑；5. 300 码跑。</td></tr>
</table>

续表

	测　试　内　容
法　国	1. 纵跳；2. 30米跑；3. 40米跑；4. 引体向上； 5. 跨跳（五级跳）；6. 垒球掷远；7. 12分钟跑。
国际体力测定项目	1. 50米跑（男、女）；2. 立定跳远（男、女）； 3. 引体向上（男）、屈臂悬垂（女）；4. 10米×4往返跑（男、女）； 5. 30秒仰卧起坐（男、女）；6. 体前屈（男、女）；7. 握力； 8. 1 000米跑（男），800米跑（女）。

（据曲宗湖等，1981年）

我国1978—1980年在16个省市对中国青少年儿童身体形态、机能与素质的调查研究中即根据儿童青少年1分钟仰卧起坐、60米跑、屈臂悬垂、立定跳远、50米×4往返跑等五项运动素质指标，采用20分制对单项指标实行评价，并将各单项分数加在一起所得的总分进行综合评价，评价标准是根据各年龄组各单项指标分数或总分的90％、70％、30％和10％位数自上而下排列制定，分为五个等级。

中国体育科学学会体质研究会1984年组织了“中国学生体质综合评价方法研究”协作组，该组织认为，进行体质综合评价是不能简单将各单项分数相加所得的总分表示的，因为各项指标在评价个体性质时“权重”是不相同的。根据测试指标的有效性、可靠性和可行性原则，经过统计运算，该组织确定了六项指标，提出了各项指标的权重系数（见表1-6），并根据以下公式计算各项指标的得分：

$$得分=\left[70\pm\frac{(X-\overline{X})\times10}{S}\right]\times权重系数$$

将6项指标的得分相加，就是综合评价的总分，根据总分即可查出上等、中上等、中等、中下等和下等五个等级中相应的评价等级。

表 1-6　综合评价指标及其权重系数

综合评价指标	权重系数	
	男	女
体重×1 000/身高	0.21	0.22
肺活量/体重	0.20	0.21
50 米跑	0.15	0.16
立定跳远	0.15	0.15
引体向上或斜身引体	0.15	—
仰卧起坐	—	0.11
50 米×8 或 1 000 米跑	0.14	—
800 米跑	—	0.15

（据王路德，1987 年）

二、生长发育的骨龄评价法

通过对儿童青少年生长发育评价的长期研究，学者们发现骨骼年龄（简称骨龄）（skeletal age）是反映生长发育水平和成熟程度的比较精确的指标，用骨龄判别儿童青少年生长发育的状况最具客观性和广泛可用性。

骨龄评价法是发育年龄评价法中最常用的方法之一。发育年龄评价法是指用身体某些发育指标（如形态、功能、第二性征等）的水平制成标准年龄，评价儿童青少年的发育状况。骨龄评价法就是将儿童青少年的骨骼钙化程度与标准骨龄进行比较而求得发育年龄的评价方法，它可比时间年龄更为准确地判别儿童青少年的发育情况。

骨龄的判断，主要依据 X 射线摄片。通过观察摄片，确定儿童青少年身体某一部位骨骼的骨化情况，如各骨化中心的出现，骨块的发育（包括骨块大小、外形的变化、关节面的出现等）及以后骨骺和骨干的愈合过程，并和当地标准骨龄进行比较，即可确知儿童青少年的骨龄。在实施中，观察全身骨骼 X 射线摄片作出全面估计虽较为理想，但既不方便又费人力物力，X射线放射剂量也比较大，国内外都已放弃使用，代之以手腕部X射线摄片表示骨龄，主要观察尺、桡骨远端骨骺部钙化情况及腕骨（包括头骨、钩骨、三角骨、大多角骨、小多角骨、月骨、豆骨、舟状骨等8个）、掌骨（5个）和指骨（14个）共计29个骨化中心，其优点是在较小的身体部位集中了多量的长骨、短骨、圆骨，能较全面地反映出全身各类骨骼的生长发育和成熟情况，而且操作简便，X射线对人体损害也较小。

1937年，托德（Todd）首创利用各年龄儿童手腕部骨骼发育的X射线片摄制而成的标准X射线骨龄图谱，用以评价个体儿童的骨龄。这种方法经格里列赫（Greulich，W. W.）和派勒（Pyle，S. I.）等人的多次修改，制成了GP图谱，成为国际上常用的骨龄评价法之一。1962年和1975年，坦纳等人制定和修改了Tanner-Whitehouse计分方法（简称TW计分法），成功地将生物现象转化成以数字方式表示的骨龄，减少了使用图谱法进行比较中的主观成分，使TW计分法比GP图谱法得到了更为广泛的运用。

对骨龄的研究表明，不同性别、不同种族及在不同环境条件下成长的儿童青少年，不仅在身体形态方面的生长发育存在差异，而且其骨骼发育的成熟程度也是不同的。

男女儿童在身体不同部位及不同骨化中心的成熟度上的差异反映了男女儿童成熟类型上的不同，女性儿童比男性儿童达到骨骼成熟水平的时间更早，在同样的时间年龄（chronaximeter age），女性骨骼发育比男性一般早两年成熟。不同种族的儿童之间骨骼发育也是不平衡的。美国1966—1970年对全国6 768名青少年进行过大规模的骨龄调查，发现：男性儿童的平均骨龄除10岁和13岁以外，都是白种人超过黑种人；女性儿童除16岁和17岁年龄组外，都是白种人低于黑种人。美国儿童的骨龄与芬兰儿童相比较，女性高 5—6 个月，男性高 7—8 个月。

弗拉埃（Fry，E. I.）用骨龄（SA）和时间年龄（CA）的比值表示单位时间年龄的骨骼成熟度，他用 GP 法和 TW 法对我国香港地区 233 名儿童评定骨龄，确定骨骼的发育速度，发现儿童青少年在生长发育期间骨龄均存在着发育速度的变化，女性儿童的变化大于男性儿童。大部分儿童在婴儿期和儿童早期的发育速度都很缓慢，而在儿童中期和青春期，女性儿童的发育速度明显加快。①

斯波洛尔（Sproul，A.）等人曾对骨骼成熟的类型与儿童身高的关系进行了研究。他认为中等身材儿童的骨龄等于时间年龄，高身材儿童的骨龄约大于时间年龄 1 年，矮身材儿童骨龄则比时间年龄落后 1 年；他还认为骨骼成熟与身高均处于低水平的儿童将来可能为平均身高的身材，骨龄发育晚的儿童可能成为高身材的成人，而骨骼成熟快的可能最终成为矮身材的成人。② 斯波洛尔的研究反映了骨骼发育与身高关系的一般趋势，据此可以根据骨骼发育水平和速度预测儿童少年在成年后的身高。由于骨龄全面地反映了机体的状况，即既表达了父母的遗传影响，又包含了各种环境因素的作用，而且骨骼的发育贯穿了生长发育过程的始终，因此较之单凭父母的身高、某一时间年龄的身高等进行预测更为准确。国外有些学者制定了数种利用骨龄预测身高的方法，得到了日趋广泛的应用。

骨龄还能准确地反映青春发育期成熟的程度。

骨骼年龄与月经初潮的关系比时间年龄更为密切。从 20 世纪 20—30 年代起，学者们就已经发现拇指内侧种籽骨、第Ⅰ掌骨、第Ⅱ、Ⅲ指末节指骨发育水平同月经初潮来临有一定的时间相关。

---

① Fry，E. I.，Tanner-Whitehouse and Greulich-Pyle Skeletal Age Velocity Comparisons，*Am. J. Phys. Anthrop.*，Vol. 35，No. 3，pp. 377-379，1971.

② Sproul，A.，et al.，Assessment of Skeletal Age in Short and Tall Children，*Am. J. Phys. Anthrop.*，Vol. 35，No. 3，pp. 433-439，1971.

例如，弗列圣柯（Frisancho，A. R.）等人观察了美国俄亥俄州的110名白种女性儿童，种籽骨出现在月经初潮之前平均22个月，第二指骨末端愈合发生在月经初潮以后平均三个月。他为种籽骨出现年龄和月经初潮年龄制定了回归方程，并用公式预测了丹佛地区38名女生的月经初潮年龄，平均误差仅为1.5个月。① 我国学者的动态观察结果表明，我国女性儿童拇指内侧种籽骨出现距月经初潮发生平均经历18.4个月。② 唐锡麟认为，尽管国内外学者普遍认为种籽骨的出现与月经初潮有密切关联，但是绝不能因此而下结论，即认为种籽骨萌出都发生在月经初潮之前。事实上，近年来的观察也发现少数女性儿童在月经初潮时并无种籽骨的萌出。③

霍斯（Hoes，J. D.）等人还发现骨龄与心理发育迟缓有联系，心理发育迟缓者，骨龄相对延迟，骨皮质生长缓慢。④

---

① Frisancho，A. R.，et al.，Age at Menarche：A New Method of Prediction and Retrospective Assessment Base on Hand X-rays，*Hum. Biol.*，Vol. 41，No. 1，p. 42，1969.

② ③ 唐锡麟编：《儿童少年生长发育》，人民卫生出版社1991年版，第242、244页。

④ Hoes，J. D.，et al.，*Am. J. Phys. Anthrop.*，Vol. 35，pp. 455-466，1971.

第二章
儿童青少年的心理健康与社会适应

20 世纪初以来，随着社会经济的发展、科学技术的进步、生活水平的提高，人们逐渐地认识到心理健康和社会适应良好在完整意义的健康中占据的比重越来越大。医学卫生事业的发展，使机体疾病，特别是传染病对人类健康的威胁相对变小，而各种生活事件和冲突使人遭受挫折而引起的心身障碍和疾患却在增加。

美国国立心理卫生研究所（National Institute of Mental Health，NIMH）认为，当今美国最主要的公共卫生问题就是心理不健康问题，即使儿童青少年，也难以逃脱来自身体、社会和文化等方面问题的情绪上的困扰。据统计，美国小学生中需要精神科医师帮助的约占 10%—25%，统计表明，小学生中每个班级平均有 3—8 名情绪失调的儿童。①

我国陈家麟等人于 1983 年曾在江苏、浙江两省城市和乡村对 1 090 名中小学生的心理健康问题作过调查，发现 181 名学生有各种各样的心理健康问题，检出率为 16.53%。② 20 世纪 80 年代末，由上海市教育局、团市委和市精神卫生中心联合组成的调查组，采用五种国际上公认的量表对本市七所中学进行各种心理测验，结果表明，在这些学生中心理不健康的比例高达 30%，其中有心理疾病的占 13%，有心理缺陷的占 17%，他们对社会的适应能力差。③

---

① Sorochan，W. D. & Bender，S. J.，*Teaching Elementary Health Science*，p. 93，1975.

② 陈家麟：《中小学生心理健康问题研究》，载《教育研究》1985 年第 6 期。

③ 罗炳光：《中小学生心理不健康比例偏高》，载《新民晚报》1989 年 1 月 11 日。

第一节　心理健康概述

一、儿童青少年心理健康的特征

心理健康的含义和判别心理健康的标准至今仍是有争议的问题。衡量人的心理健康与否，迄今为止远不如衡量身体的各项形态、生理和功能指标那么具体和客观。在健康的心理与不健康的心理之间难以划分出明确的界限。心理健康状态有各种不同的特征和程度，单一的特征不能作为心理健康的标准，世界上不存在任何人在所有的时间内都具备所有健康心理的特征。

（一）心理健康的含义

国内外的学者对心理健康的含义作过各种表述，由于各人所处的社会文化背景不同，研究问题的立场、观点和方法不一致，至今尚未有统一的意见。正如凯普兰（Kaplan，L.）所述："许多人都试图定义心理健康，但是这是一个混合的领域，难以给予精确的定义，它不仅包含知识体系，也包含生活方式、价值观念及人际关系的质量。"①

凯兹（Katz，B.）和刘易斯（Lewis，R.）认为："心理健康指的是人的情绪稳定、智慧敏锐及社会适应良好的状态。"② 麦灵格（Menninger，K.）认为，心理健康的人能适应外部世界，保持平稳的情绪，在各种心理品质中具有愉快的性情。③ 有些学者则不同意麦灵格的观点。例如里斯曼（Riesman，D.）认为，心理健康的人可

---

① Kaplan，L.，*Foundations of Human Behavior*，p. 323，1965.

② Katz，B. & Lewis，R.，*The Psychology of Abnormal Behavior*，p. 611，1961.

③ Menninger，K.，*The Human Mind*，3rd ed.，p. 1，1937.

能确实会去适应外部的压力和影响，但是，他们也会表现出一种自主精神，使之与对某些外来影响的适应相悖；又如杰霍达（Jahoda，M.）则强调在一种要求紧张和情绪骚动的情景中的快乐或满足是情绪失调的表现，而不是心理健康的状态，他还建议对行为的正常与否的评价应该依据该行为发生的情景。弗洛姆（Fromm，E.）则更多地从哲学含义上定义心理健康，他认为心理健康是："通过把自己看作自身力量的主体和代理者而建立的一种自我意识，认清内在和外在的现实，即促进客观性和理性。"①

人本主义心理学家马斯洛（Maslow，A. H.）和密特曼（Mittelman）对心理健康列出了得到较为广泛认可的10条标准：（1）充分的安全感；（2）充分了解自己，并对自己的能力作适当的估价；（3）生活的目标能切合实际；（4）与现实环境保持接触；（5）能保持人格的完整与和谐；（6）具有从经验中学习的能力；（7）能保持良好的人际关系；（8）适度的情绪表达与控制；（9）在不违背集体利益的前提下能有限度地发挥个性；（10）在不违背社会规范的情况下能恰如其分地满足个人的基本需要。

学者们对心理健康含义的各种解释和见解都具有一定的参考价值。在探讨心理健康的含义时，首先应注意到特定的社会文化对心理健康的要求，它取决于这种社会文化对心理健康的各种特征的价值观。其次，应注意到以发展的观点认识心理健康的含义，这是因为心理健康不是一种固定不变的状态，而是一个变化和发展的过程。最后，还应以现实的观点认识心理健康的含义，那就是说，心理健康的人并非毫无瑕疵的，即使缺乏某些健康心理的特征，只要能够适应社会生活，仍应视为心理健康。以这些观点去评判对心理健康的各种定义，能帮助我们对心理健康有更深一步的理解。

---

① Fromm，E.，*The Sane Society*，p. 69，1955.

（二）儿童青少年的心理健康

生活是一系列的适应，心理健康的儿童青少年能够适应其所在的环境的变化，积极运用现实的应付策略，并及时加以自我调整，他们具有良好的自我意识，能与他人友好相处，能控制自己的情绪，能满腔热忱地参与学校和社会生活。

美国课堂心理卫生委员会（Committee on Mental Health in the Classroom）对学生心理健康所下的定义是："心理健康指的是个体情绪状态的协调，能以其所生存的社会能够接受的方式行事。心理健康的个体在绝大多数的情况下都能把握自己的情绪，能以令人满意的方式应付其环境中的各种情景。表现出不能被人接受的行为的学生可能显示了情绪紧张的征兆，需要给予特殊的帮助。"①

美国心理学家格拉泽（Glasser，W.）曾对美国的教育产生过很大的影响，他的现实疗法（reality therapy）强调个体的责任性及其对他人的强烈的责任感。他认为，心理健康的学生能感受爱，给予爱，有自我价值感。

要定义不健康的心理同样是困难的。但是，如果知道儿童青少年种种不健康的心理特征，会有助于对心理健康与心理不健康概念的认识。凯普兰曾经罗列了有较为严重的情绪问题和心理障碍的儿童青少年的 6 个方面的特征，能帮助教育工作者识别心理不健康的学生。

1. 神经质行为。习惯性肌肉抽搐，皱眉，扮鬼脸，拉头发，脸红或苍白，多动，疑病，头撞击墙壁，神经质的手指运动，爱哭，身体晃动，尿频尿急等。

2. 情绪偏激。对错误过分焦虑，对挫折过度苦恼，心神恍惚，

---

① American School Health Association，Report of Committee on Mental Health in the Classroom，*Journal of School Health*，Vol. 38，1968.

白日梦，过分注意琐碎小事，拒绝参加集体游戏，拒绝接受任何表扬或关心，逃避责任，对任何新事或者困难的事都表现为退缩，长期忧虑，注意力不集中，对所有的烦恼（特别是噪声）过分敏感，如果注意力不集中即无能力工作，缺乏兴趣，经常忸怩作态，不适当的甚或无控制的笑，粗暴地争吵，对他人的异议感到受了伤害，不愿作出让步，激动时尖声叫喊，经常设法使自己获得他人的注意，突然完全地依附他人（常是长者），夸张地表达自己的任何情绪。

3. 情绪幼稚。不能单独地工作，倾向于依赖一个亲密的朋友，不能信赖自己的判断，对学校评分等级的担忧达到不能令人接受的程度，持久的自卑感，不寻常的自我意识，不能放松和忘却自我，多疑，对他人要求苛刻，过分驯服和听从，持续的惧怕，优柔寡断，强迫性行为，多动。

4. 好表现自己的行为。戏弄或推挤其他学生，行为固执，行为过分显目，明显不适当地同意教师所说的一切，自夸，经常想支配年幼的儿童，不能接受批评，不断想为自己的行为辩护，经常把失败的原因推诿于事件或他人，拒绝容忍他人的知识缺乏或无能，经常撒谎，不是想做得太少就是想做得太多。

5. 反社会行为。对他人凶残，以强凌弱，讲骂人的话或者讲脏话，对性过分感兴趣（特别是想要作身体的接触），讲令人讨厌的故事或者出示淫秽的图片，极度不喜欢学校内的一切活动，强烈地憎恨权威，不遵守纪律，破坏性行为，无责任心，突然和完全失去学习兴趣，逃学。

6. 心身障碍。如厕习惯的逆转或者错乱，遗尿，便秘，腹泻，尿频，饮食失调，贪食，情绪忧伤时恶心或呕吐，各种疼痛。①

---

① Kaplan, L., *Mental Health and Human Relations in Education*, pp. 283-284, 1959.

凯普兰所列出的这些行为在心理健康的儿童青少年中有时也会存在，特别是在某个年龄阶段某些行为有可能比较普遍。但是，心理不健康的儿童青少年则往往具有一系列的症状群，并表现较为持久和稳定，或者某些行为虽然自行消失，而另一些问题行为又取而代之。

二、对健康心理的理论研究

现代心理学的长足发展和进步，使人类对自身的认识和确立自我价值的要求也进入了一个崭新的时期。现代心理学的不同流派通过不同的研究方法和途径，研究作为整体的、统一的人的复杂心理、行为的许多方面，提出了关于健康心理的不同理论和观念。应该说，每一种理论都在一定程度上反映了通过多年对人类行为观察、研究和分析而发展起来的独特观点，都有助于我们认识健康心理的概念，理解儿童青少年不健康心理产生的原因。

（一）心理动力学理论

心理动力学理论扎根于决定论哲学，认为人的行为是由超出个人控制的力量支配的。心理动力学理论强调潜意识领域中的心理冲突在损害心理健康和造成心理异常中的作用。

弗洛伊德是心理动力学理论的奠基人，他认为，正常行为与异常行为之间的区别反映的是程度的差异而不是种类的差异，心理健康的人是那些设法通过发展有效的处事策略而将内在心理冲突减小到最低程度的人。

根据弗洛伊德的观点，人的大部分行为是心理冲突的结果。潜意识是人的心理结构的深层，包括了原始的本能欲望和冲动，如果由于道德、社会规范和现实状况的约束，原始的欲望和冲动得不到满足，就会被压抑到潜意识的领域中，但是仍然不断地试图回到意识中寻求得到满足。意识是心理结构的表层，它的主要功能是从心理结构中把来源于潜意识的本能欲望和冲动排除出去。在意识和潜意识的边缘部分还有前意识，它的功能是防止潜意识的本能冲动到达意识中去。

弗洛伊德把人格结构分成追求生物本能欲望的人格结构部分——“本我”，根据现实原则而起作用的人格部分——“自我”，以及代表良心或者道德力量的人格部分——“超我”。本我是人格的基本结构，完全处于潜意识之中，是由遗传决定的生物本能，它遵循快乐原则，要求满足基本的生物需要，如果需要得不到满足，就会出现焦虑，而且获得快感和满足欲望的要求更趋强烈，在本我的推动下会不顾困难、痛苦和挫折去获取满足，或者只能用幻觉降低紧张度。自我是本我和外界关系的调节者，它既要满足本我的需要，又要制止违反社会规范、道德准则和法律的行为。超我是人格中的最高层次，它是道德的维护者，在人格结构中表达了人的性格特征，它使人按价值观念和理想行事，永无止境地追求完美，因此也是非现实的。现实的自我要同时受到来自本我和超我两方面的压力，这三者若能保持动态平衡，人就能保持心理平衡和健康，如若平衡失调，就可造成心理冲突，甚或产生异常心理。由于本我和超我在潜意识领域中的矛盾冲突是不可调和的，当采用理性的方式不能解除由这种冲突而引起的焦虑，自我常采用非理性的心理防御机制以篡改或歪曲现实，使本我和超我都得到满足。偶尔运用心理防御机制能使人保持心理平衡，但是过分地运用这些机制反而会损害它的有效功能，甚至使人陷入更大的挫折或冲突之中。

弗洛伊德认为，儿童心理的健康与其所受的待遇是密切相关的。心理动力过程的矛盾冲突在儿童期就已经开始，每个儿童都要经历某些性心理发展阶段，而在每个性心理发展阶段中，身体某一部位与最大的快感相联系，这一部位称为动欲区，若在任何一个阶段中得到过少或过多的满足，就可能产生永久性的人格损害。在儿童期，本我、自我和超我之间的矛盾冲突的性质和强度取决于儿童期的教养状况和抚养者、教育者的态度，同情支持、爱护关心和通情达理的父母培养的孩子善于处理相互冲突的欲望驱动，很少运用破坏性的心理防御机制；相反，采用惩罚、过分限制的方法及自身堕落的父母培养的子女就可能过分运用心理防御机制，容易产生心理失调。

弗洛伊德及其创立的经典的精神分析理论体系开拓了通过人的潜意识机制研究有意识与无意识、理性与非理性、主动行为与被动行为关系的道路，对人的心理、行为的动源方向的研究开辟了一个崭新的领域，第一次提出了心理异常并不都是由脑的生理和解剖结构的损害而引起的，内在心理矛盾冲突同样也能造成异常心理，从而使心理学家们从研究过程本身转向了研究异常表现的动力和内容。但是，弗洛伊德过分强调了本能和潜意识的作用，忽视了意识在人的活动中的重要调节作用；他过分地强调了人的生物学属性，认为人的一切行为都是以性力为动力的，坚持从个体出生之日起就开始了性满足的历程；他把人的社会属性和生物属性看成是一对不可调和的矛盾，是人的心理正常与否的根源，否认了它们之间的辩证关系。这种理论即使在西方社会也早已受到不少人的抨击，甚至连他的学生和合作者阿德勒（Adler，A.）和荣格（Jung，C.G.）也最终由于不能接受他所强调的生物性动机的决定作用而与他分道扬镳。

（二）行为理论

行为主义学者批评心理动力学观点，认为这种观点提出的一些概念都只是主观想象和臆测，是不能在直接测定和评定的基础上进行科学研究的。行为主义学者认为，对人的心理的研究，应该集中在可以观察的行为方面，人的正常行为和异常行为都是习得的，是环境刺激的产物，因此，不仅可以通过学习或给予适当的环境刺激使人获得各种适应性行为，也可以通过学习或改变环境刺激来调整或矫正异常行为，用建立新的健康行为替代不健康行为。

行为主义理论的创始人华生（Watson，J. B.）认为，除了某些基本情感是通过遗传得来的以外，各种行为模式都是通过经验习得的，所以若能控制个体的经验，就能塑造出任何一种期望的个体。斯金纳（Skinner，B. F.）提出了学习多为操作性条件反射的过程，人的操作性反应得到多次强化以后就会巩固下来，人的一切行为除了直接由生理因素决定外，都是通过学习和训练而获得的，因此，健康心理和异常心理也都是学习获得性行为，而在学习过程中，强化作用是唯一决定的因素。社会学习论者班杜拉（Bandura，A.）则认为，在行为的形成过程中强化并非必需的，人的许多行为不是通过强化，而是通过观察学习和模仿而获得，例如，儿童可以通过观察别人的行为而学会攻击性行为。班杜拉把动机和思想也包括到行为获得的过程中去。他认为，模仿等复杂的反应虽然可用经典条件反射或操作条件作用作解释，但也存在第三种可能，那就是思维过程、情绪、期待等常常在学习过程中起关键的作用。

行为主义理论强调，只有根据人的外显行为才能决定其心理是否正常，可以使人通过学习获得正常行为，也可以通过学习改变异常行为。实践证明，建立在行为主义理论基础之上的行为治疗，特别是对儿童的问题行为和心理障碍所施行的心理治疗比较有效，也运用得较为广泛。但是，行为主义理论，特别是华生的经典行为主义理论和斯金纳的操作性条件反射理论，都具有十分明显的机械论倾向，忽视了认识、情绪、动机和态度等主观因素在正常心理的发展和维持，以及在异常心理的形成和矫治中的作用，过分强调了主要由外力所决定的因果关系的机械过程，因此，这种理论也没有能对正常心理和异常心理的本质及其形成原因等问题提供完满的解释。

（三）人本主义理论

被称为心理学第三势力的人本主义心理学，近些年以来已经获得了日益引人注目的地位。人本主义心理学家们认为，心理动力理论是从病态心理学中归纳和总结出来的，它将人看作是生物本能的受害者，提供给我们的只是人性的病残的一面，即研究的是人性中的最坏部分，而不是人性中最好的部分——健康的心理；而行为主义理论则从机械还原论出发，将人看作是环境刺激的被动反应物，把人看作是机器，仅仅只是“在法定的范围之内行动的复杂系统”①。人本主义心理学家们批评心理动力学理论和行为主义理论提出的关于人性有限制的看法，认为这两种理论忽视了人有潜力提高这个高度，它们没有论述成长的潜力和追求比现状更多或者更好的愿望。尽管许多人本主义心理学家都并不否认本能及童年的冲突会影响人格的完整和健全，也不否认外部刺激对人的行为的影响作用，但是他们认为人并不是这些力量的不可改变的受害者，人的本质要比这些多得多，因此，人能够而且必须超出过去，超出生物本能，超出环境的特征而发展和成长。人本主义心理学家强调人的价值和意义，相信人是自由的，能够独立自主的、有意识的和有责任心的，相信每一个人都可能实现自己的潜能而成为具有真实力量的和能够自我实现的人。所谓完美的健康状态及正常的发展，就在于实现人的这种基本性质，充分发展这些潜力。因此，无论什么事物，只要有助于人内在本质的实现，就是有益于心理健康的，相反，只要干扰、阻碍或者改变自我实现的进程，就可使人产生心理障碍和异常。

---

① Skinner，B. F.，*Beyond Freedom and Dignity*，p. 202，1971.

人本主义心理学家马斯洛将动机理论作为他的学说的重心。他将人的需要归纳为由低级到高级5个不同的层次，即生理的需要、安全的需要、归属和爱的需要、自尊的需要和自我实现的需要。他认为，低层次需要的满足可以避免疾病，高层次需要的满足有益于积极的健康。自我实现位于需要层梯之巅，它被定义为潜在的能力和天资在发展过程中的不断实现，是个人自身内在本性的更充分的把握和认可，是朝向个人自身中的统一、完整和协同的一种不间断的倾向。心理健康的人在已经充分满足了前4种基本需要以后，就会为自我实现而努力，使自己成为理想的人，达到个人潜能的最高点。马斯洛试图通过他所能发现的最健康的个体的特征来纠正以往心理学太过偏重非健康的个体的倾向，因此，他罗列了所谓自我实现者所具有的共同特征。

与马斯洛一样，罗杰斯（Rogers，R. W.）也认为自我实现是人类最基本的动机，此外，他还提出了“自我概念”（Self-Conception）。他认为，自我概念是在人自我发展过程中，在人与环境或他人的接触和交互作用中逐步形成的。在人际交往中，人总是期望自己的行为能够获得他人的尊重和接纳，当人对自己的行为有良好的自我体验，又得到他人的肯定时，就会形成正确的自我概念，他的心理就会得到健康发展。如果人的自我体验与他对自己的要求不一致，或者得不到他人的尊重和接纳，他就可能回避或歪曲真实情感，以此缓和自尊和受人尊重的需要与自我体验之间的冲突，这时，他不惜改变自己对自身提出的标准，从而使自我概念发生歪曲，导致心理紊乱和失调。

人本主义理论强调人的自我实现的至高无上的动机，提出了人类生活中存在着对真理、至善、美好事物的追求，这对于维护和发展人的健康心理，预防异常心理的产生及实施心理治疗是有价值的。但是，人本主义心理学理论本身的唯心先验论色彩使它过分强调了人的先天潜能，而忽视了社会现实对人的影响作用，把人的行为单纯看作是由动机发展所决定的。这种看法是不全面的，有时往往与实际情况并不相符合。

（四）我国健康心理的思想

我国是一个历史悠久的文明古国，在丰富的古代典籍中留下了许多关于健康心理思想的资料。这些思想主要表现在两个方面：其一是哲学思想家的健康心理思想，中国古籍《尚书》《易经》《左传》《国语》，以及《论语》《老子》《庄子》和《荀子》等，都记载了有关健康心理的思想，其论述不只是纯思辨的，也包含了有关经验的概括总结；其二是医学思想家的健康心理思想，主要是长期医学实践活动的总结，从《黄帝内经》起，历代医书中有关论述相当丰富。

我国古代健康心理思想主张形与神俱，形神兼养的观点，提出了人的形（身体）与神（心理）是结合一体，不可分离的，因此，既要养身，也要养心。《荀子》提到了“形具而神生”和“心者，形之君也”的命题，前者提出精神是由形体产生的，后者则肯定了精神对形体的反作用。《黄帝内经》也提到只有形与神俱，形体不敝，精神不散，方能“尽终其天年，度百岁乃去”①。形神统一的思想反映了中国古代健康心理思想的朴素辩证观。

我国古代健康心理思想提出，人的身体和精神既不可久劳，也不可久逸，而应当劳逸结合，“过度”和“不节不时”会有损心理健康。《左传》中有“晦淫惑疾，明淫心疾”之说，指的就是宴寝过度，心理就会昏乱，而思虑和烦恼过多，就会产生心理异常。因此，先哲们认为，清静养神，调理情志，节欲保精，修身养性，这些都是维护心理健康的途径。例如，荀况就十分强调治气养心，调理情志的重要性，他认为：“治气养心之术，血气刚强，则柔之以

①《黄帝内经·素问》。

调和；知虑渐深，则一之以易良；勇胆猛戾，则辅之以道顺；齐给便利，则节之以动止；狭隘褊小，则廓之以广大；卑湿重迟贪利，则抗之以高志；庸众驽散，则刦之以师友；怠慢僄弃，则炤之以祸灾；愚款端悫，则合之以礼乐，通之以思索。凡治气养心之术，莫径由礼，莫要得师，莫神一好……”① 荀况主张以平和之气去中和血气刚强；以平易善良去替代深沉而近乎险诈；对于勇毅猛戾，要给予诱导，使之不越轨；对于急躁和不慎，则要加以节制；心胸狭隘需以心胸开阔来替代；自卑、过谦和贪利则需振作志向；驽钝散漫需要由师友加以约束；怠慢轻佻，需要讲明灾祸；恳切而诚笃，则需要以礼乐与之相合。治气养心的最好方法是按礼去做，最重要的是要有好的教师指导，要用心专一，思虑不杂。《黄帝内经》也有“志闲而少欲，心安而不惧，形劳而不倦”② 的论述，认为不要自命不凡，抱负过高，欲求过多，而要心静而善虑，无所畏惧，并将形体和心神皆寄托于工作，形体虽很辛劳，但是精神愉快，心神安泰。

我国渊源于先秦、秦汉的有关健康心理的思想在以后的各个时期都得到了继承和发展，形成了富有中国传统文化特点的思想体系，极大地丰富了关于健康心理的学说。

第二节　影响儿童青少年心理健康的因素

在儿童青少年身心发展的过程中，影响他们心理健康，导致各

①《荀子・修身》。
②《黄帝内经・素问》。

种问题行为、心理障碍和心理疾患产生和发展的因素是来自生物、心理和社会诸多方面的，它们之间的关系错综复杂，它们对儿童青少年健康心理的形成及异常心理的发生之间的联系的相对重要性因人而异，因问题或者疾病而异。遗传和先天因素对儿童青少年心理的正常发展和异常心理的产生起了重要的作用，有时甚至是决定性的作用，同样，后天的环境因素，特别是学校、家庭和社会的教育，也极为重要，有时也具有决定性的作用。

一、影响儿童青少年心理健康的生物学因素

影响儿童青少年心理健康的生物学原因主要有遗传以及与遗传有联系的素质、生理生化改变以及机体损伤等方面。

（一）遗传

尽管不能如同研究动物的行为遗传那样采用种种实验程序来研究人，要证明人类行为的遗传也通常比动物困难得多，但是，人类行为遗传学的研究已经证明，人类的行为和人类的身体一样，是在遗传和环境的相互作用下发展起来的，人的遗传基因的差异不仅表现为人体结构和功能方面有所不同，也表现为行为方面的差别。

人类行为遗传学工作者倾向于把人的行为遗传分为三大类。第一种类型指的是明显地由于遗传因素而引起的行为异常，其中有的是单一突变基因所致，有的则可查出染色体异常。有许多种单一突变基因所导致的行为异常已经被发现。例如，黑蒙性白痴（Tay-Sachs disease）是由一个隐性等位致病基因的纯合而引起的，它引起脑细胞的异常脂质代谢，导致完全精神病性病变和行为异常；又如决定亨廷顿氏舞蹈病的显性基因会导致中枢神经系统的慢性变化，影响正常运动和智力，并引起性格的改变。染色体中

有许多基因，染色体异常对行为的影响表现为几乎都是认知的发展有一般的或具体的缺陷，如 21 三体综合征就表现为智力发育的迟缓。

第二种类型是指由于某一遗传性缺陷而间接引起的异常行为。例如，正常语言发展的基本条件是听觉器官、发音器官和脑组织的发育正常，而这些器官和组织的解剖结构和生理功能与遗传密切相关，任何有关基因的缺陷都可使这些与语言发展有关的器官和组织的发育发生障碍。

第三种类型是指某些行为主要是由于环境因素的影响，而遗传只起轻微的作用。例如，求食行为是由遗传决定的人类的行为，而求食方式则主要由环境决定。

研究遗传因素对心理健康的影响，常通过对家系的研究和对双生子的研究而进行。

例如，西尔弗（Silver，L. B.）发现在 40%的多动症儿童的父母、同胞和亲属中也患有多动症。莫里森（Morrison，J. R.）等人曾系统地研究了 59 例多动症和 41 例正常儿童，发现多动症有明显的家属倾向。坎特维尔（Cantiwell，D.）曾用儿童有多动症诊断标准衡量了 50 例多动症患儿的家属，发现其亲属在幼年时不少人都具有多动症症状，其中父亲有此症状者占 16%，母亲占 4%，兄弟占 22%，姐妹占 8%，叔伯舅父占 10%，堂表兄弟占 12%。

陈家麟曾用家系调查法研究遗传因素对学生心理健康的影响，在对我国 554 名中小学生的家系调查分析中，他发现与正常学生相比，有心理健康问题的学生的家系中有癔病、活动过度、注意力不集中病史的学生所占百分数较大，有显著的统计学意义（见表 2-1）。

表 2-1　554 名中小学生心理健康问题的家系分析

学生	精神病		癔病		癫痫		智能低下		活动过度		注意力不集中	
	人数	%	人数	%	人数	%	人数	%	人数	%	人数	%
正　常	7	1.55	2	0.44	1	0.22	6	1.33	8	1.77	5	1.11
有心理健康问题	2	1.92	3	2.88	1	0.96	3	2.88	7	6.73	6	5.76
t	0.27		2.66		1.61		1.13		2.81		3.03	
p	>0.05		<0.01		>0.05		>0.5		<0.01		<0.01	

（据陈家麟，1991 年）

同卵双生子是由同一个受精卵发育而成的两个个体，在遗传上具有相同的基因型，他们之间的差异应归因于环境的影响作用，而异卵双生子则分别由两个受精卵发育而成，他们的基因型不完全相同。实验观察发现，同卵双生子不仅脉搏、血压几乎相同，而且具有十分相似的脑电、睡眠模式和神经系统的唤醒水平，而神经系统的唤醒水平与人的个性有密切的联系。相比之下，异卵双生子之间的这些指标差异就比较大。一些研究表明，同卵双生子心理障碍和疾患的一致率高于异卵双生子，例如，马瑟耐（Matheny）在 20 世纪 70 年代对双生子的追踪研究中发现，同卵双生子多动症的一致率达 100%，而异卵双生子中一个患多动症，另一个也患多动症的仅占 17%。

（二）先天素质

传统心理学上讲的素质是先天的解剖生理特征，包括体格、感觉运动器官、脑的结构功能等特点。先天素质是遗传基因和胎儿发育过程中环境因素之间复杂相互作用的结果。影响胎儿正常发育的环境因素是多方面的，如母亲在孕期的营养、用药状况、身体健康状况、环境污染状况和情绪等都可通过母亲的子宫对胎儿的发育产生影响，不良的子宫环境所造成的某些素质上的缺陷可以成为儿童青少年心理发育过程中的障碍，导致异常行为的产生。

妊娠期孕妇营养不良可使婴儿出生体重低，某些营养素过少或过多则可导致先天畸形。低体重儿可有脑细胞减少，智力发展迟缓，脑功能异常等缺陷，对心理健康的发展产生不可挽回的不利影响。正如有些研究人员所指出的那样，胎儿期“低营养最初的症象是心理障碍，这些儿童入学后，表现出失去好奇心和探索心理”①，这些“营养不良的儿童智力测验成绩都差”②。

妊娠期孕妇患病和使用药物不慎会对儿童的心理健康带来损害。有研究报道，母亲孕期患高血压、肾炎、贫血、关节炎（曾服水杨酸制剂）、低热、先兆流产及经常患有感冒，都可能与儿童多动症的发生有关。又如，如果孕妇感染了流感病毒，可引起胎儿发生畸形和中枢神经系统异常，影响出生后心理的正常发展。许多药物都可以通过胎盘，进入胎儿血液，产生致畸作用。例如，孕妇服用大剂量的抗癫痫类药物，可使胎儿发生唇裂、腭裂、小头畸形、心脏畸形等，出生后发育迟缓，智力迟钝；又如，母亲在妊娠期服用眠尔通等镇静催眠药，也可导致儿童的发育迟缓。

妊娠期妇女的情绪状态也会对儿童心理的健康发展产生影响。孕妇精神受到刺激，特别是突然的重大刺激，会造成过度心理紧张，从而引起胎儿的发育异常和障碍。研究表明，孕妇过激的情绪会使内分泌腺尤其是肾上腺分泌出与情绪平稳时所分泌的激素种类不同、数量不同，使细胞新陈代谢发生变化，血液内的合成物也发生变化，这些物质通过胎盘进入胎儿的循环系统，对胎儿发育产生不良影响。例如，有研究表明，二战以前，德国儿童神经系统畸形率为 0.07%，大战前期为 1.7%，战时是 2.6%，而战后上升为 6.5%，这些资料表明战时和战后由于时局急剧变化而造成的孕妇

①② 北京师范大学公共心理学编写组编：《心理学》，北京师范大学出版社 1985 年版，第 279 页。

忧虑和惊恐情绪状态与新生儿神经系统畸形率是一致的。

此外，妊娠期环境污染、放射线、烟酒等也会对胎儿发育造成损害，从而影响儿童青少年期心理发展发生障碍。

（三）机体损伤或疾病

机体损伤或疾病，特别是神经系统的损伤或疾病是影响儿童青少年心理健康发展和造成他们心理发生障碍和疾患的一个重要原因。

分娩过程的异常可造成脑的损伤，例如剖腹产、产钳助产和吸引助产都可能造成脑组织损伤；产后新生儿窒息，可造成脑组织缺氧性损伤。陈家麟在分析了 1 095 名中小学生母亲分娩过程的情况后认为："有心理健康问题的学生，其母亲在分娩过程中出现早产、难产、窒息等异常情况的百分数，均显著高于正常学生。"①

人体各系统、各器官的活动是相互联系、相互协调、相互制约和相互统一的。神经系统的损伤或病变及心理活动的失常可引起机体特别是各内脏器官器质性或功能性的变化。同样，人体其他系统的损伤或病变也可引起神经系统的病变或心理障碍。例如，当儿童青少年的脑垂体、甲状腺、甲状旁腺、肾上腺等内分泌腺机能出现紊乱时，会使儿童表现出多种心理障碍。又如，当儿童青少年罹患某些传染病后，由于发热作用、毒素作用、炎症作用及身体的变态反应，心理活动可发生不同的障碍，对心理健康会产生不利的影响。

（四）生理发育迟缓

儿童青少年机体的发育水平和速度存在着个体差异，如若发育过分迟缓，与同龄儿童青少年相比，发育水平过低，会对其心理健

---

① 陈家麟著：《学校心理卫生学》，教育科学出版社 1991 年版，第 101—102 页。

康产生不利的影响。研究表明，儿童大小便的自控能力、动作和语言等方面的发育迟缓，不仅只是单纯的身体发育障碍，还可造成儿童孤独、退缩、自卑的性格，导致儿童青少年的各种心理健康问题。

（五）生化改变

机体内对脑的功能有重要影响的中枢神经递质，如乙酰胆碱、去钾肾上腺素、多巴胺、5-羟色胺、谷氨酸、r-氨基丁酸等的代谢异常，可能成为诱发生理和心理活动障碍的重要原因。例如，在神经系统中，乙酰胆碱与乙酰胆碱酯酶形成的乙酰胆碱能系统控制着神经活动能量的转变过程，当大脑处于抑制状态时，乙酰胆碱含量升高，反之，它的含量减低。运用实验的方法将乙酰胆碱注入机体，可引起紧张综合征，再注入乙酰胆碱酯酶，紧张症状即可消除。又如，学者们提出，儿童多动症可能与多巴胺（DA）等单胺类中枢神经介质的代谢异常有关，而苯丙胺一类兴奋剂之所以对儿童多动症能取得疗效，是因为这类兴奋剂能使多巴胺水平正常化。

二、影响儿童青少年心理健康的心理因素

心理因素是指个体的主观心理状态、在个体的发展过程中个体与环境相互作用的经验积累（包括早期的和后来的生活经验）及人格发展的情况等。影响儿童青少年心理健康的心理因素主要有儿童青少年的动机系统、情绪倾向、行为习惯、认知能力、人格特征和早期经验等，这些都是儿童青少年心理活动的内部机制。

（一）动机与心理健康

人的行为受动机驱使，而动机是建立在需要的基础之上的。需要是人在生活中感到某种欠缺而力求获得满足的一种内部状态，是机体自身或外部生活条件的要求在人脑中的反映。如果把需要看作

是人生存发展所依赖的条件，那么动机就是这些需要的具体表现。动机推动人为满足某种需要而积极活动，是人的活动的内在原因。

动机一经产生，就会指引个体去为实现目的而进行活动。个体在活动中经常会同时产生两个或两个以上的对立需要，因而出现相互矛盾、对立或排斥的动机，如若这些并存的动机不能获得满足，或者只是某个动机获得满足而其他的动机受到阻碍，就会造成动机冲突。动机冲突是心理冲突的核心内容。为了便于研究，心理学家将它分成双趋式冲突、双避式冲突、趋避式冲突和双重趋避式冲突四种类型。各种类型的动机冲突在儿童青少年中经常发生，可以成为干扰儿童心理正常发展的重要因素。例如，有些儿童在动机冲突的情景中会采取逃避现实、回避矛盾的态度，表现出自卑、孤独的退缩性行为；又如，有些儿童为了满足个人的需求，会不顾社会行为规范和他人的规劝，不惜采取说谎、欺骗、违反纪律的行为方式。

人在某种动机的驱使下所要达到的目的受到了阻碍就产生挫折。一定数量和一定强度的挫折对人的行为可能有积极的意义，例如可使人增长才干，锻炼意志，提高适应环境的能力。但是如若因屡遭挫折而积累过多的挫折经验，则会使人消极悲观、丧失信心，行为退缩，无进取心，此外，连续的挫折还会使人处于持续的紧张状态，使由此而产生的情绪和行为方式固定下来，成为相应的行为习惯。在这种情况下，个体会表现出攻击、粗暴、焦虑不安、压抑、回避等不良行为特征。因此，屡遭挫折会对儿童青少年个性的形成和心理健康的发展产生不良的影响作用。

造成儿童青少年挫折的因素有自然环境因素、社会因素和个体自身的内在因素，其中，个体自身的内在因素是最为关键的。自身内在因素包括个体对内外各种刺激因素的认知、评价、耐受力及解决问题的能力，也包括个体对目标的期望程度等。对同样的挫折，人所具有的耐受力是不尽相同的，这就是说，个体在遭遇挫折情景时，能摆脱挫折的困扰而避免心理和行为失常的能力是不一样的。儿童青少年对挫折的耐受力与其神经类型的强弱有关，也与其身体和人格的健康程度有关，这就是说，神经系统脆弱的儿童青少年比神经系统较强的儿童青少年更易遭遇挫折，而人格健全、意志坚强的儿童能忍受严重的挫折。

孙煜明在观察、访问的基础上，运用中小学生自述一件感到最不愉快的事情的方法，调查了中小学生经受日常生活和学习中挫折的范围，结果表明，挫折主要地集中在以下 4 个方面。

1. 学习方面：学习成绩不达标；没能考上理想的学校（如重点中学）；没有编入理想的班级（如快班）；家庭作业过多，不能按时完成；留级；无机会显示自己的才能和兴趣；求知欲望得不到满足；等等。

2. 人际关系方面：不受教师喜爱；经常遭到教师当众点名批评；经常受到同学的排斥、讽刺；交不到能讲知心话的朋友；不良的亲子关系；父母教育方法不当；等等。

3. 兴趣和愿望方面：个人的兴趣和爱好得不到成人的支持，却受到过多的限制和责备；因生理条件的限制而不能达到自己的愿望（如因近视而不能选择喜爱的专业，因长得不漂亮而不能当演员）；等等。

4. 自我尊重方面：得不到教师和同学的信任，常受到轻视和忍受委屈；自感多方面的表现都很好，却没有能评上等第，没被选上班干部；体育比赛、学习竞赛中得不到名次；因生理上有缺陷而受到同学挖苦和取笑；思考问题的速度和灵活性、学习成绩都不如同学；父母和教师管得过严、压得过紧、没有自由；等等。①

---

① 孙煜明：《儿童问题行为与心理挫折》，载《南京师范学院学报》1986 年第 2 期。

在生活和学习中，儿童青少年经常会体验到挫折，这是正常的现象，能忍受挫折并保持人格完整和心理平衡，这是心理健康的表现。适量的挫折能锻炼儿童青少年的耐受力，帮助他们锻炼和形成坚强的性格，使他们能维护和增进心理健康。然而，挫折如若过大、过多，超出了儿童的耐受力，就可引起过度紧张，甚至导致心理障碍和异常。

在经受挫折时，个体会设法适应挫折情境，以达到和保持人与环境及人的内心世界的平衡状态。为了减缓心理冲突和挫折，个体会自觉或不自觉地借助某些机制解脱困扰，以恢复情绪平稳，这种机制或策略叫作心理防御机制。它是一种适应性倾向，由此而产生的行为，称作防卫性行为。

弗洛伊德认为，心理防御机制是降低和解除焦虑的非理性方式，它们是潜意识的，个体经常是在不知不觉中运用它们，而它们常常篡改或曲解了现实。例如，在心理防御机制中，压抑是最基本的防御机制，它将使人感到困扰或痛苦的思想、欲望或经验阻断在意识域之外。弗洛伊德认为，个体将痛苦经验的记忆或不为社会认可的冲动予以压抑，但是它们并没有消失，而只是由意识的境界转入了潜意识的境界，在意识的管制下暂时潜伏，若有机会，它们仍将逸出，并影响人的行为。而且，如果潜意识中蕴藏了过多的痛苦经验和被压抑的冲动，超过了意识管制的能力，那么个体的人格完整就会受破坏。除压抑外，文饰作用、投射作用、移置作用、反向作用、退化作用、升华作用等也都是心理防御机制。心理防御机制和防卫性行为虽有一定的积极作用，即能暂时地解除内心的痛苦和不安，但是也常会产生一些消极的作用。这是因为大多数心理防御机制和心理防卫性行为都是消极的适应方式，如回避矛盾，掩盖矛盾，自欺欺人，而潜在的心理冲突并没有解决，它们会逐步积累，使人陷入更大的挫折或冲突的情境之中，特别是有些机制和行为歪曲现实的程度大，儿童青少年如若不适当地、过分地运用，则会影响他们对周围环境的适应。

积极的适应不仅能减轻动机冲突或挫折带来的困扰和不安，还会使人达到自我完善、自我实现的境地。人是一个高度自我调节的系统，能主动地控制和调整自身的认知、情感和意志，使主体与环境及主体内在的心理达到平衡。积极的适应还包括了主体对环境的改造，努力创造条件，克服和改变环境中的种种不利因素。积极的适应应是正视现实，承认挫折，客观地分析产生挫折的主客观原因，主动调整和改善原有的行为方式，提高解决问题的能力，努力克服挫折，或在经受挫折以后总结经验，磨炼意志，建立自信，以积极的姿态迎接进一步的冲突或挫折。例如，升华作用就经常是一种积极的适应方式。当一些本能的冲动或者欲望不仅是意识所不能接受的，而且由于与社会道德规范或法律相违背，就可以将它们加以净化和提高，使之成为某种高尚的追求以保持心理的平衡，使受挫折的动机得以升华，使自身仍然获得成功的满足。

（二）自我意识与心理健康

自我意识是人对于自身及自己与周围事物关系的一种认识，也是人认识自己和对待自己的统一。自我意识是个性形成的标志，也是推动个性发展的重要因素，它是使组成个性的各个部分整合、统一起来的核心力量，对人的心理活动和行为起着重要的调节作用。

罗杰斯认为，“自我概念”包括个体的知觉、意见、态度、价值观等，它是主观的，个体对自身的认识未必与自己的客观情况相符合。个体时时都以自我概念作为依据评价自己处世待人的经验，如若经验与自我概念不符，就会产生焦虑和情绪困扰。由此，自我概念和理想的自我之间的差异代表了个人心理适应的一个指标，两者越接近，个体的适应就越好，心理就越健康。

自我意识包括自我认识、自我评价、自我调节等方面。

正确地认识自己，了解自己，这是使自己的行为能够适应环境的保证。有学者曾以实验的方法研究了自我认识、防卫性行为和行为适应三者之间的关系，得出了以下的结论。

1. 凡是被试的自我认识与其本身的实际情况越相接近，他所表现的知觉防卫现象就越少；

2. 凡是被试的自我认识与其本身的实际情况越相接近，他的行为适应就越良好；

3. 凡是被试的行为适应越良好，他所表现的防卫现象就越少。

儿童青少年有时根据他人的评价和态度来认识自己，有时在与他人的比较和交往中认识自己，还有时则在分析自己的行为结果中认识自己。各种原因都有可能导致儿童对自己的认识被歪曲，使自我认识与其理想中追求的自我相去甚远，在这种情况下，就会影响儿童青少年的一系列态度、信念和价值观，使其在遇到动机冲突或挫折时常会自觉或不自觉地运用各种消极的心理防御机制，以缓解内心的困扰和不安。

自我评价是个体对自己的生理、心理特征的判断和评定，它受个体认识水平的限制，又常伴有个体主观的情绪性。正确的自我评价对个体的心理及其行为表现，对协调社会生活中的人际关系具有重大的影响作用，因此，心理健康的个体必定具有较为正确的自我评价。

自我评价从简单到复杂，从外部到内部，从浅表向深层次方向发展。儿童青少年在外部环境的影响下开始学习自我评价，一开始时，只是评定自己特定的具体的行动，常常只是对成人评价的模仿，而且伴有强烈的情绪色彩。以后，自我评价逐渐从模仿成人过渡到了受内在道德认识的制约，从注重行为的效果转向注重行为的动机，评价的独立性也日渐发展，并且有了一定的批判性。随着年龄的增长，自我评价的水平日趋成熟，不仅能完全独立地进行自我评价，而且能全面地对自己的个性品质进行自我评价。

自我评价中出现的偏差包括自我评价过高和过低，这两种偏差都会阻碍个性的健康发展。过高评价自我的儿童青少年，往往只注意到成功而不考虑困难，一旦行为的结果与其估计不符，或者他人对其评价不能使他感到满意，就会表现出强烈的情绪骚扰。相反，过低评价自我的儿童青少年往往缺乏自信，表现出低度的自尊，只为自己确定很低的目标，成就动机也不足。此外，这些儿童青少年还常表现为行为退缩、情绪抑郁、对人多疑、不善交往，这种个性特征难以适应复杂多变的社会生活。

自我意识的发展必须体现在自我调节方面，个体不仅要正确地认识和评价自己，还要根据环境的作用促进原有的心理状态发生变化并有创新，以适应和改造外界环境的变化。有了正确的自我认识和自我评价，又善于在各种动机冲突或挫折情境中调整自己的认识活动、情感态度和动作行为，这样的儿童青少年才能逐渐形成良好的个性，保持心理的健康。

（三）情绪与心理健康

情绪，广义的是指个体对客观事物是否符合其需要的态度体验，狭义的是指短暂而强烈的具有情境性的感情反应，如愤怒、悲哀、恐惧等。情绪包括了人在生理和心理许多水平上的整合，它与其他心理过程有着广泛的联系。研究表明，情绪是影响个体心理健康，导致心理异常和障碍的一个主要中介环节，这是因为由生理、心理变化及环境刺激等因素而造成的各种情绪反应，可以导致包括神经系统和内分泌系统在内的生化系统的变化，使机体、心理活动和行为方式也发生相应的变化。

良好的情绪反映了中枢神经系统功能活动的协调性，它表示人的身心都处于积极的健康状态。良好的情绪是儿童青少年保持身心健康和行为适应的重要条件，它能有助于儿童青少年的行为适应，提高他们的学习能力和水平。相反，消极的情绪则会使儿童青少年的心理失去平衡，还会造成生理机能的失调，如果消极情绪强度过大或持续时间过长，还可能使儿童青少年产生神经活动的功能失调及机体的某些病变。

三、影响儿童青少年心理健康的社会因素

作为社会的成员，儿童青少年的心理健康不可能不受社会诸多因素的影响。社会因素对儿童青少年心理健康的关系是错综复杂的。

人类发展生态学家们把各种社会机构乃至整个社会看成是一个相互联系、相互制约的生态系统，它们对人的发展所起的作用可以是互补的或者是对立的，可以是一致的或者是不一致的。勃朗芬勃伦纳（Bronfenbrenner，U.）曾将生态系统划分成四种不同的类型。第一种类型是小系统（microsystem），这是最直接的或许是最为重要的生态系统，它由学校、家庭、商店等组成，它具有诸如地方、时间、行动、参与者和角色等各种特征，小系统的活动和事件一般比任何其他系统对人的行为影响更大；第二种类型是中间系统（mesosystem），它由各个小系统之间的关系构成；第三种类型是外系统（exosystem），它是人生活在其中的社会结构；第四种类型是大系统（macrosystem），它指的是人的文化，它是一整套价值观、习俗和信仰，它们代代相传，影响着人的知觉、动机和生活经验。根据这种理论，社会和文化会对人的行为产生普遍的影响，价值观念、习俗和反应类型等会通过各种渠道，以各种方式影响人的知识、技能、态度和情感，特别是小系统与个体行为之间的关系最为密切。

（一）学校

作为社会教育机构的学校是通过各种活动有目的、有计划、有组织地向学生施加教育影响的场所，各种社会因素及其关系都可以在学校中得到反映。学校作为一种特殊的社会环境，它的办学方针、组织体系、教育教学、管理制度、人际关系及物理环境等都会影响到学生的心理健康和人格的发展，正如世界卫生组织专家委员会指出的："与人生命的其他时期相比较，儿童时期的心理健康问题与周围环境有着更为直接的联系。在这方面，在人的一生中占据重要位置的学校，在其心理健康的形成和发展中起着十分重要的作用。"① 学生在学校中出现了心理健康方面的问题，学校不能说是没有责任的。教学制度、教学内容、教学方法、校园内和教室中的气氛、教师的态度，特别是教育和教学的指导思想，都与学生心理健康的维护和增进有关。事实上，教材的难度若与学生的能力不相符合，教学的方法不能适应个体差异，在行为训导中对学生过多的限制，教师对学生的态度不民主、不和善，教室气氛不融洽等，都可能是学生产生情绪和行为失常的原因。

1. 学习的压力

学校教育、教学的要求过高过严，对不同发展水平的学生要求机械划一，教育、教学方法粗暴简单，都会造成学生的学业负担或精神负担过重，成为学生难以忍受的心理压力，助长和促成学生心理活动的异常。

囿于经济发展水平的限制和社会实际的需要，学生不可能全部升入高一级学校。几十年来，我国学校教育事业有了长足的发展，但是，由于我国的经济尚在发展之中，加上人口基数大，因此，学

---

① Школа и Психическое Здоровье Учашихся, Дод ред. С. М. Громбаха. М.: Медицида, 1988, С. 7.

校教育还不能完全满足人口的就学和升学的需求。

学校办学若以升学为目标，学生就会面临来自社会、学校和家庭的强大的学习压力和精神压力。片面追求升学率的学校往往将学生分成好差班，考试排名次，平时加班加点，搞题海战术，甚至超出教学大纲的范围，用难题、偏题、怪题等方法，使学生不堪负担。

学业负担过重，会给学生造成长时间的持续的心理紧张。学校如果不顾学生的个性发展，只注重知识的灌输，让学生围着书本和作业转，用过多的测验、考试和各种形式压迫学生，会剥夺学生的学校生活乐趣，使学生产生精神上的痛苦和疲倦，还有可能使少数学生产生厌学、离家出走、攻击性行为、过分焦虑、病态固执及自杀意向和自杀行为。

有的学校不顾学生的个性特点，以培养完美无缺的人作为学校培养学生的目标，因而对学生在各方面的要求和标准设置过高，或者把学生在成长中的失败过分夸大，这样的做法都会加深学生的挫折感，引起学生的过分紧张和不安情绪，甚至导致行为问题和障碍。有研究表明，学习成绩的压力与学生的欺骗行为有直接的关系。有人通过调查发现，教师所教的课程如若优等和良好的成绩百分率低，而及格和不及格分数的百分率高，那么在这门课程的学习中，学生的欺骗的可能性就较多。谢尔顿（Shelton，J.）和希尔（Hill，J.）曾在他们的一个研究中给一组中学生作了一个认知技能的测验，学生的得分在考卷上没有做任何的记号，考试后的第二天再将考卷发还给学生，这样做给予了学生一个“提高”分数（即偷改分数）的机会，然后要求学生第二次交卷子。后一次交来的测验卷显示53%的学生有欺骗行为。实验者还安排了这样的情境，即告诉一部分学生对一个“典型性”的作业应该是怎样的，这就造成了下列的可能性：一些学生确信自己在测验中是失败的，而另一些学生则确信自己考得很成功。把得到这个“消息”学生的考卷与没有得到“消息”学生的考卷（控制组）相比较时发现，确信自己失败的学生中61%有欺骗行为，控制组中43%的学生有欺骗行为。[①] 因此，“学校本身创设了多种使欺骗行为得以流行的条件。一个学校越是过分强调竞赛、等级记分和学习胜任能力的表面标志，试图用以提高学生焦虑，而学生越可能出现各种问题行为的形式，包括欺骗行为”[②]。根据坎宁（Canning，R.）的研究，真正的优等生是不可能有欺骗行为的，因为这类学生对学习感到能胜任和适应，不可能感到挫折，此外，教师主动地信任学生，使学生感到能被人接纳和没有恐惧感，这样可能减少欺骗行为的发生。[③]

2. 教师的教育态度和教育方法

教师对待学生的态度虽然无法直接观察到，但是，在教师与学生的交互作用中，它却常情不自禁地溢于言行和表情，反映出教师对学生的比较稳定的、习惯性的心理倾向性。

学生在主观上和客观上对教师都存在一定的依赖性，他们需要教师以热情和诚恳的态度给予指导和帮助，在遇到困扰和麻烦时，他们更需要教师给予理解，给予安慰。如若教师将学生看作是自己的对立面，经常对学生提出过高的甚至是无理的要求，一旦学生不能达到这些要求就横加指责，甚至给予惩罚，或者对学生冷若冰霜，不理不睬，这样的教育态度都会使学生与学校和教师缺乏情感交流，使师生关系趋于紧张，给学生造成心理上的压力。特别是教师对于学校中学习落后、品德不良的后进生的教育态度，常是这些学生犯错误、旷课、辍学的重要诱因。

教师的教育方法不当也会有损学生的心理健康，特别是滥用惩

①②③［美］林格伦著，章志光等译：《课堂教育心理学》，云南人民出版社1983年版，第219、220、220页。

罚甚至体罚或变相体罚的方法，轻则会促使学生焦虑情绪或偏执行为的发展，对个性的健康发展产生不良影响，重则会给学生造成严重的精神创伤。

普雷斯科特（Prescott，D. A.）在检讨了美国教师处理学生过失行为之后，对教师中存在的错误做法提出了严厉的谴责。

（1）缺乏人类发展的知识。学生在儿童、少年或青年阶段，乃是生长发育时期。不同年龄阶段的学生往往表现出不同的行为特征。教师必须有这类知识。但是许多教师缺乏这种训练。

（2）混淆事实与谣传。有时谣传与事实相混淆，教师未能予以分辨，只是无鉴别地接受外界所传关于学生行为问题的信息，而无实际的考察。

（3）轻易作出结论。学生有时偶然发生的一次事件，不可以当作定论；可是教师往往不调查真相，不搜集证据，不考虑其他相关的情形，便轻而易举地作出结论，而不符合事实。

（4）忽视变化的情境。在发现学生的一次过失之后，便作普遍化的推论，而不分别调查在某种情况下发生，而在其他情况中则不会发生。

（5）盲目肯定假设。对于一种尚未获得证验的假设，或者片面地解释、囫囵吞枣地接受，予以肯定，以致蒙蔽心智，而不作进一步的了解。

（6）以情绪代替理智处理事件。如若学生偶然的行动或语言直接激怒了教师，则往往被认为是严重的过失，而以过甚的言辞加以责备。

（7）主观的判断。对于学生行为的处理，常以自己的主观意见为根据，而不对于问题的各个方面进行客观的分析。

（8）发泄自己的情绪问题。有时教师自己的心境不佳，便在学生方面寻找机会加以发泄；师生关系趋于恶化，以致学生对于学业丧失兴趣和热忱。①

3. 学校心理社会环境和人际关系

学校的心理社会环境在许多方面以心理社会气氛或者行为作风的形式加以体现。健康的学校心理社会环境应是充满温暖和爱，对学生始终寄予期待和热忱，充满民主与和谐的气氛，能尊重学生的兴趣、要求和愿望，能谅解和宽容学生的缺点和错误，人际关系和睦和协调。在这样的心理社会环境中，学生不仅能够有效地学习知识和技能，发展其智慧能力，而且还能塑造健全的人格。

继莱温（Lewin，K.）等人在20世纪40年代所作的关于领袖的作风与成员的社会行为的研究之后，一些心理学家们运用同样的研究方法对学校教育、教学也作了类似的研究，他们将教师在教室中执行领袖的任务分为三种不同的作风：（1）放任的作风。不负任何实际责任，给予学生充分的自由，教师不控制学生的行为，也不指示学习的方法，一切活动由学生自己进行。（2）专制的作风。担负全部的责任，从计划学习活动，安排教学情境，指导学习方法到控制学生的行为，学生没有自由，只能听从教师的指令。（3）民主的作风。教师以民主的方式进行教学，重视集体的作用，与学生共同计划和讨论，帮助学生设立目标，指引学生进行学习。研究表明，教师的民主作风有益于学生学习自治精神的培养，师生关系良好，学生对学习的成功具有自信；而教师对学生自由放任，学生不仅学习效率低下，教室秩序混乱，而且学生经常情绪不稳定；教师的专制作风则只能促进学生表面上的学习，缺乏学习的自觉性，对学生社会化行为的形成也十分不利。

学校中紧张的不协调的人际关系会给学生造成心理压力。在学校内的各种人际关系中，与学生心理健康最为密切的是师生关系。

---

① 张德琇著：《教育心理研究》，教育科学出版社1982年版，第262—263页。

瑟普（Thorpe，L. P.）认为："师生关系的紧张是学生心理失调的第一步。如果教师自己是心理失调的，他们是不理解学生行为的……师生的良好关系会使学生学习和完成工作更加出色。"① 因此，他建议："为了更好地教育学生，教师必须具有健康的人格。心理失调的教师不但在学习上不能建设性地帮助学生学习好，并且对学生的心理不健康的发展起着刺激作用。"②

教师的健康人格有助于师生之间、学生之间良好的人际关系的建立。情绪不稳定的教师在课堂中常常盛气凌人，训骂学生，以出难题、偏题的方式让学生考试不及格而沾沾自喜，学生无法臆度这类教师的行为，随时会有"大难临头"的感受。有调查表明，学生在这类教师的长期影响下，倾向于攻击别人，爱闹事，有敌视他人的行为，这就是说，学生会向教师的行为认同。此外，性格内向、行为退缩的教师则不愿主动接触学生、深入了解学生，不愿向学生发问，不愿与学生建立情感联系，学生对这类教师也常敬而远之，无所适从。

学生一般期望的教师是性格开朗，待人和善可亲，耐心、民主、公正而有礼貌，具有幽默感，行为果敢，善于运用表扬的方法。学生最不希望教师脾气粗暴，情绪低落，偏执和偏爱，对学生的兴趣和需要不感兴趣，对学生的要求不合理，对待学生不友善，无同情心，挖苦和嘲笑学生，态度倨傲。

4. 学校的物理环境

学校的建筑（包括校舍、场地、庭园、道路等）、教学设备（包括校舍本身的设备、器具、教具等）和学生用具等也会影响学生心理健康。例如，校园内花草树木的栽种，盆景和雕塑的配置，

---

① ②［美］瑟普著，冯邦彦摘译：《美国学生的心理健康和人格问题》，载《外国教育参考资料》1983 年第 1 期。

走廊和橱窗的设计，道路的铺设等都与创设优美和协调的环境有关，一个清新、安静、和谐和优美的环境能起到陶冶学生性情、净化学生心灵的作用。

物理环境中的不适当温度、湿度、照明、空间、噪声等对学生长时间的刺激，会影响学生的情绪和行为。例如，长时期高强度的噪声刺激会使学生大脑皮质的兴奋和抑制过程平衡失调，脑血管张力功能受损，植物性神经系统功能紊乱，产生头痛、头晕、耳鸣、心悸、失眠或嗜睡及全身乏力等症状。又如，史密斯（Smith，P. K.）和科纳利（Connolly，K. J.）在一些学者对教育机构的拥挤程度与儿童行为之间的关系的大量研究基础上，作了一个扩展性的研究。他们分别研究了每个儿童平均占地 15、25、50 和 75 平方英尺密度下的儿童行为，发现在每个儿童占地达到 25 平方英尺之前，儿童的社会行为几乎没有明显的变化，当密度下降到每个儿童 15 平方英尺时，儿童的攻击性行为明显增加，而小组合作性行为明显减少。①

（二）家庭

家庭是以血缘为纽带的社会生活的基本单位，它是社会的缩影，社会意识形态、社会生产方式和各种社会关系往往通过家庭渠道影响儿童。儿童最初经历的教育是由家庭而不是学校提供的，从出生的第一天起，家庭就开始塑造人的个性，因而，家庭对儿童青少年的心理健康具有特殊的影响作用。

1. 家庭教育态度和方式

对家庭教育态度和方式与儿童青少年心理健康之间的关系，世界各国的学者曾作过广泛的研究。

---

① Smith，P. K. & Connolly，K. J.，*The Ecology of Preschool Behaviour*，pp. 70-99，1980.

塞门斯（Symonds，P. M.）曾根据许多学者的研究成果，用相互垂直的二维坐标系表示双亲对子女的教养态度，这两个独立的轴分别表示支配—服从和接受—拒绝，并从四个象限中引出过分保护、溺爱、放任和严格四种教养态度，每个父母都可在此直角坐标系中找到相应的位置。父母不同的教养态度可使子女产生不同的性格特征，例如有调查发现，如果父母的教养态度是溺爱型的，那么子女就容易形成任性的、反抗的和幼稚的性格特征。

日本学者诧摩武俊在研究了双亲教育子女的态度与儿童个性形成之间的关系后认为，双亲如果采取保护的、非干涉性的、合理的、民主的、宽大的态度，儿童就会表现出积极的、友好的、情绪安定的特征；双亲如果采取拒绝的、干涉的、溺爱的、支配的、独裁的和压迫的态度，儿童就会显示出适应能力差、神经质、反抗、依赖、情绪不稳定等性格特征。诧摩武俊还介绍了日本某大学对1 400 名东京中、小学生所做的调查研究，调查的内容是在儿童打架、不帮助做家务、不做功课、说谎等八种情况下，父母亲如何对待子女，子女又如何接受父母亲的责骂。以儿童不做功课的情况为例，父母的责骂方式是警告多体罚少，而且随着年龄增长，体罚次数也趋减少；而在加以警告时，儿童多数表现出反省，在加以体罚时，则多数表示反抗和厌恶（见表 2-2）。①

苏联学者 B. Π. 列夫科维奇运用调查法、观察法和非正式谈话法研究了家庭关系对儿童个性的影响作用。他认为，家庭教育的力量在一定程度上取决于家庭成员之间的关系及交往的方式。研究结果表明，在家庭关系中，信任程度与儿童的学习成绩、纪律性、社会积极性和道德发展水平有直接的依赖关系。建立在信任和尊重基

① [日] 诧摩武俊著，临立译：《儿童的性格与心理》，天地图书有限公司 1977 年版，第 98—99 页。

础上的亲子关系，父母与子女就会在请求、建议和亲切地开玩笑的基础上形成友爱的交往方式，使儿童产生良好的心境和旺盛的精力，形成自尊心，最大限度地发展独立性和友善态度。相反，双亲不信任和尊重子女，对子女采用命令式的交往方式，使用简单而粗暴的言语，要求绝对服从，甚或进行威吓，那么，就会压抑儿童的情绪，使儿童变得不坦率、凶狠、残暴、缺乏自尊心和主动性，盲目服从。①

表 2-2　对“不做功课”，父母的责骂方式和儿童的接受方式

父母的责骂方式	儿童的接受方式	学年		
		小学三年级（%）	小学五年级（%）	中学二年级（%）
体罚	反省	49	38	22
	反抗	22	15	25
	厌恶	22	25	18
	悲叹	5	10	3
	批判	3	13	32
叱责	反省	60	42	25
	反抗	14	13	12
	厌恶	18	20	36
	悲叹	5	5	4
	批判	3	19	26
警告	反省	74	68	60
	反抗	11	8	11
	厌恶	5	12	20
	悲叹	6	2	1
	批判	5	9	9

（据诧摩武俊，1977 年）

① ［苏］E. B. 肖洛霍娃主编，吴志革等译：《个性心理学和生活方式》，社会科学文献出版社 1989 年版，第 70—80 页。

2. 家庭结构和功能

家庭结构的变迁在一定程度上反映了社会和文化的变迁。家庭结构不全是家庭结构变迁的主要形式，结构不全的家庭往往不能给家庭成员带来基本的心理满足。研究表明，父母双全的、结构完整的家庭是子女身心健康发展的基本条件之一，这可能与父母在儿童心理的发展和个性的形成中能起不同的作用有关。苏联教育家马卡连柯（A. C. Макаренко）曾经指出，缺乏母爱的儿童是有缺陷的儿童，完全没有母爱或缺乏母爱，会使儿童心理上没有稳定感，产生情绪上和人格上的障碍，这类孩子易孤僻、冷淡、粗暴、内向等。但是，如果没有父亲的存在，又会使母爱向溺爱型发展，并失去家庭的稳定和减弱家庭的教育职能。苏联社会心理学家瑟先科则指出："（不完整家庭）对子女在精神—心理成长方面的影响尚未弄清，但影响肯定是存在的；骨肉联系的分割使代际关系复杂化，不利于成长中一代的社会化，不利于文化传统与精神传统的继承，不利于培养后代同他人和睦相处与合作的能力，也不利于培养利他主义、人道主义、集体主义等品质和特性。"①

海瑟灵顿（Hetherington，E. M.）等人在美国曾追踪调查了离异和再婚家庭的儿童，结果表明，在父母离异的一段时间期间会引起儿童青少年的高度心理紧张，这些儿童青少年比双亲家庭的儿童青少年有更多的情绪和行为问题。在父母离异六年以后，在单亲家庭中，女性儿童青少年并不表现出比双亲家庭的同年龄同性别儿童更多的问题，相反，男性儿童则表现出更多的外显情绪和行为

---

①［苏］B. A. 瑟先科著，陈一筠译：《夫妇冲突》，中国妇女出版社 1984 年版，第 2 页。

问题。①

克拉克（Clark，L. L.）等人对生活在澳大利亚新南威尔士州10—11岁和14—15岁单、双亲家庭中生活的儿童的行为进行比较，也发现生活在单亲家庭中的男性儿童会产生明显地多的情绪和行为问题（见表2-3）。②

表2-3 新南威尔士州10—11岁单、双亲家庭的男性儿童的行为问题所占比率（%）

情绪和行为问题	单亲（母亲）家庭 ($n=13$)	双亲家庭 ($n=114$)
母亲报告		
过多言谈	92.3	31.6
显示自己	92.3	45.6
要求他人注意	69.3	25.7
尖声叫喊	38.5	8.8
强迫行为	23.1	2.7
头痛	69.2	32.4
大声说话	53.9	20.1
骂人	69.2	33.3
发脾气	69.2	36.8
焦虑	46.2	17.6

① Hetherington, E. M., et al., Long-term Effects of Divorce and Remarriage on the Adjustment of Children, *J. Am. Acad. Child Psychiatry*, Vol. 24, pp. 518-530, 1985.

② Clark, L. L., et al., Emotional and Behavioural Problems Experienced by Children Living in Single-Parent Families: A Pilot Study, *Journal of Paediatrics and Child Health*, Vol. 29, No. 5, pp. 338-343, 1993.

续表

情绪和行为问题	单亲（母亲）家庭 ($n=13$)	双亲家庭 ($n=114$)
不愿说话	46.2	17.5
易激惹	61.5	30.7
不遵守校纪	53.9	24.6
固执	76.9	46.9
嗜睡	15.4	1.8
对他人凶残	38.5	14.1
嫉妒	61.6	32.7
儿童报告		
争辩	100.0	77.0
要求他人注意	76.9	43.4
冲动	92.3	64.9

（据 Clark，L. L.，et al.，1993）

注：此研究数据根据母亲和儿童的问卷获取。

在分析青少年犯罪的家庭原因时，学者们往往将家庭结构的缺陷列为重要原因之一。例如，萨瑟兰（Sutherland，E.）认为，有违法行为的人，其家庭出身具备六种情况中的一种以上，这六种情况中有一种就是由于父母亲的死亡、离异而造成的缺陷。我国台湾学者蔡墩铭认为，缺陷家庭是儿童人格形成的障碍，可导致趋于犯罪，这是因为“父母双亡、有父无母、无父有母，以致无人管教少年或只有父母之一方管教少年，则对于少年之管教不免发生不周之情事”①。日本学者山畸道子和今田芳枝对家庭结构完整及有缺陷的儿童作了比较研究，发现家庭结构有缺陷的儿童的反社会性问

① 蔡墩铭著：《犯罪心理学》，黎明文化事业公司 1979 年出版，第 382—383 页。

题、非社会性问题和生活习惯问题比双亲家庭的儿童为多，尤其是说假话和有盗窃癖的更为多见（见表 2-4）。日本学者山根清道在分析青少年犯罪原因时则指出："在没有双亲，或者尽管双亲齐全，但没有爱，只有纠纷，缺乏一贯性的家庭中的孩子们中间，我们虽然不能看到特别的精神异常，但是，我们常常可以看到有下面这种习惯的类型的人，即他们由于缺少情爱和自我感情，不能保持正常的安定情绪，基于深刻的不满、丧失感、挫折感、不安全感、劣等感、无成就感等而处于冲突的状况中，以代偿或补偿的形式，产生直接或间接的违法行为。"①

表 2-4　家庭结构与儿童的问题行为

	亲父母	继母	无父	无母	养父母	继父	无父母
反社会性问题	1.0	4.74	2.07	1.74	4.37	2.78	4.63
非社会性问题	1.0	0.26	1.88	2.66	1.12	2.13	3.54
生活习惯问题	1.0	2.71	0.89	5.20	1.46	1.39	2.31

（据山崎道子等，1965 年）

现代社会的家庭制度，不仅在结构方面，而且在功能方面也发生了变化，这种变化使多种传统的家庭功能减弱了。随着三代同堂或四世同堂式的家庭结构的解体，一夫一妻与子女共居的核心家庭增多。妇女的职业化使家庭成员之间，特别是母亲与子女之间的联系大为减少，而社会成员之间的横向联系却增多了，家庭的教育功能部分地被社会教育机构及社会其他人员所替代，社会意识和价值观念会通过各种渠道影响儿童青少年，有的会妨碍父母与子女之间的沟通，甚至导致冲突的发生，并影响健康心理的形成。

①［日］山根清道编，张增杰等译：《犯罪心理学》，群众出版社 1984 年版，第 211 页。

3. 家庭成员的人格和行为

家庭成员，特别是父母的人格和行为会对儿童青少年的心理健康产生极大的影响作用。

在家庭环境中，父母的人格经常潜移默化地影响着儿童青少年。父母如若性格古怪、情绪反复无常、胸襟狭窄、对人苛刻和不能容忍、态度偏执等，都会给儿童青少年造成心理压力，使其安全感受到威胁，被人爱和受人尊重的需要得不到满足。

父母的不良行为，甚至是违法行为，常被儿童青少年模仿，正在成长中的儿童青少年往往按照这些检验和调整自我意识和行为倾向。班杜拉和麦克唐纳（McDonald，F. J.）通过实验研究了榜样在获得社会行为中的重要性，研究结果表明，儿童受别人行为，特别是受那些他们尊敬的人们的行为的影响比他们的行为受到强化的影响要多得多。乌顿（Wootton，B.）在对青少年违法行为的统计研究中发现，14—17 岁有违法行为的青少年中无父亲的人居多数，但是，有不好的父亲，比无父亲更坏，“父亲的暴力、行为不端、犯罪、酗酒等，哪一样都会给孩子以消极的父亲形象，也容易引起少年的情绪方面的障碍”①。

父母的不良行为，甚至是违法行为，给儿童青少年带来的影响不仅是直接的教唆，而且更有害的是间接的暗示。心理动力学理论认为，儿童通过自居作用向父母学习，与父母同一，尤其是与同性父母同一，从而获得综合性行为模式和价值观，并与同性父（母）维系着强烈的情感联系。因此，自居作用可以产生反社会和亲社会的价值，儿童会与父母的不良行为或违法行为和价值同一，并产生相应的行为和价值观。

---

①［日］山根清道编，张增杰等译：《犯罪心理学》，群众出版社 1984 年版，第 220 页。

（三）学校以外的公共教育领域

社会包含许多教育机构，而学校只是各类教育机构中的一类。多重的机构形成种种教育的群集或结构形式，其对儿童青少年心理健康的影响可能是相互补充和相辅相成的，或者是相互矛盾、相互不协调的。除学校以外的公共教育领域包括电视台、广播台、图书馆、博物馆、出版单位、青少年宫、市场等。

作为大众传播媒介之一的电视已普及到了家庭，影响了儿童青少年的思想观点、自我形象、语言发展、对暴力行为的看法、对性的态度及营养和饮食习惯。据统计，在美国约有 1 800 万儿童晚上 8—9 点仍是电视观众，不少于 100 万儿童一直要看到半夜，到完成高中学业时，一个儿童青少年花在看电视上的时间约 18 000 小时，而花在学校课程上的时间仅 12 000 小时。①

电视能传播信息，教授各种知识，促进儿童青少年认知和情感的发展。但是，电视也会给儿童青少年的心理健康造成损害，特别是对关在家里整日与电视为伴的儿童青少年损害更大。

电视是一种单向传播，这不是一种成功的教育方式，因为教育需要教育者与受教育者双方的相互作用。电视技术中短暂的片段、神速的动作、切换的镜头、渐强和渐弱的画面、变幻的摄像角度等把时间弄成了感性的碎片，使儿童青少年淹没在大量的信息之中，无暇对它们稍加整理，这样，他们的注意力变得短暂起来，思维也变得不连贯了。

1969 年，美国曾建立了卫生局医务主任委员会，专门负责研究收看电视暴力节目与儿童挑衅行为之间的关系。在总结他们的工作时，100 份已发表的论文代表了 50 个实验室研究、实地调查和

① [美] 凯特·穆迪著，粟秀玉译：《电视的影响与儿童电视病》，中国广播电视出版社 1988 年版，第 3 页。

其他包括有1万名来自各个阶层的儿童青少年的试验，它们都表明收看暴力节目使儿童更多地伤害他人，在他们的游戏中更具挑衅性，在对立情况下更容易诉诸挑衅行为。换言之，儿童青少年在看了节目中的挑衅行为后，会模仿这些行为，不断地观看挑衅行为就会造成在情况许可时采取挑衅行为的可能性，大量观看电视暴力节目的儿童容易变成富于挑衅性的青少年。

研究表明，充斥于电视画面的各种广告会改变儿童青少年的期望、态度、生活方式，甚至改变他们与家长的关系。儿童往往不分青红皂白地相信电视，使广告信息荒谬地成为一种购买商品的命令，当他们在现实生活中发现广告的宣传与实际并不相符时，就有可能产生玩世不恭的态度，这种态度对儿童青少年认识社会只能起消极的作用。

此外，书刊、画报、电影、音乐等也既可对儿童青少年的心理健康产生良好的作用，也可对其心理健康产生不良影响，特别是这些传播媒介对暴力、色情的渲染，对儿童青少年十分有害。陈家麟等人曾对江苏省60名违法犯罪的少女作了调查，发现这些少女中没有接触过黄色书刊和黄色手抄本的人仅占总数的11.67%，其他人都曾看过、抄过、听过这一类书刊或手抄本，因而，他们认为这类书刊或手抄本在少女中私下流传，是少女两性罪错的主要社会原因之一。①

博物馆、图书馆、青少年宫等校外文化教育机构对丰富儿童青少年的精神生活，陶冶他们的情操，促进他们心理的健康发展具有独特的作用。博物馆保藏、陈列了人类物质文化和精神文化的实物及自然标本，图书馆搜集、保管了反映人类精神生活和物质生活的书籍，青少年宫则为儿童青少年提供了良好的校外文化活动场所。

---

① 陈家麟著:《学校心理卫生学》，教育科学出版社1991年版，第168页。

这些校外文化教育机构能够有效地将健康的思想意识、观念形态、文化艺术、风俗习惯及科技知识作用于儿童青少年，影响他们的生活方式和心理状态。但是，如若这些校外文化教育机构管理不善，也会对儿童青少年的心理健康起消极作用，成为传播腐朽文化和思想观念的场所。

（四）社会—文化体系

儿童青少年生活在具有复杂关系的社会—文化体系之中，包括社会经济关系、伦理道德、宗教、风俗、法律、社会安定状况、社会福利状况等，这个体系以一种无形的力量影响着儿童青少年内在的心理品质和行为方式的形成。例如，社会经济状况的剧变、社会文化的变迁、社会关系的变故等都可能成为儿童青少年社会适应不良的诱因。作为儿童青少年教育者的父母、教师及各类文化教育机构的人员，都是一定社会—文化体系的“负荷”者，社会主要通过他们将其原则、规范和准则对儿童青少年施加影响，使他们形成世界观和人生观，形成各种心理品质。

第三节　紧张状态与儿童青少年的身体健康和心理适应

紧张，已成为当今人们所面临的最为严重的问题之一，据估计，大约90％的疾病与紧张存在着某种联系。过度紧张不仅与成人的健康有关，也对正在生长发育中的儿童青少年产生有害的影响作用。儿童青少年的紧张与其身体、情绪及学业表现是紧密联系在一起的，帮助儿童青少年应付生活事件中的紧张状态是心理卫生的重要方面。

一、紧张状态的概念

对紧张状态的定义，常因研究者研究的侧重点不同而有差异。塞里（Selye，H.）将紧张状态看作是身体对任何需求的非特异性反应；梅森（Mason，J. W.）将它看成是对有威胁的或不愉快的因素的情绪反应或唤起性反应；阿克斯特（Aakster，C. W.）则将它看作是导致（或者预料导致）人体基本功能不平衡的任何环境力量，例如，不能实现的期望、目的和手段的冲突，负担过重或者过轻，受剥夺、无能为力、受创伤，受到能察觉到的威胁等。

研究紧张状态的途径一般分为三种：第一种是把紧张状态看作是有害环境对人的刺激；第二种是把紧张状态看成是人对有害环境的反应；第三种是把紧张状态看成是环境刺激和反应之间的"中间变量"。

（一）紧张状态的刺激理论

紧张状态的刺激理论将紧张状态看作是"特殊类型刺激的经验"，它是"经历任何有害的、有威胁的或者对个体过分要求的情境的结果"①。在现实生活中，经历地震、洪水、饥饿或者战争等天灾人祸会产生紧张，儿童青少年经历父母离异、家庭搬迁、家庭人员伤亡等一类生活事件也会产生紧张。

根据这种理论，紧张就是影响个体的应力，它既可存在于个体的内部，也可以存在于环境之中。个体经验的这类情境越多，紧张的水平就越高。个体对紧张状态的内在抵抗力有一定的限度，在一定范围内，人对紧张状态是能够忍受的，但超过此限度，就可能产

---

① Johnson，J. H.，*Life Events as Stressors in Childhood and Adolescence*，1986.

生生理和心理上的损害。

很明显，这种理论没有适当地考虑到个体对有害的紧张刺激物在认识上的差异，这就是说，对一个个体可能产生紧张的刺激物，对另一个个体并不一定会引起紧张。因此，这种理论有它的局限性。

（二）紧张状态的反应理论

紧张状态的反应理论最明显地反映在塞里对刺激和紧张的研究之中。塞里认为，紧张状态是个体对环境要求的反应。个体为了适应环境刺激因素，身体会产生一系列反应。他认为，生理上的紧张反应并不依赖于导致紧张的因素的性质，而是机体对环境刺激的一种普遍形式的防御反应，它的作用在于保护机体功能的完整，是非特异性的生物学变化，称作全身性适应综合征（General Adaptation Syndrome，GAS)，它包括警戒、抵抗和衰竭三个阶段。

塞里认为，个体受到任何一个紧张刺激，都会引起机体内部的激素和生化变化、体内环境的平衡变化及内脏变化。这时，身体会动员起来进行防御，这就是警戒反应期。在体内，肾上腺素分泌增加以后，就出现了心律和呼吸加快、血压升高、血糖含量增加，以便充分应付环境刺激带来的威胁，这个时期被称为抵抗反应期。假如抵御持续下去，必需的适应能力可能耗竭，最后机体会被其自身防御力量所害，造成病态，这就是衰竭。塞里认为，心理紧张刺激物很少使个体达到衰竭状态，衰竭状态可能发生在极端的生理条件下。

在对全身性适应综合征的研究中，塞里发现有许多生理的变化与警戒反应有联系，例如，肾上腺皮质的增大，淋巴结构的萎缩，胃和十二指肠溃疡的恶化。这些发现使他得出结论，那就是这类生物学的变化代表了机体对任何紧张刺激物的反应，因此，塞里认为，紧张状态应定义为机体对任何外来刺激的非特异性反应。

此后，有些学者认为塞里的非特异性全身性适应综合征有一定的局限性，不能包括身体处于有害状态时的一切表现，他们还认为，塞里过分侧重了个体对紧张因素的生理反应，而忽略了心理过程的作用。在塞里理论的基础上，这些学者对心理因素如何在生理疾病的发生、发展中起中介作用作了解释。

（三）紧张状态的交互作用理论

紧张状态的交互作用理论认为，前两种观念都不够全面，都忽视了人在产生紧张状态过程中的主动作用，即忽视了心理活动在紧张状态产生过程中的中介作用，没有明确地阐明人与环境之间的关系。这种理论认为，紧张状态是通过人与其环境间存在的特定关系而发生的，这是一种复杂的动力体系，紧张状态是以心理过程为根源的个人的知觉现象，同时特别重视反馈作用的存在。拉扎鲁斯（Lazarus，R. S.）等人从这种理论出发，曾给予紧张状态以特殊的定义："心理紧张是人与环境之间的特殊关系，它取决于人对加重或超出其负荷的危及其完好状态的评估。"①

这种理论认为，人对生理和心理需要的满足的知觉，以及对满足这些要求的能力的知觉，是形成紧张状态的根源，如果在知觉的要求同人对自己满足要求的能力的知觉之间出现了不平衡，就会产生紧张状态。这种不平衡会引起一系列复杂的生理、心理反应，那就是说，一方面机体发生了生理变化，另一方面个体从认知和行为上试图消除造成紧张状态的要求，这种生理、心理的变化如果是短暂的，不平衡状态很快就得到了调整，紧张状态就消除；如果不平衡状态十分强烈，或者持续时间很长，机体难以应付，或者个体预期由于难以应付而可能出现不良后果，那么它就不会消除，甚至会继续加深，最终造成机体损害。此外，由于反馈作用，应付紧张状

① Lazarus，R. S.，et al.，*Stress*，p. 19，1985.

态的行为和反应若不合适或者无效，就会产生恶性循环，使紧张状态变得更为强烈，从而引起机体功能和器质上的损害更趋严重。

有四种不同的角度考虑由知觉的要求和能力之间的不平衡而引起的紧张状态。从生物学的观点出发，认为个体的生活方式与个体本身由进化而逐步适应的生活类型之间的差别过大，就可能产生紧张状态。从发展的观点出发，如果个体受到的抚养和教育没有使个体能够应付生活强加于他的刺激，就可能产生紧张状态。从社会学观点看，个体如果面临着抵触的社会压力，或被迫充当不协调的社会角色，他就会经受紧张状态。从现象学观点看，个体的生活方式如果不能与其抱负或理想相匹配，就可能产生紧张状态。

（四）心理紧张与心身疾病

心身疾病是一组躯体疾病或一种综合征，它是由许多因素综合作用而造成的，可能有器质性的倾向，也与个体的人格特征和所处环境有关，但是更多的是与个体遭受到的紧张刺激有关。

儿童青少年中常见的心理生理疾患主要有消化性溃疡、便秘、腹泻、神经性厌食、支气管哮喘、偏头痛、高血压及女性月经不调、经前紧张症等。这些疾病通常累及植物神经系统支配下的单一器官系统。

紧张能扰乱机体的平衡，导致多种疾病。人处于紧张状态时常伴随着某种情绪体验，使植物神经功能发生改变，同时伴随肾上腺素、肾上腺皮质激素和抗利尿激素等分泌的增加，从而引起心率加快，血管收缩或舒张，血压升高，呼吸增速，胃肠蠕动减慢，新陈代谢速率增高。机体处于应激状态，动员全身力量以应付这种紧张状态。人体的这种机制对于人体适应复杂多变的环境是必不可少的，本来为的是防止机体受损，但是如果这种防御反应不适当，例如情绪反应受到压抑，或者强度过大，或者持续时间过长，就可产生植物性神经功能的改变，导致相应的内脏器官发生器质性病变。

紧张还可通过下丘脑及由它所控制分泌的激素影响免疫功能，降低机体对病毒、细菌或过敏物的抵抗而致病。

二、儿童青少年的心理紧张

亚历山大（Alexander，T.）曾描述过学龄期的儿童青少年会面临与紧张状态有关的四种类型的情况：（1）冲突；（2）社会经济状况；（3）教育机构的状况；（4）心理创伤。①

索里（Sawrey，J. M.）和特尔福德（Telford，C. W.）则将学生心理紧张的根源归为学校（包括进入新学校，在校功课不及格等）、家庭（包括家庭破裂，父母是双职工等）、各种社会问题（包括同伴集体的压力）、职业选择（包括抱负水平等）及性爱等（如图 2-1）。

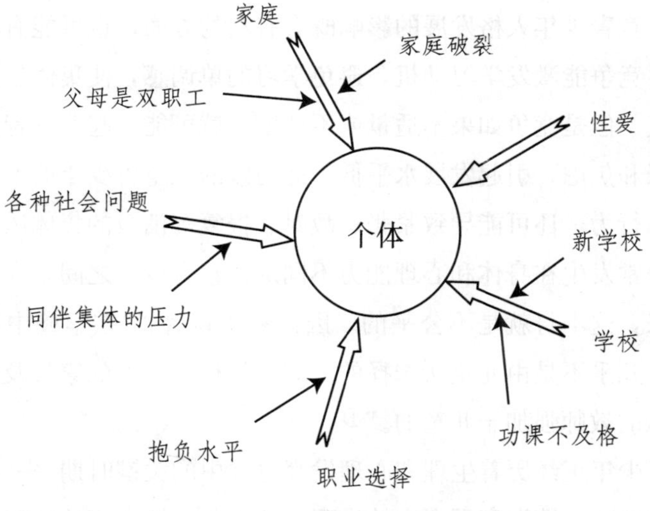

图 2-1　心理紧张的根源

（据 Sawrey，J. M. & Telford，C. W.，1982）

---

① Alexander，T.，*Children and Adolescents：A Biocultural Approach to Psychological Development*，p. 287，1969.

儿童青少年初入学，或者从一个学校转入另一个学校，会暂时地处于紧张状态，新的物质设备、新教师、新的处事方法、新同学及新的集体会要求他们调整自身，以适应新的学校生活。新的学校生活所引起的情绪问题一旦过去，并不说明儿童青少年所经历的与学校生活有关的紧张状态就消失了，相反，他们将面临更多的紧张。

功课不及格，儿童青少年要求成功的愿望和在班级中的地位就会受到挫折，在家中的地位也会受到损害，足以使他对本来就学得不好的科目更加厌恶，甚至可能发展到对学校全部生活抱消极态度。

来自学校的可造成学生心理紧张的原因还有过高的学习期望、过重的学习负担、不良的人际关系、竞争等。例如，在学校中，竞争对儿童青少年人格发展的影响既有有利的方面，也可能有不利的一面。竞争能激发学习动机，避免学习的单调感，使集体生活更富有生气。但是竞争如果不适量或不适度，就可能引起儿童青少年心理紧张和焦虑，引起发展水平低、能力差的儿童青少年的不胜任感和退缩行为，还可能导致紧张、敌对、报复等消极的集体风气。由于竞争常发生在身体和心理能力不同的儿童青少年之间，在一些学者看来，这本身就是不公平的。因此有人认为："在学校中所谓的竞争，几乎不是由儿童所选择的，而是学校、焦虑的家长及受过不良训练的教师强加于儿童的。"①

青少年正经历着生理和心理发育过程中的关键时期——性的发育和成熟。由性发育而产生的生理心理变化、性意识的觉醒、性的需要和冲动与社会道德规范、传统文化制约的冲突，会给他们造成

---

① Strom, R., School Evaluation and Mental Health, *Mental Health and Achievement*, (edited by Torrance, E. and Strom, R.), p. 389, 1965.

心理紧张。社会文化和道德规范对儿童青少年的性行为采取的是限制的态度，在这种文化的熏陶下，儿童青少年会认为性爱是不道德的，甚至是肮脏的，这样，性爱就可以成为引起情绪紧张的强有力的源泉。

青少年渴望了解性的知识，并把这些知识统一成为完整的概念，他们需要了解自己身上发生的变化，也渴望了解异性，对异性的兴趣在迅速增长。他们对性知识的渴求不只是为了好奇，更是与他们对性的需要联系在一起的。如果他们无从得到这些知识，或者通过不正当的途径得到这些知识，而且感受到懂得这类知识是不道德的，那么他们就可能带着关于性的问题的巨大焦虑而过渡到青年期。

在出现首次遗精或者月经初潮以后，如果儿童青少年对性机能和性爱仍然一无所知，也会产生极大的焦虑和恐慌。有研究表明，约有30％的女生在月经期活动积极性降低，70％的女生变得孤独，60％的女生自信心降低，47％的女生学习兴趣减弱。同样，有相当一部分男生由于遗精而感到紧张、不安、疑虑、烦恼、自卑和有罪恶感。

据金赛（Kinsey，A. C.）在20世纪四五十年代的报告，95％的男性少年在15岁时就有了初次的性欲亢进，许多青少年还进行了多种多样的性活动，如手淫、拥抱、接吻等。在青少年中，手淫并不是少见的现象。据苏联学者的研究，健康的青少年手淫起始于10—18岁，平均为14岁左右，在性成熟期大约93％—96％的健康男性有手淫行为。手淫是一种生物社会不协调的产物，是一种解除或减缓生理上不舒适和心理紧张的手段。手淫的害处并不在于手淫本身，而是由于社会对手淫态度及此种态度在手淫者心理上引起的反应。有这种行为的青少年在手淫之前虽然感到不安或害怕，却不能控制自己；手淫过后则可能产生强烈的罪恶感，成为一种自责，致使情绪低落，性情抑郁。少数青少年由于听信手淫的所谓“危害”，并进行自我剖析，搜寻自我感觉上的微小变态，有的甚至陷入极度的苦恼之中，对于人生感到绝望。

由于不善于作出适当的社交反应吸引异性，这也是部分青少年产生心理紧张的原因，这在一些性格内向、沉默寡言的青少年中表现得更为强烈，他们可能会觉察到某一异性对象对自己有着巨大的吸引力，但又没有足够的社交技能与对方沟通，因此，缺少社交技能就成为性的内驱力的一种障碍。

来自学校、家庭、社会、自身的能引起儿童青少年心理紧张的原因不胜枚举。在诸多原因和因素中，那些威胁儿童青少年安全感的紧张生活事件，特别是突发的紧张生活变化事件（如亲人的死亡、家庭的变故、学习生活的变化等）和能产生持久影响的紧张生活事件（如残疾、学业失败等），对儿童青少年身心健康的影响更大，可成为重要的紧张源。

三、紧张生活事件与儿童青少年的身体健康

（一）紧张生活事件与儿童青少年期一般的身体健康问题

对于紧张生活事件与儿童青少年疾病之间关系的研究的最早报道之一，是在20世纪60年代初。梅耶（Meyer，R. J.）和哈格蒂（Haggerty，R. J.）对100名儿童作了长达12个月的研究，他们为每一个儿童每两个星期做一次咽喉部链球菌感染的检查，并要求家长记录在这段时间内由于家庭成员的冲突，而导致的儿童“情绪不安”的情况及儿童发病的情况。研究结果表明，链球菌感染的情况一般与“情绪不安”事件增加的水平明显相关，并与上呼吸道疾病的临床表现明显相关。虽然，并非所有的感染都随“情绪不安”事件而产生，但是研究者发现当儿童经历了紧张事件以后，感染的可

能性就明显地增加了。因此，他们认为“情绪不安”事件对这些种类的疾病的发展可能会起作用。①

黑塞尔（Heisel，J. S.）等人的研究也集中在生活紧张的变化与儿童的健康方面。他们的研究对象是34位患有类风湿性关节炎的儿童、31位在医院里作阑尾切除术和疝缝术的儿童、32位因为各种身体的病痛而接受医院一般的儿科护理的儿童及35位患有血友病的儿童。对于前三组儿童，他们运用科亭顿生活事件记录表（Coddington Life Events Record）记录生活紧张经验的数量，并将每组儿童的生活紧张状态分数分别与健康儿童的得分作比较，结果发现，这三组儿童的生活紧张状态分数明显地高于对照组。在对血友病那组儿童的两年的调查研究中，对每一年的出血次数作了记录，也发现了生活紧张分数与出血次数之间存在联系。研究者认为，这一研究结果为紧张生活变化与儿童疾病的发展之间的关系提供了假设性的支持。②

此外，学者们还对紧张生活事件与儿童青少年呼吸系统疾病、儿童期癌症、周期性发作的疼痛等身体疾病之间的关系作了大量的研究，研究结果也都支持了生活紧张与儿童期的许多疾病之间存在着联系。

（二）紧张生活事件与儿童青少年的慢性疾病

对这一问题的研究主要集中在紧张生活事件与慢性疾病发生之间的联系，以及累积的生活紧张变化的程度与儿童青少年慢性疾病变化的关系等方面。

贝德尔（Bedell，J. R.）等人曾研究了45名参加了三周夏令营

---

① Meyer，R. J. & Haggerty，R. J.，Streptococcal Infections in Families，*Pediatrics*，Vol. 29，pp. 539-549，1962.

② Heisel，J. S.，et al.，The Significance of Life Events as Contributing Factors in the Diseases of Children，*Behavioural Pediatrics*，Vol. 83，pp. 119-123，1973.

的儿童，他们都患有糖尿病、哮喘或膀胱纤维变性等慢性疾病。研究者为这些儿童和夏令营的咨询员分发了科亭顿生活事件记录表，要求他们联系在夏令营中的疾病状况在表中作记录。在对高低水平不同的生活紧张状态所作的比较中，他们发现处于高紧张状态组的儿童明显地表现出与健康有关的更多的疾病事件（illness episodes）。在三个星期期间，高紧张状态组的儿童经历了69个疾病事件，而低紧张状态组的儿童只经历了19个疾病事件。①

有多项研究都为考察特殊的紧张生活事件与儿童青少年糖尿病的发作之间提供了资料。例如，斯坦（Stein，S. P.）和查利斯（Charles，E.）发现患有糖尿病的儿童青少年比患有其他类型疾病的对照组儿童，在缺失父母和严重家庭关系失调等方面有较高的发生率。② 利弗通（Leaverton，D. R.）等人也作过类似的研究，他们的研究对象是121名18岁以下的使用胰岛素的糖尿病患者，以及37名年龄、性别、种族和社会经济状况相当的作为对照组的正常儿童。从对比资料中发现，患糖尿病的那组儿童青少年，42%的家庭父母丧失（分居、离异或者死亡），而对照组的儿童青少年中，父母丧失率仅为19%。他们在解释这一现象时认为："由于离异、分居或者死亡而导致父母亲的丧失，可能是青少年糖尿病的重要致病原因。"③

① Bedell，J. R.，et al.，Life Stress and the Psychological and Medical Adjustment of Chronically all Children，*Journal of Psychosomatic Research*，Vol. 21，pp. 237-242，1977.

② Stein，S. P. & Charles，E.，Emotional Factors in Juvenile Diabetes Mellitus：A Study of Early Life Experiences of Adolescent Diabetics，*American Journal of Psychiatry*，Vol. 128，pp. 56-60，1971.

③ Leaverton，D. R.，et al.，Parental Loss Antecedent to Childhood Diabetes Mellitis，*Journal of the American Academy of Child Prychiatry*，Vol. 19，pp. 678-689，1980.

查斯（Chase，H. P.）和杰克逊（Jackson，G. G.）的研究，集中在各种类型的生活变化事件的累积与青少年糖尿病发作的控制之间的关系方面。他们对 84 名使用胰岛素的糖尿病患儿作了研究，运用科亭顿生活事件记录表记录了生活紧张分数，在三个月期间，进医院一次或一次以上的儿童，平均分数是 208 个生活变化单位，而没有进医院的儿童平均分数是 122 个生活变化单位。①

（三）紧张生活事件与儿童青少年意外事故的发生

在一些国家，意外事故已成为儿童青少年死亡的一个主要原因。有些学者对紧张生活事件与儿童青少年意外事故的发生之间的关系作了研究。

帕迪拉（Padilla，E. R.）等人从人群中随机抽取 103 名七年级的男性儿童，用科亭顿生活事件记录表记录了他们在过去 12 个月中所经历的紧张生活事件，得分最高的前 27%的儿童与得分最低的后 27%的儿童作为研究的控制组和对照组。研究者还在五个月期间每星期对这些儿童作一次谈话，以获取有关意外事故发生及事故严重程度的信息。与儿童谈话者完全不知道儿童的生活事件分数。研究结果表明，经历了高水平生活变化的男性儿童比生活变化分数低的儿童明显多地发生了意外事故。由此，研究者认为，生活变化事件的分数可被用作意外事故发生率的有效预期指标。②

科亭顿（Coddington，R. D.）等人也曾对 114 名中学足球运动员作过研究，发现那些在过去的 12 个月中经历过父母疾病、分居、离异和死亡等紧张生活事件的学生，比那些没有经历过这类事

---

① Chase，H. P. & Jackson，G. G.，Stress and Sugar Control in Children with Insulin-Dependent Diabetes Mellitus，*Journal of Pediatrics*，Vol. 98，pp. 1011-1013，1981.

② Pedilla，E. R.，et al.，Predicting Accident Frequency in Children，*Pediatrics*，Vol. 58，pp. 223-226，1976.

件的学生更多地出现运动创伤。① 这一类研究也曾为其他学者研究过，其结论也是如此。

四、紧张生活事件与儿童青少年的心理适应

适应，指的是个体与环境的关系，既包括个体根据环境的要求改变自己，也包括个体作用于环境。对儿童青少年的心理适应，通常从成熟、学习和社会适应三个方面加以衡量。心理适应不良的儿童青少年，其学习功能、一般社会活动和人际关系会出现障碍，行为表现超出了对心理刺激应有的正常反应范围。

（一）紧张生活事件与儿童青少年的一般心理适应

科温（Cowen，E. L.）等人曾将研究对象分成两组，一组是由心理健康服务机构检出的有一般心理适应问题的 273 名儿童，他们的情绪、品行等问题干扰和妨碍了自己和他人的有效学习和生活，另一组是这些机构认为无心理健康问题的 509 名儿童，他们的心理适应状态良好，教师分别提供了这两组儿童所经历的主要紧张生活事件发生的情况。紧张生活事件主要涉及了相对客观的和可被观察到的 11 种事件，通常是具有非预料性的，不是儿童所能控制的，例如父母亲、同胞兄弟姐妹或者关系密切的亲戚的死亡，父母分居或者离异，家庭中增加新的成员，等等。研究结果表明，被心理健康服务机构检出的有一般心理适应问题的儿童，明显多地经历了消极的生活变化，特别是这些儿童经历了更多的某些紧张生活事件，诸如家庭成员死亡或者严重疾病，父母分居或者离异，父亲或者母

① Coddington，R. D.，et al.，The Effect of Educational Factors on Football Injury Rates，*Journal of Human Stress*，Vol. 6，pp. 3-5，1980.

亲重新婚配，家庭经济状况不佳等。①

除了上述这类分组对比研究外，还有大量研究集中在紧张生活事件与反映精神症状或者心理调整水平的测量之间的相关方面。这两个方面的研究有不少的证据都证明了，紧张生活事件与儿童青少年的一般心理适应存在着密切的关系，那就是说，儿童青少年经历较多的紧张生活事件会导致其心理适应不良。

但是，也有的研究得出了与此不一致的结论。例如，劳伦斯（Lawrence，D. B.）和罗斯（Russ，S. W.）曾对 66 个从教区附属学校抽取的六年级和七年级学生作过研究，他们运用科亭顿生活事件记录表、亚利桑那社会支持会谈表（The Arizona Social Support Interview Schedule，ASSIS）、简明症状量表（The Brief Symptom Inventory）和哈特儿童知觉能力量表（The Harter Perceived Competence Scale for Children），分别给每一个儿童作了测量，发现科亭顿生活事件记录表中的消极事件与儿童各种心理症状之间存在的相关性有性别上的差异，这种差异有显著的统计学意义，男女儿童的相关系数分别是 0. 14 和 0. 65，这就是说，紧张生活事件与心理适应不良而出现的症状之间的联系似乎只在女性儿童少年中才存在。②

（二）紧张生活事件与儿童青少年学校生活适应

斯特林（Sterling，S.）等人对生活紧张与儿童青少年学校生活适应之间的关系作过研究，研究对象是从 974 名小学低年级学生

---

① Cowen，E. L.，et al.，Differentiating Attributes of Children Referred to a School Mental Health Program，*Journal of Abnormal Child Psychology*，Vol. 12，pp. 397-410，1984.

② Lawrence，D. B. & Russ，S. W.，*Mediating Variables between Life Stress and Symptoms among Young Adolescents*，paper presented at the annual meeting of the American Psychological Association，Los Angeles，1985.

中抽取的。根据教师提供的情况，211名儿童在学校生活中至少经验了11种主要生活变化事件中的一个事件。由研究者从没有经验过主要生活变化事件的学生中抽取部分学生作对照组，使对照组学生的年龄、性别、种族等方面情况与前者一致。对这两组学生都运用课堂调整等级量表（The Classroom Adjustment Rating Scale，CARS）和健康资源调查表（The Health Resources Inventory，HRI）进行测量和评价。CARS包括了41种问题行为，由教师按五个等级给予评分，测量的内容联系到课堂中的表现、害羞或焦虑行为及在集体中的学习困难等。HRI是一种包括54个项目的测量工具，能被特别用于评价与学校学习有关的各种能力。研究结果发现，两组儿童在10个独立变量中，有8个变量存在着明显的差异。此外，这个研究还发现，儿童经验的生活变化事件的数量与CARS和HRI的10个测量值中的7个有明显的关联。①

丰他那（Fontana，A.）和多维多（Dovidio，J. F.）的研究证实了紧张生活事件的增加可以影响儿童青少年在学校中的表现。他们运用科亭顿生活事件记录表和詹金斯活动调查表（学生版）（The Student Version of the Jenkins Activity Survey）对148名高中生进行了测量，获取了学生在过去12个月中所发生的生活变化事件及关于课外活动参与、缺席和过失行为等情况。结果表明，累积的紧张生活事件与青少年学业表现水平的下降有密切的关联，特别是对那些具有B型行为特征（无高度的成就动机、对时间无紧迫感、无攻击性倾向等）的学生，这种关系更为明显。这个研究还

① Sterling，S.，et al.，Recent Stressful Life Events and Young Children's School Adjustment，*American Journal of Community Psychology*，Vol. 13，pp. 87-99，1985.

对生活紧张与学生的过失行为作了简单的报告。[①] 对这一问题的研究，与此研究几乎同年代的另一些研究的结果都得出了一致的结论，例如弗克斯（Vaux，A.）等人于 1983 年对 531 名 10—11 年级学生所作的大样本研究，及布鲁斯（Bruns，C.）等人于 1984 年所作的类似研究都证实了生活变化的水平与青少年自我报告的吸毒行为有明显的关联。

（三）紧张生活事件与儿童青少年的情绪失调、自杀行为

近些年来，学者们对生活紧张与儿童青少年情绪失调之间的关系作了一系列的研究，有些研究将注意力集中在儿童抑郁方面，为紧张状态与抑郁的性质之间的联系提供了信息，而另一些研究则进一步探索了生活紧张状态与儿童自杀行为之间的关系。

穆林斯（Mullins，L. L.）等人曾对 134 名 4—6 年级的儿童作过这方面的研究。在他们的研究中，他们运用了类似科亨顿生活事件记录表中的那些项目，对这些儿童逐一约见面谈，请他们讲述在调查以前的 12 个月中所发生的生活变化事件，这种做法比让儿童填写量表更为适当。除了获得总体生活紧张分数以外，他们还分别求得了积极的和消极的紧张分数。研究者们还运用儿童抑郁调查表（The Children's Depression Inventory）对这些儿童进行调查，这个调查表包含有 27 项多项选择的测量，能用以评价儿童抑郁的动机、认知、情感和体征等方面的状况。相关分析表明，总体生活变化事件与儿童情绪抑郁有明显关联。若将积极的和消极的变化分开进行分析，

---

① Fontana，A. & Dovidio，J. F.，The Relationship between Stressful Life Events and School Related Performances of Type A and Type B Adolescents，*Journal of Human Stress*，Vol. 10，pp. 50-54，1984.

那么只有消极的变化才与儿童抑郁调查表的分数有明显的关联。①

科亨-桑德勒（Cohen-Sandler，R.）等人试图在生活紧张与青少年自杀行为之间寻找联系，他们研究了 76 名 5—14 岁的儿童，这些儿童经常进出医疗中心的精神科病房。在他们住院期间，研究者获得了这些儿童的家史、家庭收入、父母病症及其在工作单位的行为等有关信息。他们把儿童分成三组：(1) 有自杀行为的儿童；(2) 有抑郁情绪，但无自杀行为的儿童；(3) 为其他精神问题去就诊的儿童，他们既无抑郁情绪，也无自杀行为。这些儿童在病历卡上记录了在进院前 12 个月中所经历的生活变化事件，以及在发展的四个特殊阶段（①从出生至 1 岁 5 个月；②从 1 岁 6 个月至 4 岁 5 个月；③从 4 岁 6 个月至 8 岁 5 个月；④从 8 岁 6 个月至 14 岁 11 个月）所经历的生活变化的资料。这些资料都是通过科亨顿生活事件记录表而获得的。研究结果表明，自杀组的儿童青少年在入院以前的 12 个月中比其他两组儿童明显多地经历了生活紧张事件。在比较各个发展阶段的总体生活紧张的水平时，数据也表明自杀组的儿童也经历了明显的高水平的生活变化事件，特别是更多地经验了诸如同胞兄弟姐妹的出生，父母离异或分居，父母一方重建家庭，父母住院，祖（外祖）父母死亡和心理创伤（例如亲眼看见父母遭到谋害或意外事故等）。在考察这三个组的儿童在四个发展阶段所经历的生活变化事件时，研究者发现，从第二阶段起，自杀组的儿童所经历的生活紧张事件的量就开始明显地增加，到第三阶段

① Mullins，L. L.，et al.，Cognitive Problem Solving and Life Event Correlates of Depressive Symtoms in Children，*Journal of Abnormal Child Psychology*，Vol. 13，pp. 305-314，1985.

开始出现具有统计学意义的显著性差异（如图 2-2）。[①]

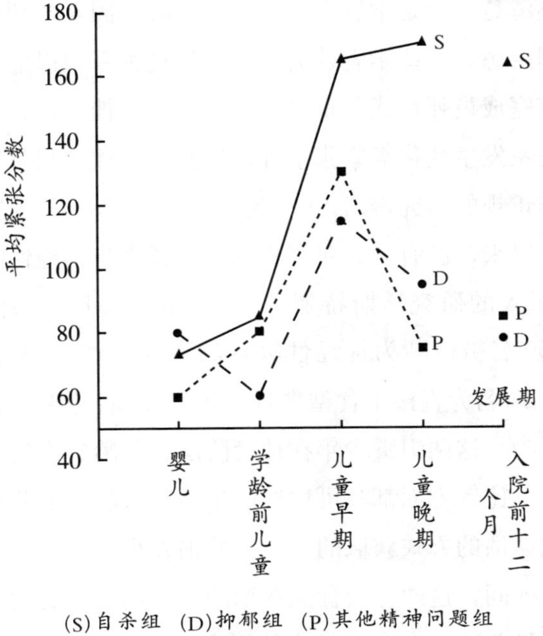

图 2-2　发展各时期的平均紧张分数

（据 Cohen-Sandler，R.，et al.，1982）

这个研究结果与佩克尔（Paykel，E. S.）在 1974 年对成人自杀行为的研究结论是一致的，根据佩克尔的研究，有自杀行为的成人比有抑郁倾向的成人或正常状态的成人在生活中有更多的紧张生活事件。

（四）紧张生活事件与儿童青少年神经性厌食

神经性厌食表现为持续性拒食，以惧怕体重增加为厌食的动机，多发生于青少年期。有报道称，男女性比例为 1∶3。神经性厌食至少有两种类型，它们最明显的区别是一种只是简单拒食而使

① Cohen-Sandler，R.，et al.，Life Stress and Symtomatology：Determinants of Suicidal Behaviour in Children，*Journal of the American Academy of Child Psychiatry*，Vol. 21，pp. 178-186，1982.

自己消瘦，另一种则是贪食随后出现呕吐或腹泻。尽管神经性厌食的原因尚不清楚，但是学者们认为，它与心理因素密切相关，是一种心理生理疾患。一些学者认为，在产生这种障碍以前，青少年经历了诸如家庭成员死亡或严重疾病，学校学业挫败，自己患病，或与他人的关系发生变化等紧张事件。这些看法往往只是通过偶尔的观察，而非正规的研究得出。

近些年以来，已有学者对累积的生活紧张与神经性厌食之间的关系作了深入的研究。斯特罗伯（Strober，M.）对平均年龄为15.5岁的50名被诊断为神经性厌食的青少年作了研究。在这50名患者中，25名为直接拒食型患者，还有25名的厌食者则表现为时有贪食行为。这两组青少年在社会阶层、年龄、疾病持续性、体重丧失的百分比等方面都具可比性。生活紧张状态的测量资料是通过准结构式谈话的方式获取的。斯特罗伯发现，在神经性厌食症出现前一年半期间，这两种厌食症亚型的青少年所经历的紧张生活事件的量有明显差异。有贪食行为的厌食症患者平均经历了16.2个事件，而直接拒食型患者只平均经历了7.8个事件。这两组患者与同年龄青少年相比，两组患者的生活紧张分数在12个月中累计分别为522和284，而正常的青少年仅为218。① 这一研究结果表明，累积的生活紧张与贪食型的青少年神经性厌食有密切关联，它与早些年以前学者们用较小的样本所作的研究的报告是一致的。

五、儿童青少年生活紧张的评估

尽管有些研究将注意力放在特殊事件或重大的生活转折等方

① Strober，M.，Stressful Life Events Associated with Bulimia Anorexia Nervosa，*International Journal of Eating Disorders*，Vol. 3，pp. 1-13，1984.

面，但是大部分对生活紧张的研究都还是集中在累积的生活变化及它们同健康和心理适应的关系之上。研究的结果都支持了这样的一个观点，那就是在相对短的一段时期中，人经历的生活紧张事件越多，那么人应付紧张的负荷就越大，就有越大的可能产生和发展与健康有关的困难和障碍。

20 世纪 30 年代，美国霍普金斯大学的研究人员梅耶（Meyer，A.）曾设计了一种称为“生活大事表”的诊断工具，用以记录病人所患的疾病及其一生中的重大事件，发现了两者之间存在着明显的关联。50—60 年代，以霍姆斯（Holmes，T.）和拉赫（Rahe，R.）为首的一批学者精心修改和扩充了梅耶的生活大事表，使之成为能直接的和定量的测定紧张状态的“社会性重新调整计量表”(SRRS)，计量表按照紧张事件影响的严重性，顺次列举了个人生活中的 43 种重大的变化事件，并依据对 5 000 人进行的社会调查资料，分别为之确定分数，这些分数以一个“生活变化单位”(Life Change Unit，LCU）为单位，例如，他们将配偶死亡的分数定为 100 个单位，离异定为 73 个单位，饮食习惯的变化定为 15 个单位等。拉赫等人认为，在一年之内，一个人的生活变化事件分数的总和低于 150 个 LCU，那么，来年即可健康安泰；分数总和在 150—300 个 LCU 之间，来年有一半可能性会患病；分数总和超过 300 个 LCU，来年患病的可能性为 70%。

应该指出，这种评价的方法只是就人群总体而言，对个体来说，生活变化事件与心理紧张之间的关系并非如此简单，因为每个人都以自己独特的方式应付生活变化事件，同样的生活变化事件会引起不同的个体产生不同的紧张。

（一）儿童青少年生活变化单位量表

为儿童青少年生活紧张的测量和评价而设计的最为著名和运用最为广泛的儿童青少年生活变化单位量表是由科亨顿在 1972 年发

展的科亭顿生活事件记录表，这个量表与霍姆斯和拉赫在1967年设计的量表相似，即根据该量表的样式和计分方法发展而来，所不同之处是考虑到儿童青少年与成人的差异，而特别为儿童青少年设计的。

科亭顿生活事件记录表由儿童青少年经常可能经历的一些生活事件组成，记录表中事件的实际数量和每项事件的分数取决于儿童青少年的年龄，例如，为学龄前儿童设计的量表包括30个事件，为小学生设计的量表包括36个事件，为初中生和高中生设计的量表分别为40和42个事件（见表2-5）。①

表2-5 适用4个年龄组的儿童青少年的科亭顿生活事件记录表

生活事件	生活变化单位LCU			
	学前儿童	小学生	初中生	高中生
保育学校、小学一年级或中学开学	42	46	45	42
转学	33	46	52	56
兄弟姊妹的出生或过继	50	50	50	50
兄弟姊妹离开家庭	39	36	33	37
兄弟姐妹进医院	37	41	44	41
兄弟或姐妹死亡	59	68	71	68
父母职业改变以致少顾及家庭	36	45	42	38
父母失业	23	38	48	46

① Heisel, J. S., Ream, S., Rappaport, M. and Coddington, R. D., The Significance of Life Events as Contributing Factors in the Diseases of Children, *Journal of Pediatrics*, Vol. 83, pp. 119-123, 1973.

续表

生活事件	生活变化单位 LCU			
	学前儿童	小学生	初中生	高中生
父母分居	74	78	77	69
父母离异	78	84	84	77
父母住院（严重疾病）	51	55	54	55
父母死亡	89	91	94	87
祖父母死亡	30	38	35	36
父（母）亲与继母（父）结婚	62	65	63	63
父（母）被判 30 天或 30 天以下监禁	34	44	50	53
父（母）被判一年或一年以上监禁	67	67	76	75
家庭中增添了第三个成年人	39	41	34	34
父母经济状况发生变化	21	29	40	45
母亲开始工作	47	44	36	26
父母亲之间的争议减少	21	25	29	27
父母亲之间的争议增加	44	51	48	46
与父母亲的争论减少	22	27	29	26
与父母亲的争论增加	39	47	46	47
发现自己是一个被人收养的孩子	33	52	70	64
成了一种可见的残疾	52	69	83	81
有先天的可见的残疾	39	60	70	62
住医院	59	62	59	58
在被同伴接纳方面发生变化	38	51	68	67

续表

生活事件	生活变化单位 LCU			
	学前儿童	小学生	初中生	高中生
显著的个人成就	23	39	45	46
儿童自己的密友的死亡	38	53	65	63
在学年中挫败		57	62	56
休学		46	54	50
姊妹少女非婚怀孕		36	60	64
参与吸毒或酗酒		61	70	76
成为教徒		25	28	31
没有进行自己想参与的课外活动（如体育组、乐队）			49	55
与男（女）朋友关系破裂			47	53
开始约会谈朋友			55	51
成为未婚怀孕儿的父亲			76	77
未婚先孕			95	92
被自己选择的大学录取				43
结婚				101

（据 Heisel，J. S.，et al.，1973）

20 世纪 70 年代末以后，研究者曾发展了许多个与科亭顿生活事件记录表相似的生活变化单位量表。例如，1979 年穆纳甘（Monaghan，J. H.）等人根据英国的情况修订了科亭顿生活事件记录表，修订后的量表名称为“儿童生活事件调查表”（The Children’s Life Events Inventory），量表包括了 40 项测试内容，在方法上与原记录表相似，在内容上作了更动。又如托勒（Toler，A.）等人在 1983 年制订了“中学生社会性调整量表”（The High School Social Readjustment Scale），该量表包括 52 个生活变化事件，由 215 位心理学家、67 名中小学教师和 65 名中学生为这些事件打分。量表的制订者发现，各组人对紧张生活事件打分的排列次序是十分相近的。

各种生活变化单位量表是用以评价儿童青少年紧张生活的最为常用的方法，据统计，大约 90％的关于儿童青少年紧张生活的研究，运用的都是上述这些类型的生活变化单位量表。然而，在诸多的这类量表中，只有科亭顿生活事件记录表得到了广泛的研究资料的支持，量表的效度受到生活变化事件记录分数与心理调整之间关系的相关研究的证实，但是，即使是这个量表，其信度仍还没有建立。

尽管科亭顿生活事件量表在儿童青少年紧张生活的研究中起了重要的作用，但是该量表的局限之处也十分明显。例如，该量表只是从总体上测量儿童青少年的生活变化事件，而没有区分积极的和消极的生活变化事件。另外，儿童青少年个体对某一生活变化的认知、评价、耐受能力和解决问题的能力都不相一致，量表没有反映出生活变化事件对个体儿童青少年产生作用的差异性。有的学者还批评该量表所列出的各种生活变化事件并没有真正地反映儿童青少年实际所经历的生活变化事件，而更多的则是来自量表制订者的经验。

（二）儿童青少年的非生活变化单位量表

约翰逊（Johnson，J. H.）和麦克库奇恩（McCutcheon，S. M.）在 1980 年编制了一个适合儿童青少年使用的生活变化事件测量表——“生活事件调查表”（The Life Events Checklist，LEC）。该调查表包括 46 项生活变化事件，采用让儿童青少年选择的方法进行调查，此外，量表还为儿童青少年提供机会，让他们填上能影响他们生活的其他生活变化事件。这种量表能获取两种不同的分数，即积极的生活变化和消极的生活变化分数，分别以 0—3 四个级别加以评分。量表编制者已为这两个分数制定了平均数和标准差。已有报告证实，该量表具有一定的效度和信度。

此外，由斯韦灵津（Swearingen，E. M.）等人在 1985 年编制的“初中生生活经验调查表”（The Junior High Life Experiences Survey，JHLES），由康派司（Compas，B. E.）等人同年编制的“青少年自我察觉事件量表”（The Adolescent Perceived Events Scales，APES）等，都属于这种类型的量表。

第三章
儿童青少年的健康状况

健康的儿童青少年在身体、心理和社会适应等方面都表现出健全的状态。身体健康指的是生长发育良好，体质健壮，功能正常，精力饱满，并具有充沛的活动效能，通常用人体测量、体格检查及各项生理生化指标加以衡量。心理健康和社会适应良好，指的是整个心理活动和心理特征的相对稳定、相互协调、充分发展，并与客观环境相统一和适应的状态，包括完整的人格、积极的情绪、适当的行为、良好的人际关系等。人的生理活动和心理活动是相互联系、相互影响、相互制约和不可分割的，身体健康是心理健康的基础，心理健康是身体健康的必要条件，而只有身心健康的人才能适应复杂的社会变化。

儿童青少年的基本健康状况是对儿童青少年实施卫生保健的依据。了解儿童青少年的健康状况，分析造成儿童青少年健康问题的历史和社会背景及各种生物学和心理学原因，能使对儿童青少年施行的卫生保健在策略和方法上更具科学性和针对性。

许多年以来，人们常用死亡率和患病率作为衡量群体儿童青少年健康状况的指标。在不同的历史时期，儿童青少年的死亡率和死亡原因及患病率和疾病谱都不一样，因此，对儿童青少年死亡率、患病率、死亡谱和疾病谱的统计分析，能在一定程度上反映出一定历史时期儿童青少年的健康状况。

儿童青少年正处于生长发育时期，他们虽具有人体的基本结构，但是身心发育尚未完善，对内外环境及其变化的影响甚为敏感，易受各种不良因素的影响和损害，导致发育过程中的种种障碍和缺陷。因此，儿童青少年身体的生长发育状况及心理发展状况也是衡量儿童青少年健康状况的重要指标。特别是在现代社会中，现代文明的发展向儿童青少年提出了挑战，它一方面可增强儿童青少年适应环境变化的能力，另一方面也可破坏儿童青少年与环境之间的平衡状态，影响身体的发育和心理的发展。

第一节　儿童青少年的死亡率和患病率

虽然，健康不只是没有疾病，但是身心障碍和疾病状态决不是健康状态。人类为了生存和繁衍，从来就没有停止过与各种疾病进行抗争。自16世纪下半叶“生物医学模式”诞生以来，特别是19世纪以来，人们先后发现了数十种传染病的病原体和致病原因，以及对付传染病的预防接种、杀菌灭虫和抗菌药物，在不到100年的时间里，使威胁人类健康的最严重的急、慢性传染病的发病率和死亡率都有大幅度的下降，有效地保障了人类的健康。

近几十年以来，人类的死亡谱和疾病谱与20世纪前半个时期相比，已经发生了根本的变化。随着传染病发病率和死亡率的明显下降，一些慢性疾病，特别是一些与人的心理因素和行为方式有密切关联的慢性疾病，如心血管疾病、脑血管疾病、肿瘤等，已经成为威胁人类健康和生命的主要疾病。此外，由于经济水平的增长、价值观念的变化、生活节奏的加快、人际关系的复杂化，心理问题和心理障碍对人类健康的威胁和损伤日趋明显。这种情况发生在各年龄层次的人群中，儿童青少年也不例外。

一、死亡率和死亡原因

死亡率指的是某年人群死亡数与同年人群总数的比率。死亡率是分析人群健康状况、评价卫生工作效果的重要指标之一。

死亡原因是指引起或者影响人死亡的各种疾病、病理状况或者外伤。死亡原因资料比疾病资料具有较高的完整性和可靠性，是了解人群健康状况的重要依据。

近几十年以来，世界上大多数国家死亡率都显著下降，其中传染病死亡率下降幅度显著，而心血管病和恶性肿瘤的死亡率则有上升。美国居民死亡原因中，传染病所占的百分比在1900—1940年为20%，1966—1970年已降为0.5%；英国居民传染病死亡率1901年为24%，1971年降为0.6%。我国城市人口的死亡原因中传染病所占的百分比，1957年为15.44%，1980年已降为3.56%。心血管病已经成为大多数国家人群的首位死亡原因，我国城市心脏病的死亡率，1957年为47.2/10万，占全部死亡的6.61%，而1982年为117.7/10万，占全部死亡的21.05%；脑血管病死亡率1957年为39.0/10万，占全部死亡的5.46%，1982年为124.44/10万，占全部死亡的22.26%。表3-1反映的是1866、1916年及1974年美国人口前10位主要死亡原因的情况，表3-2则表明了1957、1975年及1984年我国部分城市主要疾病死亡率及死亡原因构成。这些统计资料能够为我们认识和思考当代由生物、心理和社会诸多因素带来的公共卫生问题，为儿童青少年保健计划和措施的制订提供依据。

表3-1　1866年、1916年及1974年美国人口的主要死亡原因

1866年	1916年	1974年
1. 腹泻病	1. 心脏病	1. 心脏病
2. 腹泻病（5岁以下）	2. 肺炎	2. 肿瘤
3. 所有神经系统的疾病	3. 肺结核	3. 脑血管病
4. 肺结核	4. 慢性肾病及肾炎	4. 事故
5. 肺炎	5. 暴力	5. 流感及肺炎
6. 事故、被杀、自杀	6. 肿瘤	6. 婴儿早期的某些疾病
7. 猩红热	7. 腹泻病（5岁以上）	7. 糖尿病
8. 心脏病	8. 其他结核病	8. 全身性动脉硬化
9. 气管炎	9. 白喉及喉炎	9. 肝硬化
10. 伤寒	10. 气管炎	10. 气管炎、肺气肿及哮喘

（据Weinstein，M.S.，1981）

表 3-2　中国部分城市前十位主要疾病死亡专率及死亡原因构成

顺位	1957 年			1975 年			1984 年		
	死亡原因	死亡专率 1/10 万	占死亡总人数的%	死亡原因	死亡专率 1/10 万	占死亡总人数的%	死亡原因	死亡专率 1/10 万	占死亡总人数的%
1	呼吸系病	120.3	16.86	脑血管病	137.91	21.61	心脏病	124.64	22.95
2	急性传染病	56.6	7.93	心脏病	115.34	19.49	脑血管病	116.27	21.13
3	肺结核	54.6	7.51	恶性肿瘤	111.49	18.84	恶性肿瘤	116.18	8.79
4	消化系病	53.1	7.31	呼吸系病	63.64	10.75	呼吸系病	48.36	4.32
5	心脏病	47.2	6.61	消化系病	28.78	4.86	消化系病	23.76	3.52
6	脑血管病	39.0	5.46	肺结核	21.15	3.57	外伤	19.36	1.85
7	恶性肿瘤	36.9	5.17	外伤	16.84	2.85	肺结核	10.17	1.85
8	神经系病			传染病（肺结核除外）			中毒	9.48	1.72
9	外伤及中毒	19.0	2.66	泌尿系病	11.63	1.97	泌尿系病		
10	其他结核	14.1	1.98	中毒	6.27		传染病（肺结核除外）	8.14	1.48
	10 种死因合计		61.49	10 种死因合计		83.94	10 种死因合计		67.61

（据邓明昱等，1992 年）

注：1957 年的统计范围包括北京等 13 个市全市或部分市区；
1975 年的统计范围包括北京等 12 个市全市或部分市区；
1984 年的统计范围包括北京等 28 个市全市或部分市区。

无论是发达国家，还是发展中国家，近些年以来人口的死亡原因都显示，危害人类生命和健康的主要原因是生活方式和行为，各种主要的死亡原因都涉及人的不良行为和习惯（见表 3-3）。当前，要降低人口死亡率，就要保持健康的、科学的生活方式和行为，养成良好的行为习惯，这项工作要从儿童青少年做起。

表 3-3　人类主要死因与行为的关系

死　因	行　为
心血管系统疾病	进食过量的动物脂肪；吸烟；食入盐过多；缺乏体力活动；过多的热卡摄入
恶性肿瘤	吸烟；饮食中纤维素不足；性习惯不良
事故（交通）	过量饮酒；不系汽车安全带
肺炎和流感	吸烟
糖尿病	过量的热卡摄入；过量的糖摄入
动脉粥样硬化	吸烟
肝硬化	过量饮酒
支气管炎、肺气肿、哮喘	紧张反应

（据周达生等，1993 年）

构成儿童青少年死亡的原因既与整体人口死亡原因有一致之处，又有其特殊性，这与儿童青少年的身体发育和心理发展的特点有密切的联系。

美国 1970 年曾对 5—14 岁儿童青少年的前六位死亡原因和死亡率作过统计分析，其中前六位死亡原因是：意外事故、恶性肿瘤、先天性畸形、流感与急性肺炎、自杀、心脏病（见表 3-4）。

表 3-4 1970 年美国 5—14 岁儿童青少年前六位死因和死亡率

死亡原因	男		女	
	总数	死亡率 (1/10 万)	总数	死亡率 (1/10 万)
1. 意外事故	5 695	27.4	2 508	12.5
2. 恶性肿瘤	1 389	6.7	1 040	5.2
3. 先天性畸形	481	2.3	420	2.1
4. 流感与急性肺炎	327	1.6	324	1.6
5. 自杀	215	1.0	145	0.7
6. 心脏病	182	0.9	162	0.8
总计	8 289	39.9	4 599	22.9

(据 U. S. National Center for Health Statistics, 1974)

据日本 1980 年对儿童青少年主要死亡原因的调查分析，意外事故（主要是车祸）占死因的首位，前五位死亡原因与美国 1970 年的统计很相似（见表 3-5）。

表 3-5 日本儿童青少年主要死亡原因（1980 年）

死因	小学生		中学生	
	死亡人数	构成（%）	死亡人数	构成（%）
意外事故	979	35.83	229	23.49
(其中车祸)	(469)	(17.17)	(118)	(12.10)
恶性肿瘤	541	19.80	220	22.56
心脑血管病	178	6.52	105	10.77
肺炎、支气管炎	130	4.76	43	4.41
自　杀	5	0.18	50	5.13
其　他	899	32.91	328	33.64
总计	2 732	100.00	975	100.00

(据周达生等，1993 年)

由于我国以往的调查资料多以学习阶段分组统计，因此较难与国外同类资料对比。我国不少调查资料表明，近几十年以来，儿童青少年死亡率下降的主要原因是传染病死亡率大大下降。如上海地区，传染病死亡率从1951年的292/10万下降到1979年的2.44/10万，从原先占死因的首位下降为第四或五位，28年来下降了99.16%。20世纪70年代主要死亡原因的顺序为：意外事故、恶性肿瘤、心血管病。

在青少年意外事故的死亡中，我国大城市以车祸为首位，而农村则以溺水为首位。① 据澳大利亚新南威尔士州近年来的一个统计，城市和农村0—14岁儿童青少年中意外事故死亡原因主要是交通事故、溺水、窒息、火灾等②（见表3-6）。

表3-6 1985—1987年澳大利亚新南威尔士州每10万人口城乡儿童青少年意外事故死亡率和死亡构成

死亡原因	农村		城市	
	人数	占总死亡人数的%	人数	占总死亡人数的%
交通事故	83	8.42	183	6.38
溺水	26	2.67	61	2.18
窒息	5	0.51	21	0.75
火灾	11	1.13	11	0.39
机械	4	0.41	6	0.21
触电	3	0.31	6	0.21
中毒	4	0.41	4	0.14
坠落	1	0.10	6	0.21
其他	12	1.24	18	0.65

（据 Carey，V. et al.，1993）

① 叶恭绍主编：《中国医学百科全书·儿童少年卫生学》，上海科学技术出版社1984年版，第41—42页。

② Carey，V.，et al.，Childhood Injury Mortality in New South Wales，*Journal of Paediatrics and Child Health*，Vol. 29，No. 2，pp. 136-139，1993.

二、患病率和疾病种类

患病率是指在一个时间点上患某种疾病的人数占全体人数的百分率。这是理论上的概念。在实际中，常根据在短时间内作一次性调查的患病人数占受检人数的百分率作为患病率。

儿童青少年时期的患病率和疾病谱有其不同于成人时期的特点，这些特点是由于儿童青少年生长发育的年龄特点及学习生活造成的。

（一）儿童青少年的常见病

处于生长发育时期的儿童青少年，机体对外界环境的适应能力及对某些致病微生物的免疫力较差，往往由于不良的学习生活条件或某种诱因而发生某些常见病，如近视、龋齿、脊柱弯曲异常、蛔虫感染、鼻炎、沙眼、肝炎等。这类疾病最初大多没有明显的症状，一般不影响正常的学习生活，通常在健康检查或症状加重时才被发现。

日本 1980 年曾对从幼儿园到高中的不同年龄阶段学生的患病率作过调查和统计，资料表明，在各年龄阶段的儿童青少年中，患病率最高的疾病是龋齿，此外，患病率较高的还有上呼吸道感染、寄生虫病等（见表 3-7）。① 这个调查没有将视力低下、脊柱弯曲异常等常见病统计在内。1980 年，日本的另一份调查资料表明，日本学生裸眼视力在 1.0 以下者，小学为 19.74%，初中为 38.13%，高中为 55.46%。②

---

① ② 赵融译：《日本学校保健》，《学校卫生》杂志编辑部 1985 年印，第 87、24 页。

表 3-7　日本 1980 年度儿童青少年患病率和患病种类

患病率	幼儿园	小　学	初　中	高　中
90%以上				
80%—90%				
50%—80%	龋齿（未处置）	龋齿（未处置）	龋齿（未处置）	龋齿（未处置）
40%—50%				
30%—40%				
20%—30%				
10%—20%	扁桃体肥大	其他齿疾或口腔疾病异常鼻、咽炎		
5%—10%				
3%—5%	寄生虫卵带有者	扁桃体肥大、寄生虫卵带有者	其他齿疾或口腔疾病异常，鼻、咽炎	其他眼疾、异常，其他齿疾或口腔疾病异常
2%—3%	鼻、咽炎	结膜炎，其他耳疾、异常其他眼疾、异常	其他眼疾、异常，扁桃体肥大，结膜炎，蛋白尿，色觉异常	鼻、咽炎
1%—2%	结膜炎，其他耳疾、异常，其他鼻咽疾患、异常，脊柱、胸廓异常，蛋白尿	其他鼻、咽疾患、异常，色觉异常，肥胖倾向	其他鼻咽疾患、异常，其他耳疾、异常，肥胖倾向，脊柱、胸廓异常	蛋白检出者、色觉异常，其他鼻咽疾患、异常，结膜炎，扁桃体肥大，肥胖倾向
0.5%—1%	肥胖倾向，哮喘，其他疾病、异常，其他眼疾、异常	脊柱、胸廓异常，蛋白尿，慢性副鼻腔炎，听力障碍，其他疾病、异常	其他疾病、异常，慢性副鼻腔炎	其他疾病、异常，其他耳疾、异常，慢性副鼻炎，心脏疾患、异常，脊柱、胸廓异常，听力障碍

续表

患病率	幼儿园	小学	初中	高中
0.1%—0.5%	心脏疾患、异常，传染性皮肤疾患，腺样体肥大，中耳炎、营养不良，言语障碍，慢性副鼻腔炎，运动机能障碍	传染性皮肤疾患，哮喘，心脏疾患、异常，腺样体肥大，营养不良，中耳炎，精神薄弱，寄生虫病，言语障碍，肾脏疾患	听力障碍，心脏疾患，异常，哮喘，传染性皮肤疾患，营养不良，肾脏疾患，中耳炎，精神薄弱	肾脏疾患，营养不良，哮喘，中耳炎
不足0.1%	寄生虫病，沙眼，身体虚弱，脑性小儿麻痹，肾脏疾患，精神薄弱	沙眼，运动机能障碍，结核，身体虚弱，脑性小儿麻痹	沙眼，运动机能障碍，言语障碍，身体虚弱，结核，脑性小儿麻痹，寄生虫病，腺样体肥大	运动机能障碍，传染性皮肤疾患，沙眼，结核，言语障碍，腺样体肥大，身体虚弱，脑性小儿麻痹，精神薄弱，寄生虫病

（据赵融，1985年）

1980年，我国22省（自治区、直辖市）卫生防疫部门按统一方案协同进行了一次全国性的中小学生视力监测，共获关于500多所城乡学校25万名中小学生的视力调查资料，对摸清当时我国中小学生视力的基本情况及为学生近视防治工作提供了基础资料。该调查将低于对数视力表5.0的视力（相当于国际视力表1.0）称为视力低下。近视是造成学生视力低下的主要原因，因此，视力低下率能反映学生近视的患病情况。调查证实了视力低下的患病率具有城市高于农村、中学高于小学、女生高于男生的特点。全国22省（自治区、直辖市）学生视力低下的平均水平城市中学为29.40%、小学为19.10%，农村中小学则分别为15.48%和8.61%。此外，不同地区学生视力低下率水平有很大差异，患病率显著高于全国水平的有上海和浙江、江苏等地的大城市，内蒙古、宁夏等地中学生的视力低下率也很高。①

龋齿在世界各国儿童青少年中的患病率都相当高。德国曾报道，中欧国家的小学生患龋率高达98%；美国报道，12岁儿童恒牙的患龋率达90%。我国各地对儿童青少年患龋齿率的报道结果相差较大，在20%—80%。1982年，我国曾对全国中小学生开展了大规模的龋齿、牙周病的抽样调查，涉及29省（自治区、直辖市）共计131 340个学生，调查结果表明全国城乡五个年龄组（7岁、9岁、12岁、15岁、17岁）的平均恒牙患龋率城市为40.54%，农村为29.7%，其中12岁年龄组城乡儿童青少年患龋率分别为45.89%和31.30%；乳牙患龋率城市和农村分别为79.55%和58.48%。

由于检查方法和诊断标准不一，国内外所报道的脊柱弯曲异常的发病率差异较大。德国1976—1980年期间对1万余名各年龄学生进行检查，姿势缺陷发生率达26.3%。近年来，国内对姿势性脊柱侧弯的检查方法尽管在文字叙述上逐渐趋于一致，但在具体掌握上，不同的调查者之间仍有较大差距。表3-8是国内的部分调查资料，可用以说明姿势性脊柱侧弯检出率的一般情况，但不能用作各地区间的对比。

---

① 瞿葆奎主编，朱家雄等选编：《教育学文集·体育》，人民教育出版社1988年版，第581—605页。

表 3-8　我国部分地区儿童青少年姿势性侧弯检出率

地　　区	年　份	受检对象	受检人数	检出率（%）
哈尔滨市	1976	5—17 岁儿童少年	5 961	7.3
黑龙江肇州县农村	1976	5—17 岁儿童少年	1 125	2.3
邢台地区农村	1980	中小学生	17 170	5.2
韶关地区	1981	中小学生	3 841	5.9
淄博市	1981	中小学生	3 231	13.6
湖南常德县	1981	中小学生	6 634	14.1
武汉市	1982	中小学生	6 739	5.1
上海市卢湾区	1982	小学生	15 786	4.1
上海市卢湾区	1982	中学生	6 683	4.6

（据唐锡麟，1988 年）

蛔虫病是儿童青少年时期最常见的肠道寄生虫疾患之一。蛔虫病的分布遍及全世界，在国内分布也较广泛。5—9 岁为蛔虫感染率最高的年龄。在蛔虫感染率高的地区，感染度（指每克粪便中含的蛔虫卵数）也较重。

传染病的发生率虽已显著下降，但在集体教育机构中容易传播。1981 年，日本厚生省提出对 18 种病毒为主的传染病给予特别管理，它们是：麻疹、风疹、水痘、流行性腮腺炎、百日咳、溶血性链球菌感染症、异型肺炎、婴儿呕吐腹泻症、流行性呕吐腹泻症、手足口病、传染性红斑、突发性皮疹、疱疹性咽峡炎、咽结合膜热、流行性角结膜炎、急性出血性结膜炎、脑膜炎和急性脑脊髓炎等。① 此外，虽然病毒性肝炎尚未引起足够重视，但是病毒学研究表明，该病在儿童青少年中的发生率并不低，不论是甲型、乙型还是非甲非乙型肝炎，其发生率都不比成人低，由于儿童青少年期

① 赵融译：《日本学校保健》，《学校卫生》杂志编辑部 1985 年，第 89—90 页。

病毒性肝炎症状轻而易被忽视，因而由急性转为慢性。

（二）儿童青少年的“潜在性”疾病

现代医学研究已经证实，许多的成年期常见病在儿童青少年时期已经开始有了病理表现，某些疾病的发病年龄有趋早化的倾向。福克纳（Falkner，F.）等人在20世纪80年代所撰写的《儿童时期对成人疾病的预防》（*Prevention in Childhood of Health Problem in Adult Life*）一书中提出，成年期常见病早期预防的重点是各种心血管疾病（高血压、动脉粥样硬化）、过度营养和肥胖、营养不良、儿童期各种感染及心理和精神性疾病等。

医学已从治疗和预防“急性病”为主的时代转变到治疗和预防“慢性病”为主的时代，这种趋势在儿童青少年中同样有所反映。潜在性的、慢性的疾病在儿童青少年中发病率虽然不高，但是在儿童青少年的保健方面具有重要意义。日本文部省1973年对学校保健法的部分内容作了修改，从1974年开始将心脏检诊和尿检作为重点，早期检出儿童青少年的心脏疾患和肾脏疾患，反映了教育主管部门对学生的潜在性疾病采取专门对待的姿态。

由于冠状动脉粥样硬化，使心脏的血液供应发生障碍所引起的心脏病，称为冠状动脉粥样硬化性心脏病，简称冠心病。美国因冠心病引起心血管并发症死亡人数占死亡总数1/2以上，60岁以上的人群1/3患有此病，而实际上冠状动脉粥样硬化损害起始于儿童青少年时期，据报道，美国6—16岁学生中已有10%—20%的学生血清胆固醇水平在200mg%以上，45%—70%的青年已见有动脉管壁纤维斑形成。①

在我国，成年人中高血压患者占人口总数约25.2%；而在欧美一些国家，中年人高血压患者高达10%—20%，约占所有高血

① Crittenden，H. J.，*School Health*，Vol. 4，No. 4，p. 210，1979.

压 90％的原发性高血压患者的血压是从儿童时期开始逐步升高的。伦德（Londe，S.）认为，青春期较高的血压、相对过重的体重及高血压家族史是发生成年期高血压的主要危险。① 他曾对 4—18 岁儿童青少年的血压进行了追踪观察，发现早年的高血压往往在 3—8 年以后依然存在。② 有人报道，7％的高血压儿童在 7—10 年后复查时可能已经有人死亡，15 年后复查可能已死亡 11％，24 年后死亡率达 37％。③ 因此，对高血压的早期预防有益于降低人口的心血管疾病的患病率和死亡率。由于高血压儿童几乎全无症状，因此，有些国家的教育机构通过普查以求早期确诊，尤其着重检查一级亲属中有高血压史的学生。此外，由于儿童血压读数波动较大，一次测量不可靠，须定期反复测量，例如，美国有学校为学生的血压建立了百分位数评价图，以满足准确诊断和追踪观察的需要。

过度营养导致肥胖在发达国家和发展中国家的部分阶层已成为一个引起密切关注的问题。据报道，部分发达国家学龄儿童肥胖症患病率为 2％—6％，青春期开始后逐年上升，从 7 岁时男女分别为 2％和 4％增加到 14 岁时的 7％和 10％。④ 肥胖对健康和疾病的影响尚无确切的认识，有报道认为，儿童期肥胖者，成年后高血压和心脏病发病率会明显增高，此外，由于体重过大，机体的呼吸功能降低，活动减少，儿童青少年的社会交往和心理发展都会受到一定的影响。

成年期的各种心理问题和精神疾病也可因儿童青少年时期的心

---

① Londe，S.，*Clin. Pediatr.*，Vol. 7，pp. 400-403，1968.

② Londe，S.，et al.，Hypertension in Apparently Normal Children，*J. Pediatr.*，Vol. 78，p. 569，1971.

③ 徐苏恩主编：《儿童少年卫生学进展》，人民卫生出版社 1984 年版，第 117 页。

④ 瞿葆奎主编，朱家雄等选编：《教育学文集·体育》，人民教育出版社 1988 年版，第 79、85 页。

理问题和障碍没有及时矫正和治疗而产生。美国估计有15%—25%的儿童青少年有程度不等的情感和心理问题。格林（Green，R.）认为，成人期的一些行为问题和性定向障碍性疾病，如同性恋、易装癖和性倒错等均始于儿童青少年时期。① 坎德尔（Kandel，D. B.）等人认为，药物成瘾或酗酒是成年时的表现，但在儿童期就对某些物质（如药品）有严重的依赖。②

我国某医院对近年来住院的慢性病患儿作了调查，从资料的统计和分析中发现，我国儿童青少年慢性疾病的患病率与世界各国基本相符，约为10%—20%，较为常见的有哮喘、糖尿病、先天性心脏病、免疫缺陷病、风湿性关节炎、肾病综合征、脑性瘫痪等，这些患儿还大多伴有社会心理发育异常。③ 这类潜在性的慢性疾病与遗传、环境中的诸多因素有关，但是它们与儿童青少年经历的社会生活紧张及他们的生活方式和行为大多有十分密切的联系。

（三）伤残儿童

伤残儿童指的是“在躯体或心理活动中的某项能力明显低于正常儿童者（包括先天或后天原因造成的肢体功能障碍，视觉、听觉、语言障碍及智力或精神障碍等）”④。

世界各国都有相当数量的伤残儿童。例如，英国估计有0.8%的儿童青少年严重丧失心理和（或）躯体活动能力，中等严重程度

---

① Green，R.，*J. Child. Psychol. Psychiatry*，Vol. 16，p. 341，1975.

② 瞿葆奎主编，朱家雄等选编：《教育学文集·体育》，人民教育出版社1988年版，第79、85页。

③ 于言舒等：《慢性疾病对儿童社会心理发育的影响》，载《中国儿童发展》1993年第6期。

④ 钱信忠主编：《中国医学百科全书·社会医学和卫生管理学》，上海科学技术出版社1984年版，第104页。

者更三四倍于此。① 在发展中国家，由于受经济、文化、卫生水平的限制，伤残儿童患病率更高。

精神发育不全又称精神发育迟缓、精神薄弱、弱智或智力落后等，是儿童在生长发育过程中智能明显低于正常水平，并伴有适应能力缺陷。国内外对精神发育不全患病率的报道差异很大。国外许多报道的患病率都在 16‰—23.04‰，如日本为 16‰、丹麦为 13.3‰、瑞典为 10‰，有些国家报道的患病率超过这个范围，如美国为 30‰。据我国公布的数字，城市儿童患病率为 7.5‰，农村为 14.6‰。

此外，视觉障碍、听觉障碍、语言障碍、肢体障碍及多重障碍的伤残儿童在儿童青少年中也都占一定的比率。

第二节　儿童青少年期特有的心理发育障碍

各种生理的、病理的因素及社会环境、教养方式和精神创伤等多方面的不良影响都可干扰和阻碍儿童青少年心理的正常发展，造成他们产生情绪或行为的障碍。

一般说来，儿童青少年期特有的心理发育障碍并不是疾病，这是因为这类障碍通常表现得不很严重，常常仅表现为情绪或行为的某一特征方面的问题，而不是一大堆症状，只是表现了任何儿童青少年均可能出现的那些行为的较为极端的形式，与心理疾病不一定

① 钱信忠主编：《中国医学百科全书·社会医学和卫生管理学》，上海科学技术出版社 1984 年版，第 104 页。

有联系，而且，这类障碍在儿童青少年身心发展的过程中有很大的易变性和波动性，有的会随年龄的增长而自然消失，有的经由矫治即可得以纠正，还有的即使终身保留也不一定会引起其他问题。但是，儿童青少年的这类障碍不是无关紧要的，因为它们会使儿童青少年在社会生活中备受挫折，特别是有持久性心理发育障碍的儿童青少年，他们的障碍程度较为严重，持续的时间也较长，表现出的问题的症状也较多，若不及早加以矫治，即可严重影响他们的正常生活和活动，阻碍身心的健康发展，并由此导致他们在成年期的心理缺陷和社会适应不良。

一、儿童青少年特有的心理发育障碍的分类

对于儿童青少年心理发育障碍的分类，至今仍是一个有争议的问题。临床人员常选用临床分类诊断系统，而各种临床分类诊断系统主要都是针对成人的异常行为的，迄今为止，对儿童心理发育障碍还没有一个完善的分类诊断系统。美国精神病协会在 1952 年公布的 DSM-I 分类诊断系统中只包含了两类儿童心理障碍；1968 年公布的 DSM-Ⅱ增设了对儿童青少年心理障碍的分类，将其分为六大类；1980 年又公布了 DSM-Ⅲ，进一步细分了儿童青少年的心理发育障碍，除精神发育不全外，还有注意缺陷障碍、品行障碍、焦虑障碍、其他障碍、进食障碍、刻板运动障碍、其他伴有生理症状的障碍、弥漫性发育障碍及特殊发展障碍等。

早在 20 世纪 20 年代，魏克曼（Wickman，E. K.）就根据心理发育障碍所表现的症状，将这类障碍分为扰乱性的（如破坏性行为、不遵守纪律等）和心理性的（如退缩、抑郁、过敏等）两大类。以后，一些学者都沿袭了魏克曼的分类，将儿童青少年的这类障碍分为品行障碍和性格障碍两大类。例如，奎伊（Quay，

H. C.）在 1979 年通过评述 37 次研究报告，将儿童青少年的这类障碍分为品行障碍、焦虑—退缩、不成熟和社会化的攻击行为四类。爱肯培赫（Achenbach，T. M.）1979 年提出，在各年龄阶段的儿童青少年中存在着不同的内部化障碍与外部化障碍（见表 3-9）。

表 3-9　不同年龄儿童的症状表现

年龄与性别	内部化症状	混合症状	外部化症状
6—11 岁男性	精神分裂 抑郁 交往困难 自诉躯体有病痛	社会退缩	多动症 攻击行为 犯罪
12—16 岁男性	自诉躯体有病痛 精神分裂 交往困难 发育不全 强迫症	敌意性退缩	犯罪 攻击行为 多动症
6—11 岁女性	抑郁 社会退缩 自诉躯体有病痛 强迫型精神分裂		多动症 性问题 犯罪 攻击行为 残忍
12—16 岁女性	强迫型焦虑 自诉躯体有病痛 精神分裂 抑郁—退缩	发育不全 多动症	犯罪 攻击行为 残忍

（据 Achenbach，T. M.，1979）

他建议运用他制定的“儿童行为量表”（Child Behavior Checklist，CBCL），对儿童的心理发育障碍进行分类诊断，即先用此量表在大样本障碍儿童中进行划类详分，作为后来的分类诊断标准，再将拟测的个体儿童与标准相比较，将其划为最接近的一类。这种分类诊断能包罗 70%—95% 的障碍儿童，且具有较高的信度和效度。此外，康纳斯（Conners，C. K.）的“父母问卷”（Parent Questionnaire，PQ）、奎伊和彼得森的“修订行为量表（Revised Behavior Problem Checklist，RBPC）等都以类似的方法进行分类诊断。1983 年，由爱肯培赫、康纳斯和奎伊等人联手制订的 ACQ 行为量表（The ACQ Behavior Checklist）是在他们各自原有的研究基础上编制的，量表包括 21 项能力问题、215 项行为或情绪障碍问题及 ACQ 中不包含的其他问题。① 该量表列出了 12 个表现症状，可作为对 4—16 岁儿童青少年心理发育障碍的分类（见表 3-10）。

表 3-10　ACQ 行为量表列出的儿童青少年中假定的症状

攻击性行为
焦虑/抑郁
伴多动的注意缺陷
不伴多动的注意缺陷
犯罪行为
害羞（仅为女性项目）
强迫观念和行为
类精神分裂
性问题
社会不适应
自诉有躯体病痛
交往困难/退缩

（据 Achenbach，T. M.，et al.，1991）

① Achenbach，T. M.，et al.，*National Survey of Problems and Competencies among Four to Sixteen-Year-Olds*，pp. 6-7，1991.

除了根据临床分类诊断系统和症状分类诊断系统对儿童青少年的心理发育障碍进行分类外，20世纪六七十年代有些学者还运用实验分类诊断系统对这类障碍进行分类。这种分类方法是随着计算机发展和高级统计技术的运用而产生的，它运用统计技术来鉴别儿童青少年的行为类型，其中一个主要的统计技术是“因素分析”，即计算每个变量与其他变量之间的相关性，再鉴别哪些变量会同时出现，以此作为障碍的分类标准。例如，在研究症状之间相关性时发现，儿童恐惧症与胃痛的相关系数为0.60，与胆怯的相关系数为0.49；胃痛与胆怯的相关系数为0.41；胆怯与疼痛的相关系数为0.27；恐惧症与不顺从的相关为−0.65，胃痛与不顺从的相关为−0.43，胆怯与不顺从的相关为−0.51，疼痛与不顺从的相关为−0.27，这些统计数据说明，恐惧症、胃痛、胆怯、疼痛似乎会同时出现，而不顺从则不会与这些症状同时出现，所以大致可把恐惧症、胃痛、胆怯和疼痛划为同一类问题，而这类问题不包括不顺从。①

联合国世界卫生组织在其一份技术报告中将儿童青少年的心理发育障碍分成情绪障碍（emotional disorder）、行为障碍（conduct disorder）和因正常机能发育迟缓而造成的损害（impairments of delays in the development of mental health）。②

二、儿童青少年的各类心理发育障碍

我们参考了国内学者（陶国泰、陈仲庚、叶广俊、李雪荣、孙

① 郑晓边编译：《儿童行为障碍与矫正》，广西科学技术出版社1990年版，第54—55页。

② WHO Technical Report Series 613，*Child Mental Health and Psychosocial Development*，1977.

煜明、钱曼君、陈家麟、郑晓边等）和国外学者（Schwartz，S. & Johnson，J. H.；Wickman，E. K.；Quay，H. C.；Achenbach，T. M.；Conners，C. K.；古泽赖雄等）的众多研究材料，特别是联合国世界卫生组织的有关资料和DSM-Ⅲ分类诊断系统标准，将儿童青少年心理发育障碍归为情绪障碍、行为障碍、因正常机能发育迟缓而造成的损害和不良习惯四类。此外，在儿童青少年中还存在一类中度适应不良的障碍，称作儿童神经症性障碍，它比上述四类心理发育障碍在程度上更为严重，而又没有达到精神疾病的程度，在儿童青少年中发生率并不高，主要包括儿童恐惧症、儿童强迫症、儿童焦虑症、儿童抑郁症、儿童癔症和神经衰弱等。

（一）儿童青少年的情绪障碍

要严格地区分儿童的正常情绪表现和情绪障碍是困难的，因为这除了生物学方面的含义外，还涉及儿童青少年情绪生活的方式和内容，人际关系方面的各种矛盾和纠葛，以及他们所处的社会背景等各个方面。儿童青少年的情绪障碍表现出的以焦虑情绪为中心的一系列症状，它们是与内部化障碍相关的一些行为表现，如恐惧、退缩、自卑、易激惹等。表3-11是奎伊罗列的情绪障碍的一些行为表现。

表3-11 与内部化障碍相关的行为表现

焦虑、恐惧、紧张
害羞、胆怯、忸怩
退缩、孤立、缺乏朋友
抑郁、悲伤、扰乱
超敏、易受刺伤
自我意识差、易受窘

自卑、自感无价值
缺乏自信心
易激惹
远离他人
经常哭泣
缄默、遮掩（不坦率）

（据 Quay，H. C.，1979）

轻度的恐惧在儿童青少年期是正常现象。有的学者观察了 482 名 6—12 岁的儿童，发现 43%的儿童对 7 种以上的事物发生恐惧。也有的学者认为，儿童期的恐惧常是十分短暂的，恐惧表现的症状 6%在一周内消失，54%在三个月内消失，100%在一年内消失。① 而且，某些特殊类型的恐惧只在某一年龄阶段表现得特别明显，这就是施瓦尔兹（Schwarz，S.）等人所称的“特殊阶段性恐惧”，如 3 岁的儿童主要惧怕狗和孤独一人，4 岁的儿童主要怕黑暗，6—12 岁儿童少年主要惧怕上学、外伤、自然灾害和社交，13—18 岁青少年主要惧怕外伤和社交，19 岁以上青年主要惧怕外伤、自然灾害和性的问题。② 只有少数的儿童青少年，其恐惧在程度上比较严重，或者到了一定的年龄仍不消退，以至明显地干扰了其正常的行为，造成社会适应困难，就可成为一种情绪障碍。成为情绪障碍的恐惧可引起儿童青少年失眠、梦魇、惊哭、缺乏自信和行为的退缩，影响他们心理的健康发展。

暴怒发作指的是儿童在个人要求或欲望没有得到满足，或者在某些方面受到挫折时，出现哭闹、哭叫、在地上打滚、用头撞壁、撕扯自己的头发或衣服，以及其他发泄不愉快的过火行为。在暴怒

①②［美］施瓦尔兹等著，李雪莹等译：《儿童精神病理学》，载《精神病学译文特集》第 8 集，湖南医学院 1982 年印，第 3、35—36 页。

发作时，旁人常常无法劝止其行为，除非他的要求被得以满足，或者无人给予理睬。暴怒发作在学龄前儿童中较为多见，在学龄期儿童青少年中较少，如若学龄儿童青少年也常表现出暴怒发作的行为，特别是发作程度比较严重，通常就是一种情绪障碍。

此外，在儿童青少年中还有的情绪障碍包括抑郁、沮丧、无安全感、疑病、强迫观念和行为、猜忌等等。

由于衡量情绪障碍的标准不一致，调查的结果存在着很大的差异。据有些研究人员所做的流行学调查，至少有3%—5%的儿童青少年有较为严重的情绪障碍，如果衡量标准再放松一些，那么比率就更高。情绪障碍在男女儿童青少年中的发生率基本一致。它的预后相对较好，这就是说，大部分儿童青少年的情绪障碍会随年龄增长而自然消失，只有少数人在成年以后有神经症性障碍或抑郁表现。

（二）儿童青少年的行为障碍

DSM-Ⅲ将行为障碍描述为反复地和持续地扰乱他人的基本权利，或者破坏与年龄相应的社会标准或规范的行为。行为障碍是外部化障碍，主要涉及儿童社会化失控、攻击性行为、违拗、不服从、逃学、离家出走、持续说谎等等。奎伊也列出了与行为障碍相关的儿童青少年的一些行为表现（见表3-12）。

表3-12　与行为障碍相关的一些行为表现

打架、斗殴	多动症
发脾气	不可靠、不忠实、撒谎
违拗、不服从	亵渎、虐待的语言
破坏自己和他人的财物	忌妒
不礼貌、耍小聪明、冒失	骂人、争吵

续表

不合作、反抗、不体谅人	不负责任、不可信赖
破坏、妨碍、扰乱	注意力不集中
否定、拒绝	偷窃
不安定	思想分散
不安宁、吵闹	戏弄他人
易激惹	否认错误、怪罪他人
卖弄、炫耀、引人注目	板脸、生气
支配他人、霸道、威胁他人	自私

（据 Quay，H.C.，1979）

儿童多动综合征（Hyperkinetic Syndrome）是学龄儿童中较为常见的一种行为障碍。早在 1845 年，德国医生霍夫曼（Hoffmann，H.）就已经把儿童的活动过度作为一种症状加以描述。20 世纪 50 年代以后，对儿童多动综合征的文献报道日益增多，在命名、病由、诊断、治疗和预防等问题方面的争议也日趋广泛。1980 年美国精神病学会公布的第三版《精神障碍诊断和统计手册》(DSM-Ⅲ) 将此综合征命名为"注意缺陷障碍"（Attention Deficit Disorders，ADD)，其依据是这种障碍最为突出而又经常出现的症状是注意缺陷，而活动过度并非都存在。注意缺陷障碍的名称是当前美国普遍应用的名称。由于调查对象、调查方法、诊断标准等不尽相同，国内外对儿童多动综合征发生率的报告数据差异较大。例如荷兰 1962 年有人报告发生率为 5%—20%；美国 1967 年报告为 4%，1971 年报告为 5%—10%；日本 1977 年报告为 4%；我国广州 1977 年报告为 1.3%，上海 1979 年报告为 2%—3%，北京 1980 年报告小学生中发生率为 8.6%，南京 1981 年报告为3.3%。[1] 多动综合征的患儿，除了注意力短暂、活动过度以外，还往往表现为冲动任性、情绪不稳定、动作不协调、学习困难及品行方面的其他一些问题。过去，一般认为儿童多动综合征能够自愈，成年以后症状会自行消失，但是，近些年来，根据一些学者的随访观察或前瞻性研究，发现多动综合征的儿童至成年时仅小部分可以自愈，或者仅活动过多的症状消失，而多数儿童的一些症状可延续到成年期。对于儿童多动综合征是否应归为儿童行为障碍一类，学者们也有不同意见，有人认为它是儿童行为障碍的一种简单形式，而有些学者则认为它与儿童行为障碍是两类问题。

攻击性行为指的是能引起与别人对立和争斗的行为。在儿童青少年在遭受挫折时显得焦躁不安，采取打人、咬人、抓人、踢人、冲撞别人、夺取别人的东西、扔东西或其他类似的行为，这种行为可以针对教师或同伴，更多的则是针对自己的家长。儿童青少年期的攻击性行为不仅可以成为儿童青少年期社会适应的障碍，还可以发展成为成人期严重的人际关系失调和社会适应的困难，少数人还可发展为斗殴、凶杀等违法行为。

逃学和离家出走已成为我国学校教育中学生的一个引人注目的问题。据1989年2月15日《光明日报》报道，我国1988年小学生共流失428万人，流失率为3.3%，初中生流失287万人，流失率为6.9%，而流失的学生中，逃学和离家出走占相当一部分。流失生，特别是因逃学和离家出走而流失的学生流向社会，是低龄犯罪人数增加、影响社会治安的一个重要原因。逃学和离家出走有种种不同的原因，但是常与学校适应障碍是联系在一起的，特别是具自我中心倾向的、性格内向的学生，由于成绩不佳而受到非难和拒绝，更易发展为逃学和离家出走。

---

① 陶国泰编：《儿童多动症的研究》，天津科学技术出版社1983年版，第4页。

行为障碍在儿童青少年中较为多见，表现出种种外部化的行为问题，有些人的这类行为会随年龄增长而自行消失，但是相当多的人都会表现为持续性的心理障碍，在成年后尚不能很好地适应社会。有人曾进行过二次横断面的调查研究，选择 6—18 岁的儿童青少年为研究对象，采用结构式问卷表方式与 1 034 名母亲进行会谈，由两位专家对每个儿童青少年进行等级评分，1 分表示影响最小，5 分表示影响最大，对 654 个项目进行因素分析，得出儿童青少年行为的维度。五年以后，研究者又对原样本中的 732 名母亲进行会谈。调查发现，与儿童青少年行为障碍有关的行为一直存在，而且更为严重，儿童青少年六种行为维度中反映攻击性或反抗社会的行为（与父母冲突、打架、违法行为）均在增多，而三种非攻击性行为（思维语言心理问题、进展性焦虑、孤独）则在减少。①

由于对儿童青少年行为障碍定义的不同，行为障碍流行的情况也各异，其发生率的报道相距甚大。然而，各种报道中有一点是共同的，那就是男性儿童青少年的发生率远高于女性儿童，据 DSM-Ⅲ 提出的男女之比是 4∶1—12∶1。

（三）因正常机能发育迟缓而造成的损害

个体儿童青少年之间的机能发育可存在很大的差异。如果某些个体与大多数个体之间偏异过大，发育明显迟缓，那么其行为就往往难以被接纳，就可产生社会适应性障碍。尽管这些儿童青少年的这些机能的发展最终可能会接近或者达到正常儿童青少年的发展水平，但是在心理发展过程中，因这些机能发育的迟缓而产生的损害会严重阻碍他们心理的健康发展。

学习困难（Learning Disabilities，LD）是学龄儿童中较常见

① 郑晓边编译：《儿童行为障碍与矫正》，广西科学技术出版社 1990 年版，第 137 页。

的一类障碍，DSM-Ⅲ将它划为特殊发育障碍，包括阅读、计算、语言障碍等几个亚类。柯克（Kirk，S. A.）从学业和学习困难的角度定义学习困难，认为“学习困难指的是说话、语言、阅读、拼写、书写或者计算过程的一个或者数个过程的发育迟缓或失调，它们可能由脑的功能失调和（或）情绪或行为失调而产生，而不是由智力落后、感觉剥夺或者文化、教育因素而引起”①。他提出的学习困难的术语避免了关于脑功能障碍的争议，被人们广泛地接受。美国残疾儿童咨询委员会1968年对学习困难下的定义更为详尽：“学习困难儿童表现为一种或数种基本心理过程的障碍，涉及理解、表达或者写作语言的能力。这些障碍可以出现在听觉、思维、阅读、拼写或计算等方面，它们包括知觉残缺、脑损伤、脑功能轻微失调、诵读困难、发育性失语症等，但是并不包括主要是由视觉、听觉或运动残缺、智力落后、情感障碍或者环境不利而引起的学习问题。”② 学习困难与儿童多动综合征的许多症状表现常常交叉出现，但是两者之间没有必然联系。学习困难形成的原因至今尚不清楚，一般认为除发育障碍外，还与家境不良、父母教育方式不当有关。由于使用的诊断标准不同，学习困难在学龄儿童中的发生率的报告从1%到30%不等。③

此外，因正常机能发育迟缓而引起的损害在儿童青少年中还有遗尿症、大便控制不能、口吃等等。

（四）不良习惯

不良习惯指的是一些比较固定的、完成自动化动作的倾向，如吸吮手指和衣服、咬指甲或其他物品、拽拉头发、挖鼻孔、咬嘴

---

① Kirk，S. A.，*Educating Exceptional Children*，p. 263，1962.

② National Advisory Committee on Handicapped Children，*Special Education for Handicapped Children*，*First Annual Report*，p. 4，1968.

③ Lerner，J. W.，*Children with Learning Disabilities*，p. 10，1971.

唇、摸拉衣服纽扣、习惯性抽动、扮鬼脸、手淫等等。在儿童青少年中，这类不良习惯的发生率相当高，偶尔发生一两种这类行为不至于会构成对心理发展的损害，但是，部分儿童青少年的这类不良习惯轮番出现，而且持续不断，那么就可成为其心理健康发展的障碍。正如科勒斯涅克（Kolesnik，W.B.）所指出的："有许多种类的行为有可能足以构成学习缺陷的严重情绪问题的症状。比方说，舔大拇指或咬指甲就是这样的行为。这些行为本身对学习没有抑制作用，但是，这些行为有可能是对学习有抑制作用的内心紧张、压力、忧虑或烦躁的症候。"①

（五）儿童青少年的神经症性障碍

神经症性障碍又称神经症或者神经官能症，主要表现为中度适应不良，它与脑的器质性损伤没有联系，也不像重度心理疾患那样严重。一般而言，儿童青少年期的神经症性障碍的症状较为单一和不固定，大多界限不清。患有神经症性障碍的儿童青少年一般都伴有高度的焦虑，本人感到痛苦，而不是首先使周围环境受到干扰，主要影响本人，较少累及他人。

儿童青少年期的神经症性障碍主要有儿童恐怖症、儿童强迫症、儿童焦虑症、儿童抑郁症、儿童癔症及神经衰弱等。

神经衰弱是青少年中较为常见的一种神经症性障碍，常开始发生在少年期（初中阶段），高中和大学阶段较多见。我国大学生中神经衰弱的发病率各地报道不一。据上海五所高校调查，发生率在0.3%—10%；江苏省12所高校1978—1987年十年期间因健康原因死亡、退学、休学共1 162人，其中神经衰弱为265人，占

①［美］W.B. 科勒斯涅克著，陈云清译：《学习方法及其在教育上的应用》，山西人民出版社1981年版，第212页。

22.7%。[1] 青春期的神经衰弱除了具有神经衰弱症的一般特征外，还有这个年龄阶段的特点，常表现为学习时注意力难以集中，记忆不佳，看书或听课时不能把握中心和要点，导致学习成绩下降，此外，还伴有一系列植物性神经功能紊乱的症状。

第三节 儿童青少年的不良社会行为

一、现代社会与儿童青少年的不良社会行为

现代社会是多因素、多度量、多层次和多维度的社会。在现代社会中，由于工业化、都市化、生活节奏加快、社会交往频繁、生活方式多样及个体、家庭、社区等结构和功能的变化，会产生一些所谓的现代社会病。

现代社会给人类带来了文明，使人们摆脱了饥饿和贫困，为人们提供了日趋完善的医疗卫生服务，同时，现代社会也会使人们产生有害健康的社会行为，导致原有的平衡与和谐遭受破坏。有害于人类健康的现代社会病是难以对付的，这是因为这类问题并不因为社会文明的进步而能得以较好的控制，相反，随着文明的进步，这类问题的发生率日趋增高，新的问题还在产生。

20 世纪 60 年代以来，在西方世界青少年中广为流行的生活方式与行为被人认为是病态的，在一定程度上反映了资本主义社会制

---

① 陈永生主编：《高校健康教育教程》，华东师范大学出版社 1992 年版，第 92 页。

度给现代文明投下的阴影。例如，起始于60年代中期（其渊源还可以追溯到更早以前）的美国“嬉皮”颓废派运动，在短短的数年内，就使成千上万的青少年留着长发，离开学校或脱离工作，走向颓废的生活方式，因为在他们看来，这种生活方式比较新奇和具有刺激性，而且，这个运动迅速地蔓延到整个欧洲大陆、斯堪的纳维亚国家、澳大利亚、新西兰、东南亚国家、日本，甚至到达非洲和南美洲。开始时，颓废派是一些摒弃现存社会价值的青年人，他们想要摆脱社会中无止境的竞争和勾心斗角的生活，去谋求一种更加自由自在、无忧无虑的生活，他们每天抽大麻，使用麻醉药和其他迷幻药物，这不仅仅只是一种对社会的抗议行为，而且也旨在想认识自己究竟怎样才能再适应这个自己被疏远和被异化的社会。随着越来越多的青少年沉迷于越来越严重的毒瘾之中，他们已无法看到任何积极的东西，他们知道物质享受无法使他们得到彻底的满足，于是就变得像禽兽一般为所欲为，把享乐主义当作生活追求的目的，“颓废主义”变成了绝对的自我中心主义。

新西兰的一位学生咨询工作者辛普逊（Simpson，D.）曾经说过：“我感到20世纪的特点是这么回事：有了巨大的物质进步，却没有相应的幸福的增长。人类在许多方面仍然保留着原始人的状态，他被科学奇迹所包围，并不因此真正感到更为幸福和快乐。人们可能处于电视机、游艇、大量金钱和各种富裕生活的声色欢娱环境中，却仍然需要用医生在处方中所开的合法毒品把自己麻醉到眼球部位，以免精神崩溃之虞。”① 对于一些尚不富裕的人来说，难以想象一个人为什么在拥有一切物质享受之后仍然会感到不满足，但是事实证明，许多“拥有一切”的人的确十分痛苦，以致要通过

① [美] 柏忠言编著：《西方社会病》，生活·读书·新知三联书店1983年版，第596页。

自杀或者吸毒来结束或者忘掉自己的存在。

最成功的社会应该是物质上和精神上都发达的社会。富裕的物质生活和高尚的精神生活的统一是社会主义生活方式的基本特征之一。然而，在开放的社会中，随着社会的发展，我国的现代社会病也有逐步上升的趋势，例如，我国"性病每年以3.12倍的速度递增，有些开放城市性病流行率已接近发达国家水平；离婚率近十年大幅度上升；婚前性行为与青少年妊娠已不是罕见现象……自杀者每年约15万，约有一亿人在人生旅途中因某种刺激和挫折而产生自杀意念……"① 这些问题的最终解决，是我们社会应为之努力的一个目标。

在现代社会中，即使学校教育得到普及，其他各类教育机构得到了发展和充实，但是仍有一部分儿童青少年没有能够掌握作为社会的完善的成员所必须具备的一切。罗斯（Rose，A.）将这种现象称作"不完全的社会化"（Incomplete Socialization），他提出了在高度工业化、都市化的社会中儿童青少年发生不完全社会化的四点理由：（1）由于技术方面的，或者说与之相联系的社会方面的变化在高速进行，要预测未来的社会已是不可能的，因此就不可能预先对儿童青少年进行指导，使之适应将来成人的要求；（2）由于现代化社会在向着多样性和多元化发展，儿童青少年选择应学习的东西的困难在不断增加；（3）地理性的迁移和社会阶层的变动逐渐变得激烈起来，儿童青少年难以预测这些具有高度变动可能性的社会；（4）教育的范围被限制了，这就是说，知识更为专门化，教育者本身受到了限制，对儿童青少年的教育负有责任的人逐渐减少

---

① 周达生、戴梅竞编著：《现代社会病》，上海中医学院出版社1993年版，第3页。

了。[1] 儿童青少年面对复合文化的多样性，而且还将在进行种种选择的过程中遇到困难，有时甚至难以找到一条适合的途径，使自己与社会要求统一起来，从而产生对社会的不适应和不安的情绪，表现出种种不良的社会行为。

此外，生长发育的长期变化也可能是儿童青少年产生不良社会行为的一个原因。由于生理上的早熟，特别是性发育的提前，社会成熟年龄的后移，儿童青少年生理成熟和社会成熟之间的差距和不平衡增大了，从而使其行为与社会要求和规范产生明显不协调的现象。

二、儿童青少年的各种不良社会行为

在儿童青少年中，不良的社会行为主要有吸烟、酗酒、吸毒、自杀、早恋、婚前性行为、青少年妊娠和青少年犯罪等。在我国，儿童青少年不良社会行为中的大部分发生率较低，但是，这些行为对儿童青少年身心健康的影响极大，也是社会的不安定因素。

（一）吸烟、酗酒和吸毒

我国是全世界吸烟人数最多、烟草产量最大的国家。根据我国1984年《关于全国五十万人吸烟情况抽样调查的报告》，我国总吸烟率为33.88%，男性吸烟率高达61%，是世界上男性吸烟率最高的五个国家之一。儿童青少年是受害最严重的被动吸烟者之一，据估计，我国有将近一半的儿童青少年处于被动吸烟状态。

据叶恭绍等人的资料，“我国中小学生1949年后吸烟者很少，因而既往未予注意和重视，也未作过有关调查。‘十年动乱’中，

---

① ［日］依田新主编，杨宗义等译：《青年心理学》，知识出版社1981年版，第123—124页。

学生受到毒害，不少学生染上了吸烟的习惯。当时调查初中一、初中二学生吸烟人数已不少，高中达到高潮，有时一个班吸烟人数高达 90%（多数是男生）。1979 年国务院批准并公布了四个部‘关于宣传吸烟有害和控制吸烟’的通知。卫生部长建议‘教育部门在学校加强宣传教育，禁止大中小学生吸烟，以防患于未然’的讲话后，才引起注意。1981 年北京医学院儿少卫生教研室在北京城、郊区对中学生调查，发现吸烟学生比‘十年动乱’时已减少很多”①。近些年来，我国儿童青少年吸烟情况仍不容乐观，有相当比率的中小学生尽管懂得吸烟的危害，仍然染上了这种不良的习惯。据王元生等人对北京城乡三万余名中小学生所作的吸烟状况的抽样调查，发现我国儿童青少年吸烟问题仍很严重（见表 3-13）。

表 3-13　北京城乡中小学生吸烟情况抽样调查

年龄组	调查人数	吸烟人数	吸烟率（%）
7—	3 960	64	1.6
9—	5 838	145	2.5
11—	5 263	273	5.2
13—	6 063	393	6.5
15—	4 760	477	10.0
17—	3 351	401	12.0
19—20	844	221	26.2

（据王元生等，1994 年）

儿童青少年吸烟，常是为了满足社会交往需要，模仿成人的吸烟行为方式，调节心理不平衡，同伴间相互“感染”与嬉戏等引起

① 叶恭绍、吕姿之：《三十二年来我国儿童少年卫生研究工作的回顾》，载《中国预防医学杂志》1982 年第 1 期。

的。儿童青少年染上吸烟恶习以后，可以由于缺乏自我控制或经济上的原因而走上赌博、偷盗等犯罪歧路。

社会学家给酗酒下的定义是过量饮酒，产生影响健康状况、人际关系或者造成经济上的后果。据美国 1980 年的估计，居住在美国的 13—19 岁的青少年有 3 491.3 万人，在其人生的某个时期，几乎全部饮过酒。一项民间调查指出，79.7%的美国少年饮酒，另一项调查则认为 70.3%的少年饮酒。与成人饮酒不同的是，儿童青少年饮酒的目的几乎没有例外的都是为了醉，他们那种不顾一切的饮酒态度无疑是酒精中毒率高居不下的原因。据美国司法部 1979 年公布的统计数字表明，在 14—17 岁的青少年中，估计有 330 万人有严重的饮酒问题。另一份资料表明，50 多万 14—17 岁的青少年是慢性酒精中毒者，他们已对酒成瘾。① 儿童青少年开始饮酒的原因往往是为了社会交往，通常在父母、同伴和宣传工具的影响下养成饮酒习惯，但是当其体验到酒精的作用以后，就会越饮越多，其目的也就转变为逃避现实，借助酒精的麻醉作用而忘却自己的痛苦和烦恼了。

我国儿童青少年中饮酒现象虽然也较普遍，但是酗酒情况并不严重，也未见专门报道。不过，对滥用酒精对儿童青少年身心健康的危害作用，特别是酗酒对社会的破坏和瓦解作用应有足够的认识，应防患于未然。

吸毒是当今国际上的一大公害，是享乐主义人生观支配下发展起来的一种病态行为，个体想用忘掉或者毁掉自身存在的方式来逃避痛苦和不幸。20 世纪 60 年代以来，在美国使用非法毒品的风气从大学校园蔓延到了中学甚至小学。在许多大城市，毒瘾成灾已经

---

①［美］柏忠言编著：《西方社会病》，生活·读书·新知三联书店 1983 年版，第 189—190 页。

到了流行病的猖獗程度，成千上万的儿童青少年对于学校和一般生活感到厌烦，就转向使用非法毒品以寻求解脱，忘却他们的挫折和苦恼。据美国国家毒品滥用问题研究所1979年的一份全国调查报告，12—17岁的青少年中，曾经使用和当时经常使用大麻者分别占全部人口的31%和17%，曾使用过和当时经常使用吸入剂者分别占10%和2%，曾使用和经常使用迷幻药者分别占7%和2%。毒品在我国历来控制较严，但是近年来，吸毒也正悄悄地开始蔓延，特别是在西南边境地区，它对青少年的毒害，已引起社会的关注。

（二）自杀

自杀是有目的的自我毁灭，是人类最严重的不良社会行为之一。在过去的数十年中，在许多国家，自杀已成为人群的主要的死亡原因之一，尤其是青少年的主要死亡原因之一，而且有升高的趋势。例如，澳大利亚有人将1891—1910年、1964年、1986年和1990年儿童青少年自杀率的资料进行了对比，发现大部分年龄段的儿童少年和青年，自杀率有提高的倾向，特别是男性①（见表3-14）。

表3-14　澳大利亚男女儿童青少年自杀率调查　单位：1/10万

年龄	男性				女性			
	1891—1910	1964	1986	1990	1891—1910	1964	1986	1990
0—14	0.5	0.2	0.6	0.3	0.4	0.2	0.1	0.2
15—19	3.2	5.8	13.2	17.8	4.0	2.9	3.0	5.0
20—24	11.9	16.3	29.2	36.1	6.7	7.7	7.8	3.9
25—29	19.0	19.4	28.6	32.8	5.3	9.4	6.7	6.0

（据Goldney，R.D.，1993）

① Goldney，R.D.，Suicide in The Young，*Journal of Paediatrics and Child Health*，Vol.29，(Supplement)，pp.50-52，1993.

我国的自杀死亡率约为13/10万①，较西方国家略低。自杀有明显的高峰年龄，尤以青少年死亡率峰值为最高。我国周达生等人曾用埃森克人格度问卷调查不同社会人群自杀意念的发生率，发现我国中学生的自杀意念发生率为18%—39%，大学生为21%—45%。②由于对自杀意念的调查，国内外至今尚无理想的方法，因此，各种报道相差甚大。

儿童青少年自杀的原因是多方面的，可能与遗传因素、早期的精神创伤、对他人自杀行为的模仿、家庭环境不良、学校压力过大、疾病状况、性和恋爱问题及其他因素有关，遭受重大挫折往往是自杀行为的直接诱因，而个体心理素质差则是自杀行为的内部原因。法贝洛（Farberow，N.L.）认为，青少年的自杀多因人际关系的问题所致。当儿童青少年遭受挫折，特别是在人际关系问题上遭受挫折，既不能克服，又无法逃避时，就可能将攻击性行为指向自身，甚至产生自杀行为。

（三）婚前性行为和青少年妊娠

在西方社会，男女青少年发生婚前性行为并非罕见的事。据英国学者施高费尔德（Schofield，M.）20世纪60年代中期的调查，15—19岁青少年中，85%的男性有过约会和接吻的经历，93%的女性有过约会和接过吻的经历，有过性交经历的男性和女性分别占20%和12%。表3-15表明美国和德国在20世纪70年代对儿童青少年婚前性交发生率的调查情况，这些数据也许比实际情况为低。

---

①②周达生、戴梅竞编著：《现代社会病》，上海中医学院出版社1993年版，第233页。

表 3-15　美国和德国青少年婚前性交发生率　　单位:%

人口抽样	年龄	男性	女性
1. 美国全国青少年（1973 年）	13—15	44	30
	16—19	77	57
2. 美国未婚女青年（1977 年）	19		白人：49 黑人：84
3. 德国城市未婚青年（1971 年）	17—18	约 50	约 50

（据泽拉·拉里亚等，1989 年）

在这些国家，未婚少女的妊娠率也有上升的趋势。例如美国，1974 年未婚少女妊娠率为 81.8‰，1980 年为 88.5‰。目前美国每年约有一百多万少女妊娠（指的是 13—19 岁少女的妊娠），其中 80％是未婚先孕。

1988 年，我国顾杏元等人在国内首次报告了上海青年婚前性行为及未婚先孕的状况，但是，他的研究对象是 20 岁以上的青年。对于学龄儿童青少年的婚前性行为和青少年妊娠的确切发生频率尚无可靠数据。应该看到，近些年以来，我国青少年对于性的观念已经有了变化，早恋现象已不罕见。据北京 1982 年对青少年的调查，对婚前性行为持否定态度的人占 80％，而 1985 年的调查，持否定态度的只占 64％。

青少年婚前性行为和未婚先孕有来自社会、家庭和个体多方面的原因，这类问题的发生会给青少年的身心健康带来极大的损害，也会给社会带来问题。

第四章
儿童青少年卫生的社会背景

每个人都在一定的社会中生活。在社会生活中，人与人结成的社会关系及人与人和群体与群体之间的相互交往和相互影响无一不影响到人的健康的增进和维护。家庭、社区、民族、集团、社会等都是建立在某种结构关系之上结构性的社会单位，社会背景包括体现最直接、最亲密的人的关系的家庭及按一定法规、契约或者其他纽带联系组织而成的群体等，它们构成了人的生活环境。从生态学观点出发，将儿童青少年健康的增进和维护放置于整个社会背景中加以考察，会改变传统的学校卫生学只是将儿童青少年卫生问题局限于学校环境中加以研究而造成的不足。

勃朗芬勃伦纳认为，每个人都生活在一个生态环境中，人的发展就是在生命的始终，正在不断生长的有机体与其所处的不断变化着的环境之间的逐步的、相互的适应，这个过程受到情景和情景所涉及的背景之间的各种关系的影响。勃朗芬勃伦纳根据勒温（Lewin，K.）的原始思想，描述了人的生活环境的四种类型，它们实际上代表了四种不同种类的生态系统，每一种生态系统对于人的发展都会产生不同的影响作用。这四种生态系统是小系统、中间系统、外系统和大系统，它们不是相互独立的、彼此没有关系的，而是相互联系、相互制约的。①

一些学者将勃朗芬勃伦纳的生态理论运用在儿童青少年的卫生

---

① Bronfenbrenner，U.，Toward an Experimental Ecology of Human Development，*American Psychologist*，July 1977，Vol. 32，pp. 513-531.

保健中，用以分析各种系统对儿童青少年健康的增进和维护所起的作用，以及探讨如何发挥整个生态体系的作用，以产生最佳的卫生保健效应。

第一节　卫生保健生态系统中的小系统

勃朗芬勃伦纳所谓的小系统是最直接的，也是最为重要的生态系统，它指的是与人有着直接交互关系的环境，包括人的活动、人在活动中承担的角色、人与人之间的关系及自然空间和器具等。在探讨儿童青少年卫生保健问题时，儿童青少年的家庭、集体教育机构（托儿所、幼儿园、中小学和大学等）、邻居、校外教育机构（青少年宫、图书馆等）都属小系统。小系统具有诸如地方、时间、行动、参与者和角色等各种特征，这些特征的有效性不仅在于它客观存在，而且也在于是否能被人知觉，这个道理来自勒温的“生活空间”和“心理场”的概念，勒温认为，环境之所以与人的行为有关，并不只是因为它客观存在，同时也因为它出现在人的头脑之中。小系统的活动和事件比任何其他生态系统对人的行为影响更大，其本身也更受人的行为的影响。

一、家庭

儿童最早最深刻的经历发生在家庭之中。家庭属于一个小系统，它同其他小系统一样，都是整个生态系统中的一部分，受各种中间系统、外系统、大系统及其他小系统的影响和作用。由此，家庭对儿童青少年的影响作用受特定历史时期内特定社会文化的准则、价值观和期望的影响，也部分地取决于家庭与生态系统中的个体、群体之间的各种关系及家庭成员本身的人格属性。家庭对儿童青少年身心健康的促进和维护所能起到的作用是极为重要的，在许多方面是任何其他社会机构和单位所不能替代的。

家庭卫生保健的要点是为儿童青少年提供良好的生活环境，满足其衣、食、住、行等方面的基本需要，理顺家庭成员之间的关系，改善教养人的人格品质，端正教养人的教养态度，营造健康的家庭气氛，及时调整家庭中的各种关系的不协调。

鲍恩（Bowen，M.）曾根据“三角测量原理”建立起了一个关于家庭心理学的原理。他认为，一个地方，只要有三个人或三个集团，就可能存在三角形不平衡的必然潜势，这个三角形就有可能发生形变，这种形变在开始时，往往先从感情活动开始，这种不平衡必然会表现或酝酿出人际间的敌意和仇视。鲍恩指出，这一原理同样也适用于三代以上的人际关系和由三个以上的人组成的家庭体系中，这种人际间关系的平衡是一个不断进化的过程，尤其是在那些由父亲、母亲和一个孩子组成的家庭中。

对于一个家庭而言，在家庭建立后的最初几年中创造出一种真正的、感情交融的人际关系是十分必要的，而这种人际关系只有通过家庭全体成员之间不断地进行深入的相互影响才能真正建立起来。对于一个婴幼儿来说，父母之间的婚姻关系及他们各自的个性，会塑造出一个朦胧的角色，这一角色一旦介入家庭，就会对家庭各成员之间的相互感情产生重大的影响。在儿童早期，如若由于各种原因，使儿童在感情上疏远了自己的父母，其结果会使其从根本上否定自我，感到焦虑、孤独和自卑。在儿童成长过程中，父母不仅养育孩子，还用自己的感情抚爱孩子，与此同时，孩子也会用自己的感情抚慰自己的父母，一个家庭正是通过这种往复的移情过程建立起来的，而这种往复的移情过程出现任何感情赤字，都会影响整个家庭在感情上的平衡，甚至造成心理危机。在儿童开始要求独立自主，争取自治的阶段，父母双方的自我认识必须得到调整，个性的容量和统一性必须增强。弗洛姆（Fromm，E.）认为：“孩子必定是要长大的。他必定要离开母亲的肉体，离开母亲的乳房，最终他必定成为一个完全独立的人。母爱的真正本质是关心孩子的成长，也就是说，希望孩子与自己分离。”① 正是在这一点上，母爱成了一个至为困难的任务，它要求无私，要求能够给予一切，而且除了所爱者的幸福以外一无所求，也正是在这一点上，许多母亲未能完成母爱的任务。根据弗洛姆的观点，检验母爱的标准就是看母亲是否愿意承受分离，并在分离以后是否仍然爱着子女。那些不承认或者不能容忍儿童这种自主要求，甚至用压制、讥讽、指责或体罚等感情表现形式对待子女的家长，必然会使其子女对家庭感情的正常表达受到阻碍，使他们与家庭成员之间的感情变得越趋疏远。

处于青春期的青少年内心感情是极不平衡的，其自我认同也正在变化，这个时期的青少年更需要一个稳定的家庭体系，以便把握住自己的感情，调整自己的行为。如果家庭在儿童早期各阶段与儿童的感情交流方面存在问题，而在青春期又没有及时加以调整，那么这个家庭就可能是不稳定的。家庭体系的不稳定和青少年本身的脆弱，可能导致青少年的情绪失调和行为障碍，甚至产生冲动性的自残行为。

一些心理学家在论及家庭对儿童青少年心理保健问题时，常提出作为一个家庭，都要掌握家庭成员之间的感情交流方式，可概括为以下 7 个方面的内容：

（1）公开的、清楚的、积极的感情联络，包括语言的和非语言的；

（2）信息、主张、感觉、经验和态度的联系与交流；

（3）令人愉快的肉体联系——一种普遍存在的、家庭各个成员之间的感情碰撞；

① ［美］埃利希·弗洛姆著，孙依依译：《爱的艺术》，工人出版社 1986 年版，第 47 页。

（4）家庭经历的共同回忆，在这方面，家庭所有成员要力图使这种回忆有利于他们的团结，而不要利用这种回忆去诋毁别的家庭成员；

（5）要学会预见家庭纠纷，学会公正而合理地对待和解决家庭纠纷；

（6）学会认识和确认用以区别孩子和家长的作用和功能，即两代人之间的界限；

（7）学会组织（也要学会随从）大家共同完成家庭的各项工作和任务，在这个过程中，要学会使大家都感到他们是完成这项工作的成员之一，他们在完成这项工作中是有贡献的。①

实际上，若要真正达到保护和增进儿童青少年健康的目的，仅仅掌握和运用以上感情交流方式还是远远不够的，还应包括亲子间的移情联系、对正当要求的积极承诺、对好奇的共同分享等等。

要营造良好的家庭气氛，使家庭成员之间的感情交流能自然而顺利地得以实现，作为家长，要学会自我调整，消除心理紧张，改善自己的个性品质，以应付环境中的各种变化。在现代社会中生活的人，由于生活和工作节奏的加快，脑和机体其他部位的高速运转，心理上常会产生沉重感、压力感、失落感、抑郁感和情绪波动，这种状况必然通过各种途径“感染”子女，例如，与子女的交往减少，对子女的期望过高，对子女教养方式过分简单化，等等。营造协调和宽松的家庭气氛，使家庭成员之间彼此互敬互爱，关系融洽，那么儿童青少年在家庭环境中就会感受到愉快和安全，就能接受他人和自己，就有可能将埋藏在心灵深处的紧张和不安通过正常的渠道得以宣泄。家长自身的人格塑造和心理调整虽然没有固定

① [美] 迈克·佩克编著，李立等译：《家庭·社会的冲击波》，中国社会科学出版社 1992 年版，第 99—100 页。

的模式，但是学会对事待人宽容随和，不过于计较，不动辄产生情绪波动，善于面对现实而不急于求成和好高骛远，能及时消除不切实际的要求和想法，善于从逆境或挫折中自我解脱，能幽默处世，注意休息和娱乐等，都会有益于将人的心态调节到最佳状态。

家庭气氛的协调和宽松并不意味着没有矛盾。让子女适量地体验挫折、失望和不安是必要的，因为这些体验可以培养他们适应及处理困境和挫折的能力，只要所给予的这类体验不要过分。家长也应允许子女对自己表现不满，谅解子女对自己暂时的排斥态度，将这类行为和态度看作是家庭关系中的正常现象，并通过了解问题产生的缘由，合理地加以解决。用压制的方法让儿童青少年唯命是从，易使其养成阳奉阴违或者过分理智化的行为倾向，甚至走向它的反面，产生逃避或者反抗的行为。

几乎所有的儿童教育家都不会否认父母或其他教养人对儿童青少年教养态度一致性的重要意义。教养人对儿童青少年采取截然不同的教养态度，儿童青少年可能表现出对家长要求的无所适从，可能造成行为的不统一，失去对家长的尊重和信任。应特别注意避免在子女面前相互批评或争执，如有不同的意见，应在适当的场合交换意见，统一看法，而在子女面前，在任何情况下都要表现出在教养态度和方式上的一致性。

家庭的物质环境对于儿童青少年身心健康的保护和增进也具有重要的作用。家庭居室环境与设备的优劣会直接影响儿童青少年的健康状况，而家庭居室的状况由于儿童青少年家庭的社会地位、经济状况、生活方式和习惯及家庭所在的地理位置等许多因素的不同，而存在很大的差异，但是，从卫生保健着眼，从物质条件的实际出发，可以从多方面改善家庭居室环境与设备状况。儿童青少年的居室应选择向阳的房屋，如果居室终年不见阳光，应经常带领或者敦促儿童青少年到室外活动，沐浴阳光。居室应经常开窗通风，保持室内空气新鲜。室内的家具，特别是桌椅的功能尺寸要与儿童青少年的身材相符。室内的采光、照明应有足够的照度和光照的均匀程度。此外，儿童青少年的饮食、服装（衣装、鞋袜、帽子等）、日常用具和用品（玩具、书本、笔、床上用品、卫生用品等）都应符合卫生要求。

二、集体教育机构

托儿所、幼儿园、中小学、大学、青少年宫、公共图书馆等集体教育机构也都属小系统，它们与儿童青少年发生直接的联系，对儿童青少年的行为会产生极大的影响。

托儿所、幼儿园是对学前儿童实施保育和教育的机构。从托儿所、幼儿园的具体任务看，保护和增进学前儿童健康的任务最为重要。托儿所、幼儿园是儿童最早加入的集体教育机构，其心理社会环境和物质环境对学前儿童的身心健康，特别是社会适应性行为的形成具有深远的影响作用。托幼机构要为儿童创设健康的心理社会环境和合乎卫生标准、卫生要求的物质环境，遵循儿童身心发展的规律，为儿童提供活动和表现能力的机会和条件，有目的、有计划地引导儿童主动参与活动，促进每个儿童在不同水平上得到发展，注重良好的个性品质的培养，使儿童个性得以健康地发展。托幼机构要为儿童制订适合其承受能力的一日生活制度，建立合理、平衡的膳食制度，卫生消毒和病儿隔离制度，健康检查和评价制度，以及房屋、设备、消防、交通等安全防护和检查制度等。

学校是对学龄儿童青少年有计划、有组织进行教育的机构，学校教育为人的终生发展奠定了基础，也为人在离开学校后的继续发展创造了条件。人的发展，首先是身心的健康发展。学校卫生服务、健康的学校环境及学校健康教育等是儿童青少年身心健康地发展，预防各种身体和心理问题和障碍发生的保证。中、小学阶段，甚至大学阶段，是一个人世界观、人生观形成的关键时期，虽然在这些阶段之前的早期经验和早期教育已为人格的形成打下了深深的烙印，但是，一个人身心的健全状态的基本定型是在这些阶段。在保护和增进儿童青少年健康方面，作为对儿童青少年发展影响最大的集体教育机构，学校的卫生能起到其他个体和社会群体难以起到的作用。

此外，校外各类集体教育机构的建立和运行也都应该顾及对儿童青少年身心的卫生保健问题，能为儿童青少年身心的健康发展提供良好的心理社会环境和合乎卫生标准、卫生要求的物质环境。

三、儿童保健机构

儿童保健机构是为保护和增进儿童青少年健康而设置的社会机构。儿童保健机构中直接为儿童青少年服务的机构，如妇幼保健所、儿童医院、综合医院儿科、儿童心理咨询所（中心）、卫生防疫站和学校卫生科等也都属小系统。这些儿童保健机构各司其职，具体负责对儿童青少年进行定期或不定期的体格检查、生理功能检查和心理测试，全面监察儿童青少年生长发育和健康状况，早期发现身心缺陷和障碍，及早采取治疗和矫正措施；负责控制传染病的传染源，切断传播途径及通过预防接种等措施直接对儿童青少年实施计划免疫；负责在认知和情绪上对儿童青少年进行心理辅导、启发、劝告和教育，帮助他们掌握较为简单的自我心理调节和行为控制的方法，自觉消除心理紧张。各类儿童保健机构对于需要有关卫生保健服务的儿童青少年来说是必不可少的。

第二节　卫生保健生态系统中的中间系统

勃朗芬勃伦纳所谓的中间系统指的是小系统之间的相互联系和作用。例如家庭与学校、学校与校外集体教育机构、学校与儿童保健机构、家庭与邻居、家庭或者学校与商店等小系统之间的关系构成了中间系统。

婴儿的小系统相对比较简单，这是因为与婴儿发生直接作用的小系统较少。当幼儿进入托儿所或幼儿园时，小系统增加了，儿童的环境中出现了新的联系，那就是家庭与托幼机构的联系。每当儿童进入一个新的环境时，相应的中间系统也就形成。随着儿童涉足的环境的增多，作用于儿童的中间系统也就更趋复杂。中间系统可能以多种形式存在，例如，与儿童直接发生作用的两个小系统中的人（非儿童本人）之间的相互联系和作用，小系统之间正式或非正式的交往，一个小系统的人对另一个小系统的认识和态度等。作为整个社会生态系统的一个组成部分，中间系统对儿童青少年健康的保护和增进所起的作用也是不可忽视的。

一、家庭与集体教育机构的关系

家庭与托幼机构、学校等集体教育机构在儿童青少年卫生保健方面保持高度的一致性，会有益于儿童青少年身心的健康发展。

波沃（Power，T.）和巴苏洛梅（Bartholomew，K.）在理论上描述家庭与学校相互作用的方式时，指出了共有五种不同的方式：回避、竞争、单向联系、并入和合作。① 很显然，在这五种相

① Power，T. & Bartholomew，K.，Family-school Relationship Patterns：An Ecological Assessment，*School Psychology Review*，Vol. 16，pp. 498-512，1987.

互作用的方式中，只有相互合作和协调，才有益于儿童青少年养成良好的行为习惯，形成健全的个性品质，保证行为的统一和人格的完整。如果家庭与集体教育机构在教育要求和方法等方面相互脱节，甚至各行其道，那么教育的力量就会彼此受牵制或者相互抵销，这样不仅可能使儿童青少年无所适从，还有可能损害其行为的统一性和人格的完整性。例如，适时地让儿童养成良好的卫生习惯，这本来并不是一件困难的事，如果托幼机构和家庭对幼儿提出的要求不一致，甚至相互矛盾，那么儿童最初形成的动力定型会不断遭到破坏，由于无所适从而造成心理紧张，这样不仅难以养成良好的习惯，还有可能导致儿童言行不一，行为分裂。

家庭和集体教育机构在卫生保健中要保持协调一致。要达到这种一致性，家长和教师要相互信任，诚挚相待，在家庭中，家长要维护教师的威信，在教育机构中，教师要维护家长的威信。教师要了解儿童青少年家庭状况，与家长保持经常的接触，在认识儿童青少年身心健康问题的家庭背景的前提下，与家长共同商讨解决问题的方法；家长则要掌握儿童青少年在集体教育机构中的表现，与教师一起针对其现状和发展趋势协助学校共同开展工作。家长熟悉集体教育机构的一整套卫生服务，了解教育机构的各种环境，懂得学校健康教育的目的、基本内容和方法，会有助于他们充分利用教育机构的卫生资源，也会有助于他们帮助教育机构更好地开展卫生保健工作。教师则要采取主动的方式，鼓励和吸收家长积极参与儿童青少年的卫生保健工作，使教育机构和家庭的卫生保健相互结合，互为补充。

二、集体教育机构与儿童保健机构的关系

集体教育机构与儿童保健机构在儿童青少年卫生保健方面保持高度的一致性，这对于保护和增进儿童青少年健康是不可缺少的。

各级各类集体教育机构和儿童保健机构虽然各有其自身的职责范围和服务项目，但是，在儿童青少年卫生保健的总目标方面是一致的，这两种机构的相互合作和协调，能使卫生保健在儿童青少年中顺利地得以实施。

例如，学校卫生的计划、组织、检查和总结，不仅由学校管理人员实施，也吸收卫生防疫站、儿保所、儿童心理咨询所等机构有关人员的参与，这样能使学校卫生管理更具科学性，并按标准化要求进行。又如，预防接种虽是卫生防疫部门的工作职责，但是，预防接种的前期组织工作，接种后对严重反应或事故的处理和报告及对教育活动的调整等，都需由教育机构配合。

三、家庭与儿童保健机构的关系

家庭与儿童保健机构之间的关系处理是否恰当，也会对儿童青少年的身心健康带来影响，有时还可能是举足轻重的影响作用。

家庭成员，特别是家长，应该熟悉各类儿童保健机构的功能和资源，根据儿童青少年的身心发展状况和存在的问题，积极求得相应儿童保健机构的服务，及时解决各类问题。对儿童保健机构熟视无睹，或采取讳疾忌医的态度，只会延误时机，损害儿童青少年的健康。

家长、医务人员、心理工作者等的态度和行为也会影响到儿童青少年的卫生保健。萨伯泽（Sabbeth，B.）和斯坦（Stein，R.）在研究患有慢性疾病的儿童及其家庭比期待要少地利用心理健康服务的理由时指出，这是由于家长、医生和心理工作者的行为和态度所造成的。①

---

① Sabbeth，B. & Stein，R.，Mental Health Referral：A Weak Link in Comprehensive Care of Children with Chronic Physical Illness，*Journal of Developmental and Behavioural Pediatrics*，Vol. 11，pp. 73-78，1990.

第三节　卫生保健生态系统中的外系统和大系统

一、社会支持

外系统是一种社会结构。勃朗芬勃伦纳认为，外系统比大系统更为正规，对人的发展的影响更为直接，它与社会学家传统定义的在社会情境中的交流和保持关系的系统相类似。对儿童青少年而言，外系统指的是儿童青少年不直接参与、不与他们直接作用，但又由于种种渠道而影响他们行为的环境。例如，家庭的朋友、教师的亲属和朋友、父母的工作单位、医生的熟人等，这些都是父母、教师和医生的小系统，但是由于父母、教师、医生与儿童青少年的联系，这些成人的小系统会对他们产生影响。在儿童青少年卫生保健方面，社会支持（social support）就是一种能对身心健康起作用的外系统。

在 20 世纪 60 年代和 70 年代早期，在对健康的研究中，占优势地位的心理模式认为，紧张是心理失调，甚至是身体疾病的主要原因。70 年代中期，一些学者对此提出了异议。拉布金（Rabkin，J. G.）和斯特伦宁（Streuning，E. L.）认为，大量经验性的证据已经清楚地表明在心理或躯体疾病的发生中，紧张只起了一定的、有限的作用。[①] 针对这种情况，研究者们开始寻找影响健康、导致躯体和心理产生异常的其他环境原因。有一个原因在当时，甚至直到现在依然引起了研究者的极大兴趣，那就是社会支持。

然而，就像 20 世纪六七十年代紧张对健康的作用被过分地强

---

① Rabkin，J. G. & Streuning，E. L.，Life Events，Stress and Illness，*Science*，Vol. 194，pp. 1013-1020，1976.

调一样，社会支持也被一些人过分宣传，甚至被奉为应付健康问题的社会秘方。事实上，“对社会支持的研究结果并没有支持原先所期待的那样能够对付所有的疾病。像紧张一样，社会支持对健康的作用确实很复杂”①。总的说来，社会支持是一种很有价值的社会资源，在大多数情况下，有社会支持比没有社会支持要好得多。但是，萨拉森（Sarason，B. R.）等人认为，社会支持并非总是有益的，有时反而会对社会支持的接受者产生相反的效果。②

20 世纪 70 年代中后期，一些学者开始从不同的角度定义社会支持。卡普兰（Caplan，G.）认为，社会支持是通过共同工作，给予材料和认知帮助，以及提供情绪安抚，增进人的理念的社会活动的结果。科勃（Cobb，S.）、威斯（Weiss，R. S.）等人则强调社会支持是人受尊重和关心的信念的产物。凯萨尔（Cassel，J.）则将注意力放置在明显的社会依附的缺失会导致失调和对疾病易感性的提高方面。这些看法既非同义，又非互不相关；这些看法都既很有价值，又有很不一样的看问题角度。由此，沃克斯（Vaux，A.）建议，最好将社会支持看作是一种理论结构，它由三个低一层次的部分组成：(1) 支持网络资源（support network resources）；(2) 支持行为（supportive behavior）；(3) 主体对支持的评价（the subjective appraisals of support）。

霍布福尔（Hobfoll，S. E.）和沃克斯将社会支持网络资源看作是有用的社会关系，它在需要的时候能实在地为社会群体提供稳定的依附背景。鲍尔比（Bowlby，J.）早在 20 世纪 60 年代就提出强的社会依附对于健康是不可缺少的，称得上是社会支持网络的东

---

① Hobfoll，S. E. & Vaux，A.，Social Support：Social Resources and Social Context，in *Handbook of Stress*，(Goldberger，L.，et al. eds.)，p. 685，1993.

② Sarason，B. R.，Sarason，I. G. & Pierce，G. R. (eds.)，*Social Support：An Interactional View*，1990.

西要能给予完成每天的或引人注目的事件的需要给予支持。除了能反映支持网络组成的网络密度外，网络关系的质量十分重要，雷斯（Reis，H. T.）认为亲密的关系在社会支持中起关键的作用，科勒、威斯等人则将亲密的关系看成能满足对健康必不可少的基本需要。然而，近年来的研究似乎表明，亲近的和密切的朋友能提供高质量的社会支持，它能对人的烦恼给予更多的反应，能诱发更多的能量给予支持，它对于人的困难的性质和程度有准确的认定，并给予适合其需要的帮助，至少在自尊方面给予支持。安东纳西（Antonucci，T. C.）等人认为，密切的、信任的、相互作用的和复杂的网络关系往往与更多的支持行为、更积极的支持评价、较少的孤独和更多的生活满足联系在一起。[①] 因此，从保护和促进健康的角度出发，发展和利用网络资源以适合儿童青少年的需要是十分重要的一环，至少要能尽可能地避免因相互冲突的关系而导致的支持网络资源的丧失。

霍布福尔和沃克斯认为，舒梅克（Shumaker，S. A.）和布罗纳尔（Brownell. A.）对社会支持的定义可能是支持行为的最佳定义，若真是这样的话，支持行为可被看作“能被支持提供者和接受者知觉到的用以增进接受者健康的至少两个个体之间的资源的交换”[②]。豪斯（House，J. S.）概括了影响支持行为提供的三个方面：（1）增加或者阻碍给予和接受社会支持能力的个体特征；（2）增加或者阻碍社会支持的关系的性质；（3）培养或阻碍社会支持提供的文化因素。另一些学者进一步提出即时环境，特别是紧张

① Antonucci，T. C.，et al.，Social Support and Reciprocity：A Cross-ethnic and Cross-national Perspective，*Journal of Social and Personal Relationships*，Vol. 7，pp. 519-530，1990.

② Shumaker，S. A. & Brownell，A.，Toward a Theory of Social Support：Closing the Conceptual Gaps，*Journal of Social Issues*，Vol. 40，pp. 11-16，1984.

和由此产生的情绪可能是与给予和接受帮助有关的第四个方面。遗憾的是，在这些方面的研究至今仍然没有很明确，从以上 3—4 个方面着手使儿童青少年更多地获取社会支持的问题尚需作进一步深入研究。

主体对支持的评价被看作是“人的支持关系和支持行为的主观评价”①。认知心理学家强调对支持的知觉是重要的，因为人们如何解释客观世界会影响其对支持的评价。因此，一些学者认为社会支持在很大程度上取决于自身对客观环境的反应。

在紧张和社会支持的过程中，人应该是主动积极的行动者，而不应该是被动的受害者或反应者，这样才能在最大程度上保护和增进健康。如何让社会支持的资源符合儿童青少年的需要，如何合理地运用社会支持资源，在最大程度上发挥其功能，怎样在获得社会支持中更为主动和积极，这些问题还有待于作进一步探索。

二、文化或亚文化

勃朗芬勃伦纳的大系统，指的是文化或者亚文化，它是一套价值系统，习惯和信仰，它影响着人的知觉、动机及生活中经验的这些东西的意义。在大系统中，所有低层次系统都具有相对同质的特征，即在形式和内容上具有统一性。大系统对儿童青少年卫生保健的作用虽然不是直接的，但是它通过各种低层次系统及这些系统之间的矛盾冲突和协调统一而产生影响。

文化是人类物质财富和精神财富的总和，是社会文明的标尺。人类创造了文化，文化又决定着人类的自身发展及对客观事物的认

① Vaux，A.，*Social Support：Theory，Research and Intervention*，p. 29，1988.

识能力和控制能力。文化常反映在人的思想观念、法制观念、伦理道德观念及人生观等方面。从卫生保健的角度出发，由于各种观念上的问题，一些人的行为还处于愚昧状态，其风俗习惯中的消极因素还很严重。提高整个社会的文化水准，这是从根本上改善人类卫生保健状况的唯一途径。

社会的发展，科学技术的进步，使整个人类的文明程度得到了提高，这为儿童青少年的卫生保健提供了极为重要的背景。现代社会中的儿童青少年已经在一定程度上摆脱了陈腐的意识和观念，以现代科学为指导，对待各种与健康有关的问题。

但是，文化的变迁也会导致相应的卫生保健问题的产生。在儿童青少年卫生保健中，要有清醒的认识，防止由于思想观念上的剧变而给儿童青少年带来的健康方面的损害。例如，对社会病、心身疾病、气象病等的预防，就与改变社会意识和思想观念有十分密切的联系。

第五章
学校卫生服务

学校卫生服务是学校卫生方案的一个组成部分，它与学校健康环境的创设、学校健康教育等方面是密切联系的。学校卫生服务指的是："由教师、医生、护士、牙医、心理工作者、咨询工作者和其他人员为评估、保护和促进学生和教职员工健康而开展的工作，它主要包括：(1) 对学生和教职员工的健康状况进行评估；(2) 根据评估，发现问题，对学生、家长和其他人员针对问题而进行咨询；(3) 鼓励医治或矫正疾病或者缺陷；(4) 帮助鉴别和教育特殊儿童；(5) 帮助预防和控制疾病；(6) 对受创伤或患急性病的学生提供紧急服务等。"①

安斯珀夫等人（Anspaugh，D. et al.）认为，学校卫生服务应该包括以下 8 个方面的服务。

1. 学校准备状态方案，包括入学前健康筛查，情绪和社会准备状态的评估等。

2. 通过观察和阶段性检查而作的健康评估。

3. 对学生及其家庭的身心问题开展的健康咨询，包括指出问题和随后的措施。

4. 与教师一起评议学生的身心问题，对于参加体育运动、特殊教育方案和学校的其他活动提出推荐性建议。

5. 提供应急的方法、器具及急救服务。

---

① Stone，D. B.，et al.，*Elementary School Health Education：Ecological Perspectives*，p. 150，1976.

6. 预防传染病的免疫和检查服务。

7. 牙齿检查、水的氟化处理及牙的保健。

8. 包括健康状况、意外事故和社会发展等方面在内的记录资料的积累。①

① Anspaugh, D., et al., *Teaching Today's Health*, p. 16, 1987.

第一节　健康评估

健康评估指的是通过查阅病史或诊疗卡、教师和校医的观察、筛选检查及医生和心理学工作者的诊断和测验，评估个体学生和教职员工身体、心理和社会适应健康状况的一系列过程。健康评估是学校卫生服务的一个重要方面。

一、健康评估的作用

科纳柴（Cornacchia，H. J.）和斯塔通（Staton，W. M.）提出在学校中进行的健康评价的作用有以下 7 个方面的内容。

1. 确定学生所需的医疗问题。

2. 鉴别心理调整不良，需要学校给予特别关心或者精神科医师、儿童行为指导诊所给予干预的学生，例如，学生的行为问题和情绪障碍。

3. 确定需对教育方案作修正的学生，例如对有严重听力障碍、部分视觉障碍、盲、智力落后和其他问题的学生加以确认。

4. 确定需要作更进一步检查的学生，例如需作 X 光透视、实验室检查、由专家特约的检查等。

5. 通报家长和教职员工有关学生的健康状况，加强家长去认识和接受寻找必要的改变方式的责任性。

6. 帮助有健康问题的学生作出调整或者对他们在学校中的情况作一些补充工作。

7. 给学生、教师和父母用作学习经验。①

---

① Cornacchia，H. J. & Staton，W. M.，*Health in Elementary School*，p. 48，1974.

在理想状态下，对学生的健康评估应尽早开始，使学生能够及早受到干预或处理，而且，健康评估也应在整个学龄期得以连续的进行。对学生的健康评估应建立在可接受的评估标准基础之上，适合特定的社会状况。健康评估的范围和性质受政策、人员、社区资源和机构等多种因素的影响，需要包括教师在内的各方面人员的通力合作。

二、健康评估的方法和技术

有许多种不同的健康评估的方法和技术能被不同的人员运用，这些人员包括受过专业训练的医师、心理学家、咨询专家和社会工作者等，也包括没有受过专业训练的教师、教育管理人员和家长等，它们在对学生进行健康评估时能发挥各自不同的作用。

（一）健康观察

教师在观察学生的外部表现和行为方面能起到任何其他人员所不能起到的作用，因为除了家长外，教师是与学生接触最为频繁的人，能最早觉察到学生在不同环境条件下在身体、心理和社会适应等方面的各种异常表现。教师的观察是其他各种健康评估方法和技术的补充，他们的观察对于发现学生中各种传染病的初发，各种视觉、听力、皮肤等器官的功能异常，情绪失调及其他各种健康问题是特别有帮助的。

国外有人曾将教师对学生在学校中的问题行为的评估与专业人员的评估进行可信性比较，发现教师的观察是极有价值的，教师大约能够发现占总数 70％的有问题行为的学生，如果与专业人员合作，则可鉴别出占总数 90％的有问题行为的学生。

教师对学生健康问题的观察，并不意味着教师对诊断和确定学生的各类健康问题负有责任，诊断是专业人员的职责。然而，教师通过观察所提供的信息越详细和准确，对专业人员的诊断就会提供越有价值的信息。

美国都市生活保险公司曾为教师在教室中观察学生在身体和心理方面可能出现的问题提供过观察指标，为教师的观察给予了可供参考的依据（见表 5-1）。

表 5-1　身心偏离健康的一些可观察的指标

学业表现	皮疹或疮
成绩低下	严重粉刺
学习能力明显衰退	头蚤
记忆力差	秃斑
明显不专心学习	经常搔头
缺乏兴趣	**牙齿和嘴**
强词夺理	牙列不齐
强迫行为	咬合不正
外表	牙龈发炎或流血
过瘦或过肥	嘴唇开裂，特别是嘴角开裂
体重剧变	龋齿
步态失常	**一般行为**
邋遢	不时要求给予注意
脸色十分苍白或无血色	驯顺、冷淡、无生气
姿势不良	十分胆小、惧怕
嗜睡、无反应	攻击性行为、残暴
脸部痉挛	过度白日梦、漫不经心
眼部	破坏性行为
内斜视或外斜视	发脾气
皱眉蹙额、瞪目	好哭

续表

阅读时持书过近	抑郁、不快乐
眼部红肿、流泪	一刻不停、多动
常患睑腺炎	语促、口吃、口齿不清
耳部	**游戏中的行为**
出脓	容易疲劳
听声音时转动头部	在适度运动后气喘吁吁
反复地问话	缺乏兴趣
鼻喉部	手脚非常笨拙
持续用嘴呼吸	不能与人合作
经常发烧	易激惹
颈部腺体肥大	难以与人一起游戏
流鼻涕	
皮肤和头皮	
皮肤干裂	

（据 Metropolitan Life Insurance Company，1974）

（二）健康记录

学校不断积累的健康记录能对学生早先的疾病情况、医疗过程、免疫接种、筛选检查结果、医学和心理学检查的发现、随后采取的措施等方面提供信息。学校各类人员可以运用健康记录中的各种信息，对学生的健康状况获得较客观的了解。此外，学校应建立有关学生应急情况的信息卡，卡中应有关于学生的血型、对各类药物或其他物质的过敏反应情况、简单病史等情况。这种卡片提供的信息常能使学生在应急情况下避受伤害或获得益处。

（三）筛选检查

筛选检查是运用尽可能简便的方法，获取有关学生身心发展中可能存在的问题和障碍的信息，以便据此作出决定，确定对所查儿童是否需作进一步诊断。

在学校，可选用的身体方面的筛选检查有身高、体重的测量、视力和听力的测查等。

可供选用的心理方面的筛选检查可根据健康评估的目的而确定。心理学家们发展了许多种筛选检查的量表，可分别用以对学生的智力、动作、言语和社会行为等方面的发展进行筛查，例如，由弗兰肯堡（Frankenburg，W. K）和多兹（Dodds. J. B.）发展的丹佛发展筛选测验（Denver Developmental Screening Test，DDST），由瑞文（Raven，J. C.）制订的瑞文推理测验（Progressive Matrices），由勃姆（Boehm，A. E.）编制的勃姆基本概念测验（Boehm Test of Basic Concepts，BTBC），由贝利（Beery，K. E.）等人设计的视觉—动作整合发展测验（Development Test of Visual-Moter Integration，VMI），等等。由于这类筛选检查只采用了十分有限的行为样组，方法简单，实施时需用的时间也较短，因此，它们只能对被检学生某些方面作很粗略的评估，为他们是否需作进一步评估提供信息，而不能依据筛查结果就在正常和异常心理之间画出界线，而且，它们对学生将来的发展也没有预言作用。在筛选检查中，不管儿童表现得多么差，都不能据此确定为有行为问题或者心理障碍。

在学校中，筛选检查可以作为健康评估的一个环节，省时省力地从大量学生中初步筛选出可能有身心发育问题和障碍的学生，但是正如列切坦斯坦恩（Lichtenstein，R.）等人所述，筛选检查如若不是作为一个完整服务系统中的一部分，那么它就没有多大的价值。

（四）医学检查

对学生进行定期的医学检查至少具有以下几个方面的作用。

1. 提供能帮助促进学生健康生长发育的信息。

2. 发现可能干扰学习的缺陷，并着手医治那些可以医愈的缺陷。

3. 促进那些有无法医愈问题的学生的家庭和教育机构对学生的教育加以调整。

4. 为学生和家长的健康保护提供学习经验。

5. 在需要时，建议对卫生行为作出改进，鼓励消除不良的行为。①

医学检查是医师的职责。然而，有研究表明，由医师所作的医学检查很少能够发现学生中先前不清楚的问题，因此，从病情发现这一点而言，这一类检查似乎没有太高的价值。② 于是，有人认为，教师也应为发现学生的病情作出努力，那就是说，教师发现的学生的行为和功能应是学生健康问题的最初指征，为医师的进一步检查提供信息和依据。

（五）心理测验

心理测验能用以测量学生心理发展水平，发现学生在智力、情绪、人格等方面存在的问题和障碍。20 世纪以来，特别是近几十年来，在心理测验的理论和方法学上作了不少新的探索和研究，编制了不少具有令人满意的信度和效度的心理测验量表。在心理测验中，运用较为广泛的心理测验量表有斯坦福—比奈智力量表（Standford-Binet Scale）、韦克斯勒儿童智力量表（Wechsler Intelligence Scale for Children，WISC）、卡特尔的 16 种人格因素问卷（Sixteen Personality Factor Questionaire，16PF）、罗夏墨迹测验（Rorschach Test）等。

心理测验通常由心理学家、咨询工作者、社会工作者对学生进

---

① American Medical Association，*Report of the Fifth National Conference on Physicians and Schools*，p. 27，1955.

② Yankauer，A. & Lawrence，R.，A Study of Periodic School Medical Examinations，*American Journal of Public Health*，Vol. 45，pp. 71-78，1955.

行测试，有时，也由受过训练的教师操作。在进行心理测验以前，必须注意选择合适的测验工具，特别是对个体学生的心理发展状况作全面评估，确定其问题行为和心理障碍的性质和程度，往往需要综合各种不同的心理测验所获取的资料及来自观察、筛选检查、医学检查等各方面的信息。

第二节 健康咨询

咨询是对求询者帮助、劝告和教导的过程。泰勒（Tyler, L. E.）认为咨询是一种从心理上进行帮助的活动，它集中于自我同一感的成长及按照个人意愿进行选择和作出行动的问题。帕特森（Patterson，C. H.）则认为："咨询是一种人际关系，在这种关系中，咨询人员提供一定的心理气氛或条件，使咨询对象发生变化，作出选择，解决自己的问题，并形成有责任感的独立个性，从而成为更好的人和更好的社会成员。"① 鲍埃（Boy，A. V.）和派恩（Pine，G. J.）对咨询的界定较为被大家接受，他们认为咨询包括以下几个方面的内容。

1. 求询者寻求帮助或者试图与咨询人员进行有目的的交流的面对面的个人关系。

2. 以建立在相互尊重、有效交流、求询者完全被咨询人员接受的基础之上，并将注意力集中于受询者的需要、问题和情感之上为特征的关系。

---

① Patterson，C. H.，*The Counselor in the School*，p. 223，1967.

3. 由咨询工作者给予的，能导致鼓励求询者完全自由地表达思维和情感的独一无二的关系。

4. 结果的责任主要归因于求询者而不是咨询人员的一种无约束的关系。

5. 一种能增进求询者成长、变化及自由地完全发挥作用的关系。

6. 一种求询者自信的愿望能够得到尊重的关系。

7. 需要咨询人员技能和态度的专业服务，这种技能和态度是一般人所不具备的。

8. 建立在能反映由对人、人的行为和社会的理性和经验的考虑而产生哲学和心理学原则的理论基础的专业服务。①

健康咨询是咨询的一个重要组成部分。利特瓦克（Litwack，L.）等人将健康咨询看作是“设计来用以使求询者增进自身健康的相互作用的过程。健康状态包括情绪、智力、身体、社会和精神等多方面。通过这个过程，个体能够增强决定其自身需要的能力，以及在环境中支持和增进健康而作出选择的能力”②。

哈里斯（Harris，W. H.）曾对学校健康咨询发表过以下的意见，他认为：“许多有问题的儿童青少年关心自身的健康，这是一个公认的事实；学校有不可推卸的责任去发现这些问题，并帮助他们以满意的方式去解决这些问题。由于指导参与了教育，因此，学校教职员能够促进个体身体、情绪、社会和心理健全地成长和发展。”③ 在谈及学生的心理调整及对学生进行的健康指导和咨询时，

---

① Boy，A. V. & Pine，G. J.，*The Counselor in the Schools：A Reconceptualization*，p. 139，1968.

② Litwack，L.，et al.，*Health Counselling*，p. 19，1980.

③ Harris，W. H.，Guidance in Health Education，*Journal of School Health*，Vol. 35，p. 235，1965.

哈里斯认为："调整不仅意味给予儿童解决其问题，或者说服其改正缺陷，更为重要的是帮助他学会帮助他自己——给予他一种解决健康问题的方法。"① 由此可见，哈里斯强调的是指导和预防的概念，强调学生对健康咨询的需要，而不是强调对问题的干预和治疗。

一、健康咨询的作用

健康咨询是学校健康服务的一个重要组成部分，在对学生的健康状况进行评估以后，健康咨询即是应该随后进行的学校健康服务工作之一。

在威尔逊（Wilson，C. C.）编著的《学校卫生服务》（*School Health Services*）一书中，曾对学校健康咨询应该起的作用阐述如下。

1. 给予学生尽可能多的由健康评估所发现的有关他们健康状况的信息，使他们能由此而得益。

2. 向家长解释健康状况的含义，鼓励家长去获取子女所必需的保健。

3. 促进学生和家长去寻求必需的治疗，接受学校教育方案符合其需要的改动。

4. 促进每一个学生在其成熟阶段承担维护其自身健康的责任性。

5. 对学生和家长进行健康教育。

6. 给予残缺学生以适合他们需要和能力的教育方案。②

---

① Harris，W. H.，Guidance in Health Education，*Journal of School Health*，Vol. 35，p. 235，1965.

② Wilson，C. C.（ed.），*School Health Services*，pp. 111-112，1964.

近几十年来，健康咨询在国外的中小学已成了学校卫生服务的一个重要方面。在学校健康咨询的理论模式和方法上，出现了强调整体和综合，以及重视社会环境影响的特点和趋向，这种特点和趋向同当今科学研究在方法论上注重整体，在理论上重视社会文化因素对个体的影响有关。学校健康咨询工作者已不再局限于某种单一的咨询模式，而是体现了多种模式的综合化。此外，在对个体学生的健康咨询中，校内外环境对学生的影响及咨询中双方的人际影响和相互作用问题也越来越引起关注。健康咨询手段的现代化也为教育情境中个体、团体咨询及大规模的教育、教学诊断提供了方便，特别是在实现测量、诊断和指导的计算机化以后，大大提高了学校健康咨询的效率。欧美不少国家的学校咨询人员须经过严格的资格培训和证书登记。

20 世纪 80 年代初，我国的学校健康咨询才初见端倪，但在短短的十余年中，“从无到有，从小到大，从高层次的服务到普及性的服务，由点到面蓬勃展开，其成绩是显著的，有不少经验值得总结和发扬，当然也有一些问题值得注意”①。健康咨询是维护学生身心健康、促进学生全面发展的需要，从长远看，也是提高全民族的素质、促进社会稳定和繁荣的一个有机组成部分，这一点已逐渐成为教育工作者的共识。近二十多年来，在我国从大学到幼托机构，健康咨询已初见成效，可以预料，它将会进一步得到较为迅速的发展。

二、健康咨询的过程

健康咨询是通过语言、文字等媒介，给求询者以帮助、启发和

---

① 郑日昌、陈永胜著:《学校心理咨询》，人民教育出版社 1991 年版，第 23 页。

教育的过程。通过这个过程，可以使咨询对象的认识、情感、态度和行为有所变化，从而更好地适应环境，保持和增进身心健康。健康咨询的过程受咨询理论模式和方法的影响，其表述也各有不同。

例如，伯林（Berlin，I. N.）认为，学校健康咨询可以分为以下六个阶段。

1. 熟悉。咨询人员深入学校，努力熟悉学校的组织、结构和问题，熟悉教师的日常负担和特定学校的特有问题。

2. 合作。咨询人员努力促进教育工作者将他当作一个有能力帮助自己的人加以接受，而不是将他当作考察自己、揭露自己的品质问题和潜在动机的干预者。换言之，要使教育工作者将他看作是自己的合作者。

3. 讨论。咨询人员通过与教育工作者共同讨论的方式，帮助教育工作者解除有健康问题的学生而引起的忧虑和自责。

4. 说明。咨询人员通过使用所有现成资料，向教育工作者说明学生健康问题的原因。

5. 选择。咨询人员与教育工作者一起选择解决学生健康问题的方式。

6. 复查。定期检查咨询效果。

又如，佩特（Pate，P. H.）受杜威（Dewey，J.）解决问题的理论模式的影响，认为咨询也是一个解决问题的过程，因此，他参照解决问题的理论模式，把健康咨询的过程分为六个阶段：（1）确定问题；（2）提出假设；（3）检查假设；（4）决策；（5）参与行动；（6）评价。威廉逊（Williamson，E. G.）和福雷（Foley，J. D.）等人则认为，咨询过程可以分为分析、综合、诊断、预测、劝导或治疗和追踪六个阶段。

我国学者郑日昌等人提出，学校咨询，不论是直接咨询还是间接咨询，都需遵循以下五个阶段。

1. 咨询双方建立相互依赖的关系

卡普兰指出，建立咨询关系最重要的方面就是咨询人员与求询者的平等关系。拉斯（Russ，S. W.）也认为，咨询人员与求询者之间建立一种坦率、信任的关系是咨询过程中头等重要的事情，是有效咨询的前提。咨询人员要努力给求询者以良好的第一印象，即咨询人员是一位可以信赖的、有才能的、平易近人的人，他善于启发思维，耐心听取诉说，积极加以疏导，在任何情况下不流露让求询者感到不安的情绪。

2. 搜集信息，弄清问题的大致范围和可能的性质

咨询人员要通过各种途径弄清求询者的基本情况（如姓名、年龄、性别、民族、家庭住址、身体发育状况、学业成绩、主要特长、兴趣爱好、品行、人际交往情况等）、社会文化背景（如父母的职业、文化程度、健康状况，父母教养子女的态度和方式，教师对学生的态度和教育方式，学校教育所追求的目标，学校的班风校纪、学习负担，学校和居住社区的治安情况、文化娱乐设施等）和健康问题（如求询者身体的缺陷或疾病、智力和个性发展问题、情绪困扰问题、学习和适应问题、人际交往和冲突、问题行为和品德问题、性心理卫生问题等）。

3. 诊断检查，明确咨询目标

咨询人员对求询者的问题范围和可能性质作进一步验证和分析，以求准确地把握问题症结及其本质，为咨询目标或治疗目标的确定创造条件。

4. 选定解决问题的方案，实施具体的指导帮助或治疗

解决问题的方案可有多种选择，咨询人员应根据求询者的具体情况认真作比较分析，在征得求询者意见后，根据咨询双方的条件、兴趣和成功的可能，作出判断和决定，并将方案付诸实践。

5. 追踪反馈，巩固和发展咨询成效

三、学校健康咨询对学生危机的干预

学校健康咨询人员除了对学生的一般身心发育问题、身心障碍和缺陷，以及学生的生活和学习环境实施咨询外，还经常对学生的危机进行咨询，或更经常地称作对学生危机的干预。学校健康咨询人员也许比其他人员更多地涉及学生的危机情景，正如巴劳（Ballou，M.）和里比奇（Rebich，C.）所指出的："在学校或社区中密切接触人的健康专职人员处于一种理想的位置，他们能为需要帮助的和潜在的危机情景提供帮助。"①

卡普兰将危机描述成为"稳定状态的打破"②。对危机的这种看法是建立在人类机体总是试图通过适应和解决问题而保持平衡状态这样的观念的基础之上的。帕雷德（Parad，H. J.）和卡普兰认为，三个相互有关联的方面有可能会导致危机的产生："（1）具有威胁性质的危险事件；（2）对会产生伤害或冲突的早期威胁有象征性联系的本能需要造成威胁；（3）无能力承担适当的应付机制。"③

此外，米勒（Miller，K.）和以色柯（Iscoe，L.）、布卢姆（Bloom，B. S.）、布洛赫（Blocher，D.）、埃里克森（Erikson，E.）等人都从不同的角度描述过危机问题。

---

① Ballou，M. & Rebich，C.，Crisis Intervation：A Call for Involvement for the Health Professional，*Journal of School Health*，Vol. 47，p. 606，1977.

② Caplan，G.，Patterns of Mental Disorders in Children，*Psychiatry*，Vol. 23，p. 367，1960.

③ Parad，H. J. & Caplan，G.，*Crisis Intervention*：*Selected Reading*，p. 25，1965.

（一）危机过程的特征

危机状态在性质上被看作是暂时性的，危机最终或者由于个体找到了新的应付和解决方法而有效地得以解决，或者发生了能够减少情绪反应的不适应性变化。

林德曼（Lindeman，E.）观察了人处于危机状态时的痛苦反应，指出了危机过程最初起始于试图与环境分离，随后出现的是对环境的适应，终止于个体能够形成一种与环境交互作用的新的关系和新的方式。

拉珀波特（Rapoport，L.）指出，当危机事件刚被知觉到时，个体会出现高度的紧张，随后就会运用自己熟悉的解决问题的技术尝试去解决问题，当这些陈旧的方法和技术不足以解决问题时，就增加了个体处于危机状态中所承受的紧张和焦虑的程度，这时，个体就运用了紧急的问题解决的机制。在这个时期，可能通过发展新的应付机制，或者重新认识问题，或者通过放弃追求的目标而避开问题，去解决问题。

芬克（Fink，S.）指出，个体一旦体验到了危机，就会出现以下四个连续的阶段。

1. 震惊（shock）——最初的心理反应阶段。这时，个体认识到真正的危险已经临头，他突然意识到自己不能恰当地应付情景，或正在处于恐慌之中。伴随着这种状态出现的情绪是高度紧张和焦虑。这时，个体与环境之间的正常的动态平衡被破坏了。

2. 防御性退却（defensive retreat）——个体保护自己以对抗危机的纠缠。在此阶段，个体试图重获回到先前的状态，用否定或者不予理会影响系统的威胁的方式消除危机。防御性退却可被看作为用以避免情绪失控或者情绪崩溃的机制。如果危机能就此避免，个体就会回到原先的状态，相反，如果这种机制不能最终避免危机，个体就会处于更严重的紧张状态，或者更强烈地保护其自身。

3. 认可（acknowledgement）——个体面对危机现实的阶段。这个阶段是危机过程中最为重要的阶段，在此阶段中，个体要么倒退，试图通过运用自己熟悉的方式达到某种自身的平衡，要么尝试采用新的行为方式重新达到平衡。应付过程既依赖于个体对情景的认知评价，也包括个体的动机、信念和态度，这些因素能帮助个体形成新的行为，从而有效地解决危机。在这一阶段，个体重新回到现实之中，再次面对问题和痛苦，因此，在沮丧和失望发生时，他人的相助显得至关重要。

4. 适应和改变（adaption and change）——系统以积极的建设性方式应付情景的阶段。在此阶段，个体作出了抉择，或建立了目标，产生了新的行为，成功地缓解了紧张和焦虑，发展了对控制和选择的认识。在这个意义上说，危机经常是能够产生一定效果的，因为个体学到了新的和更为成功的适应性行为。①

（二）对危机的干预

1. 认识危机

戈兰（Golan，N.）指出了在试图决定实际的危机情景是否存在时能被搜寻到的四种情况：（1）危险事件（the hazardous event）；（2）易受伤害的状态（the vulnerable state）；（3）冲击因素（the precipitating factor）；（4）活性危机状态（the state of active crisis）。②

危险事件指的是能触发最终导致一个危机发生的主要事件，例如亲人的死亡、家庭中角色的变换等。易受伤害的状态是指主体对

---

① Fink，S.，Crisis and Motivation：A Theoretical Model，*Archives of Physical Medicine and Rehabilitation*，Vol. 48，pp. 592-597，1967.

② Golan，N.，When is a Client in Crisis? *Social Casework*，Vol. 50，pp. 398-411，1969.

危险事件的知觉和反应处于不佳状态，危险事件可能被看作是一种威胁、一种丧失或一种挑战，这种状态经常伴随着高度的焦虑。冲击因素是导致情景从危险事件转变为危机的触发原因，它可能是大事件，也可以是小事情，都有可能成为导致危机的冲击因素。活性危机状态指的是一种不平衡状态，在此种状态下，一般的应付机制不再能够有效地运行。

当健康咨询人员相信他们面临着通过干预而能给予帮助的情景，他们应该通过观察或者谈话，决定上述四种情况是否存在，然后采取相应的干预方式。

危机可能在任何年龄的每个学生中发生。表 5-2 表明了处于危机状态中的学生可能出现的某些指征。

表 5-2　处于危机状态中的学生可能出现的指征

明显的指征	家庭指征
自杀的威胁	由于死亡、分居或离异而丧失家庭成员
口头暗示的自毁行为或者暗示在实际中并不存在的好事物	遭到家庭成员的拒绝
被自杀或死亡的阴影笼罩	家庭经济状况改变，失业
明显的自杀企图	家庭搬迁
家庭成员或亲密朋友企图自杀或自杀	家庭不和
作了临终的安排，抛弃了自己的所有，在长期失望之后出现了难以解释的快乐	家庭或其成员发生变故
持有枪械、刀具或致命的药品	家庭中有人酗酒或者滥用药品
与男（女）朋友关系破裂，断绝与他人的友情	学生成为身体、性和/或情绪虐待的受害者
	逃离家庭
	有情绪骚扰的家史

续表

学校指征	社会和情绪指征
学习失败或者留级	显著的个性变化
不能集中注意力学习	沮丧、伤感
对课外活动失去兴趣	退缩，不与他人交往
受到孤立	搅乱人心，攻击和反抗性方面的问题
新入学	感到绝望、无助
由于行为、行动拖拉或逃学而常受指责	有罪恶感或者感到应受惩罚
学习困难	无法解释的意外事故，鲁莽行为涉及法庭纠纷
明显的危险期	**体征**
改变了饮食或者睡眠的样式	人生变迁大事
增加或者丧失体重	毕业
不修边幅	父母离异成为事实
嗜睡	不愉快事件发生的一周年
常常抱怨自己身体不适	节庆日，特别是家庭的庆日
怀孕	假日，特别对孤独的儿童
病期延长或经常发病	季节变化
滥用药品或者酗酒	监护人意见不一致

（据 Capuzzi，D. & Golden，L.，1988）

2. 干预策略

认识危机只是危机干预的一半，干预的另一半是要帮助求询者解决危机。根据芬克提出的危机阶段模型，咨询人员可以采取相应的干预策略。

在危机的冲击阶段，理想的干预应该做以下方面的工作。

（1）稳定求询者——评估对医学或其他处理方式的需要，并获得可能是必需的处理。

（2）提供安全的、安静的和保护隐私的气氛——将求询者带到无旁观者的气氛和谐的房间中。

（3）帮助求询者明白自己的问题——运用聆听技术，帮助理解焦虑，建立关心的相互接触关系，评价危机的性质和程度。

在防御性退却阶段，干预更为困难。咨询人员面对的也许不是一个充满疑惑和焦虑的求询者，而可能是一个愤怒的、自我否定的、充满幻觉的、敌对的或者极度依赖的求询者。咨询人员的干预任务是支持求询者，而不是支持他的不符合实际的想法或者不适当的行为。这种干预可运用以下策略得以实现。

（1）反映求询者的情感。

（2）概括信息的内容。

（3）帮助澄清情感。

（4）有礼貌地要求求询者解释打算的行为的后果。

（5）避免求询者可能表达的个人私愤或者不希望出现的情感，但要承认求询者有表达这些情感的权利。

在认可阶段，求询者再次开始接受现实，这时，咨询人员的目的是帮助求询者去发展应付的方法，加强咨询人员与求询者之间的相互信赖的关系。这个阶段干预的策略如下。

（1）对情景理解的充分交流及对求询者的关心态度。

（2）解释求询者所经验的知识和情感。

（3）在求询者表明希望时，向其说清事件、事件的实质和程度。

（4）与求询者一起提高解决问题的能力。

（5）确定对求询者有用的各种选择。

（6）保持支持的态度，但又是现实的，使之能面对不良的选择。

（7）提供必要的资源和资料，帮助求询者进行决策。

（8）为解决问题而寻求尝试性计划。

（9）尽可能根据需要倾听和感受情感的表达。

（10）交流改变情感和解决问题中可能采用的方法。

在适应和改变阶段，咨询人员的目的是多重的。咨询人员和求询者共同决定最为有效地解决问题的方法，着手解决问题，相互之间进行密切交流。在此阶段，具体的干预策略如下。

（1）保持有效的交流，此种交流是自由的、面对面的、支持的或者适当强化的。

（2）促进求询者对用以解决问题的方法所作出的选择的决定。

（3）支持求询者达到自己新的目标的活动和进步。

（4）开始对危机过程、解决技能及认识的获得进行讨论。

（5）帮助求询者确定个人成长的需要和日趋增长的理解。

（6）向求询者日趋增长的自主性方向努力。

（7）当咨询双方对求询者的准备状态有了一致的意见时，终止或者查询合适的资源。

（8）继续进行阶段性的交流，直至达到目标、求询者的自主性稳固建立为止。①

危机是一个过程，在现实中，对危机的干预并不一定需要如此有规则和有顺序，这个过程由于各种原因而并不如此完整无缺。然而，芬克模式的每一阶段的干预策略为咨询人员提供了明确的干预行动的指南，使健康咨询服务有章法可以依循。

问题或者事件可导致危机，但是，它们最终是否导致危机，这取决于经历该问题或者事件的个体的知觉和反应。危机可能通过被个体认为是不可解决的问题或事件而发生。

能导致学生发生危机的问题或者事件虽因人而异，然而，较为主要的是身体疾病或者残废、意外事故、早恋或失恋、青少年妊娠、过度手淫、对药物依赖、与家庭其他成员或者教师的冲突等，此外，家庭成员的突然死亡或离走，家庭经济状况的突然变化，父母过度使用药物或者企图自杀、家庭搬迁，特别是突然搬迁到另一

---

① Litwack，L.，et al.，*Health Counseling*，pp.102-107，1980.

种社会文化环境之中，转学等，也会导致学生陷入危机之中。

对学生各种危机的干预有与对一般人相似的共性方面，芬克的危机干预模式提供了详尽的策略和步骤，然而对学生各种不同危机的干预还有其特殊性，健康咨询人员应充分认识到对不同性质、动因和要求的危机宜采取灵活的干预措施和手段，特别还要考虑到不同年龄的学生的年龄特征，这样才能使健康咨询更具针对性和有效性。

健康咨询人员的工作效能表现在能够清楚地知道各种危机情景的特殊信息和要求，也能够认识到具体求询者的弱点和不足，并能够运用准确的资源和信息。学校健康咨询人员对处于危机状态中的学生的需要和特殊性应是十分敏感的，此外，还必须熟悉国家和地方的法律、社区资源，并与各种人员保持非正式的接触，在必要时，求得各种社会机构和人员的帮助。

四、团体健康咨询

除学生或其家长单独向学校健康咨询人员提出咨询要求，由咨询人员进行解答、劝导和帮助，或者通过书信、电话、现场等途径实施个别健康咨询外，在学校还可施行团体健康咨询。这是健康咨询人员根据学生提出的问题，将学生分成课题小组进行商讨、引导，以解决这些学生共同的健康问题的一种形式。团体健康咨询也可以由学生自己组成团体，以咨询人员根据他们共同关心的健康问题进行咨询的形式出现。

团体健康咨询的人数没有具体的规定，从二三人到数十人都可以进行，一般以十人左右为适当。

与个别健康咨询相比较，团体健康咨询具有多方面的优点。第一，团体的感染力较强。团体健康咨询的作用不是单向的（咨询人员对学生进行疏导或者帮助）或者双向的（咨询人员与学生相互影响），而是多向的。在咨询过程中，学生可以了解到自己所在团体的其他成员也有与自己同样性质的问题，从而有助于自身情绪的安定和自我认识的提高。由于学生之间的问题往往比较接近，甚至完全相同，因而解决问题的迫切性也较为一致，这种状况会促使学生积极讨论，集思广益，也会促使学生相互影响，相互支持。第二，团体健康咨询对于解决学生某些健康问题的效果较为理想，例如，参加团体健康咨询本身就给学生提供了参与社会交往活动的机会，通过讨论、示范、模仿、角色扮演、练习等方法，可以帮助学生克服退缩、孤独、害羞、攻击、不合作等人际交往障碍。第三，团体健康咨询的效率比较高。团体健康咨询面对的是一个以上的学生，因而较为省时省力。团体健康咨询的不足之处是咨询的针对性有时不够强；在团体中，有些学生可能表现出种种顾虑，不愿表露自己的问题，这些都会影响到团体健康咨询的效果。因此，团体健康咨询和个别健康咨询应该是相互补充的。

建立团体，充分发挥团体在健康咨询中的功能，这是团体健康咨询重要的一环。诺莱斯（Knowles，M.）等人将团体的功能分成两种主要的类型：(1）团体的建立和维护功能，它作用于团体中良好的关系和情感的建立；(2）任务功能，它帮助团体实施工作。团体的建立和维护功能的产生有赖于团体中每一个成员对他人及其想法表现出来的热忱、友善和责任性，能同意和接纳他人的作用，有赖于对他人不同观点的协调和妥协，也有赖于能与团体中的人一起工作，并选择和设置共同的行动规则和材料。

团体健康咨询可以有许多合适的课题，例如，接受自己身体和心理所发生的变化，发展与异性正常的关系，解决与父母或权威的冲突，认识因各种原因而造成的学习困难，应付由考试而引起的紧张和不安，处理与同班或同寝室同学的关系，控制日常生活中的情绪失调等。咨询人员针对课题对学生进行分析或讲解，或通过播放录音和录像、参观、访问等形式，使学生对该问题有一个总体的认识，然后，为学生提供展开自由讨论的机会，或者通过角色扮演等活动，与学生一起寻找解决这些问题的途径和方法。团体健康咨询十分注重通过自我认识和对问题解决的思考，而促进团体中每一个成员的成长。"帮助个体对自身行为和与他人的关系获得较好的认识"①，因而，它"十分强调每个成员的情感和冲突"②。

五、学校健康咨询人员的作用

汤普生（Thompson，R.）在回顾了一些学者对学校健康咨询人员的作用的论述以后，将学校健康咨询人员看作是合作者（collaborator）、稳定者（stabilizer）、教育者（educator）、合成者（synthesizer）、改革者（innovator）、变化行动者（change agent）、分析者（analyzer）、重新构造者（reframer）、倡导者（advocator）、谈判者（negotiator）、冲突处理者（conflict manager）、学校卫生队伍的成员（team player）、转换者（transformer）、促使概念形成者（conceptualizer）、促进者（facilitator）、调查者（inguirer）、评价者（evaluator）、活力给予者（energizer）、组织者（organizer）、触发者（catalyst）、资料收集者（data gatherer）、联络者（liaison）、有技能的帮助者（skilled helper）、调解者（mediator）、认识者（recognizer）及代表人物（ambassador）。③

---

①② Litwack，L.，et al.，*Health Counseling*，p. 169，1980.

③ Thompson，R.，*School Counseling Renewal*，p. 124，1992.

学校健康咨询人员对学校管理人员、教师、父母和学生来说，应作为帮助他们解决问题的顾问，他们的咨询活动至少应该包括以下几个方面：（1）帮助教职员工或社区为学生的成长发育创造积极的气氛；（2）为教职员工或家长提供职后培训或家长会，以改进他们的生活调整技能；（3）帮助教师或家长发展和运用技能以应付与家庭或学校有关的问题；（4）帮助教师或家长运用发展、调整或重新调整的策略；（5）与地区和社区人类服务机构人员协调各类活动；（6）开展家长活动，发展教养技能，增进人际交往；（7）在社区内发展和增进伙伴合作关系。表 5-3 表明了学校健康咨询人员的活动范围和所起的作用。

表 5-3　学校健康咨询人员的活动

管理人员	教师	家长	学生
计划学校/社区需求、评价 鉴别有特殊需要的学生 支持教学双方的合作关系 增进社区、家长与学校的关系 帮助促进积极的学校气氛 将咨询整合到学校的办学目的和目标中	实施教师指导方案 鉴别和干预在学业和个人发展中有困难的学生 在生活技能、危机干预、逻辑意义、教育管理、特殊教育、初级预防和早期干预等方面提供职后培训 为专人提供补习或惯常的方案 对家庭/学校的伙伴关系提供帮助	增进积极的家庭/学校伙伴关系 参与志愿者方案 为儿童的发展需求、入大学计划、经济资助、青少年紧张、教养子女的技能和吸毒教育等提供帮助	建立同伴咨询、同伴教导、同伴倾听和同伴调解方案 提供领导和训练 为群体提供生活技能、交流、紧张处理、决策、时间处理、冲突解决、学习技能、自尊、健康保持、酒精中毒等方面的帮助

（据 Thompson，R.，1992）

六、学校健康咨询的系统观和预防观

20 世纪 80 年代以后，一些国家对学校健康咨询人员的要求进一步提高，要求学校健康咨询人员确立系统的观点，从整体出发，解决学生的健康问题，也要求他们以预防为主，防患于未然。

健康咨询人员需要确立系统的观点。系统观的确立，要求健康咨询人员确立更为广泛的相互依赖关系的概念，以及诸多亚系统中的问题是在一个更大的系统中必然地相互交织在一起的观点。这样，问题的原因和结果之间的界线就变得模糊不清了。系统观并不将问题归因于一个单一的原因或者一个简单的结果，相反，多层面的问题被明确地看成是在一个大系统中原因和结果是有内在联系的。系统观很好地适合了人们对于影响人类行为的一整套相互制约的变量的日趋增长的认识。

在系统观的研究中，希因（Schein，E. H.）把咨询人员的工作分成三种不同的模式：第一种是购买模式（purchase-model），在这种模式中，一个系统从外部咨询人员处购买信息；第二种是医生—病人模式（Doctor-patient model），在这种模式中，系统雇佣咨询人员去诊断障碍和疾病，处理已鉴别的问题；第三种是过程模式（process model），这种模式强调从整体上促进知觉、理解和行动，以改进能影响整个环境系统的过程的有效性。在过程模式中，希因提出了 7 点设想。

1. 求询者经常不清楚出了些什么问题，需要准确地鉴定他们的问题所在。

2. 求询者经常不清楚哪些帮助是有用的，需要确定哪种帮助是必须的。

3. 求询者经常有一种建设性的改进愿望，但却不清楚如何去确定和完成这种愿望中的变化。

4. 大多数求询者在懂得判断自己的强处和弱点时，他们能更为有效。求询者不是完人，如果弱点减少，强处增强，那么他们就会更加健康。

5. 咨询人员不可能像作为系统一个部分的求询者那样知道那么多的有关系统的文化背景，咨询人员必须与更多地知道该系统的求询者合作。

6. 求询者学习看待自己的问题，参与对问题的判断，积极地计划和进行矫治行动。咨询人员的任务之一是为求询者提供可供参考的新的和有风险的选择，然而对选择的决定必须由求询者自己作出。

7. 该模式最为重要的一点是咨询人员是诊断方面的专家，同时又是与求询者建立有效的帮助关系的专家。有效的过程咨询指的是把这些技能向求询者系统地传递。

利特瓦克（Litwack，L.）等人认为，系统观和咨询的过程模式提出了区别于传统的咨询模式的具有挑战意义的概念，它考虑到了相互依赖的更为广泛的概念，求询者从单一的个体或群体扩展到了由亚系统组成的整个系统。“诊断技术和有效的交流技术的传递具有一种帮助的功能，它能导致系统的变化而不只是改变个体或者群体。”①

当今，健康咨询的另一个发展趋势是预防为主和扩大咨询服务的范围。德鲁姆（Drum，D. J.）和菲格勒（Figler，H.）主张咨询人员不应该坐等在办公室内，等待求询者进来寻找帮助，他们必须运用尽可能多的方法去迎合学生的发展需要，实现有效的健康及满足特殊的需要。据此，一个咨询人员需要建立一对一的咨询关系

① Litwack，L.，et al.，*Health Counseling*，p. 244，1980.

的技能，要会教学，会认定求询者的需要，要能计划发展方案和修正方案，也要能为机构和社会的改变服务。

“预防”一词的一般意义是防患于未然，然而，如果从更广义的意义上去运用这个词，而不是将它与脊髓灰质炎、腹泻、发烧等具体病症联系在一起，那么“预防”一词就与一些很特别的行动联系在一起了。卡普兰提出了预防的三个不同水平，即一级预防、二级预防和三级预防，卡普兰的模式可以被用以区分健康咨询人员行动的水平。①

一级预防的目的是在问题产生以前就改变可能引起问题的各方面因素，主要涉及大的方面的改变，例如法律系统、社会系统或学校系统的改变。对于一些原因已经明确而且可以针对病因采取预防措施的问题，一级预防可望收到明显的效果，例如，学校预防接种工作的开展能有效地控制流行性脑膜炎、流行性乙型脑炎等传染病，以及由这些传染病所导致的学生心理障碍和疾病。学校对国家职能部门颁布的“食品卫生法”的严格执行，能保障学生获取平衡、合理的膳食，避免因饮食不卫生而引起的各种疾病。但是，许多问题的发生原因是不完全明确的，这些问题的产生与学生的生活和学习环境有密切的联系，因此，有学校中，一级预防也往往从学校的心理社会环境创设、课程设置、教师对学生的教育态度和方法、学校与家庭的联系等多方面入手。对于健康咨询人员，一级预防是可以大有作为的领域。

二级预防的目的是及早发现问题，并及时加以干预，防止问题性质的变化。有各类健康问题的学生在学校生活中经常会有一些比较特殊的表现，这些表现对于健康咨询人员及早发现和鉴别有问题

---

① Caplan，G.，*The Theory and Practice of Mental Health Cousultation*，1970.

的学生具有一定的参考价值。例如，学生在学校中表现过分胆怯（退缩、经常哭泣等），攻击性行为突出（威吓同学、经常争吵打架、行为残暴等），对批评过分敏感，学习中屡遭挫败、情绪失调，对任何事缺乏兴趣和动机，人际关系差，病态说谎、逃学，以及变态的性心理和性行为等，这些都为发现学生的问题，及早加以干预提供了指征。二级干预可以使已经存在的问题得到缓和或者减轻，防止问题的进一步恶化，这虽然没有一级预防那么积极，但是也能有效地解决许多现实问题。二级预防必须注意到干预和治疗的过程可能带来的危害或不良影响应小于该问题本身造成的后果，例如，给学生冠以某种疾病的名称所产生的副作用，有时可能会大于干预和治疗的效果，此类情况必须事前认真权衡利弊，然后决定处理方案。

三级预防的目的在于使有各类问题的学生得以康复，减少病理状况的后作用。这项工作应由咨询人员会同各类专职人员和教师一起进行。

第三节　疾病的控制和预防

控制和预防各种急慢性疾病，在急性传染病流行时期积极做好集体教育机构的防治工作，对各种学校常见病进行预防和矫治，并对一些成年期常见的疾病作好早期预防，这也是学校应该提供的卫生服务。

一、传染病的控制和预防

传染病是由病毒、细菌、真菌、支原体、螺旋体、立克次氏体、寄生虫等病原微生物或病原体引起的具有传染性的疾病。传染病的传播和流行，必须具备传染源、传播途径和易感人群三个基本环节，控制和预防传染病的发生和流行，关键在于针对传染病发生和流行的三个基本环节，采取综合措施，即管理和消灭传染源，切断传播途径和保护易感者。

由于医学卫生事业的发展和普及，在我国，许多原来广泛流行的传染病，如天花、鼠疫、霍乱等已被消灭或基本被消灭，白喉、伤寒、黑热病、脊髓灰质炎等已得到有效控制。但是，仍有一些传染病还在一些地区散发流行。

学校等教育机构是学生聚集的场所，学生之间的相互接触比较密切，而学生又是传染病的易感人群，因此，传染病易在教育机构中传播和流行，例如，各种呼吸道和消化道的传染病易在学生中传播，有时还会发生水痘、腮腺炎、传染性肝炎等暴发性流行。

学校主管领导、学校医护人员应与当地医疗卫生部门、基层的各种卫生保健人员密切配合，把对传染病预防的重点放在建立卫生制度和经常性卫生措施方面，如果急性传染病一旦发生，则应立即采取措施，及早予以消灭。

（一）经常性的预防措施

1. 预防接种

学校应制订预防接种制度，建立预防接种登记卡。在登记卡上记录学生的传染病既往史和预防接种情况。预防接种能提高学生对各种传染病的特异性免疫力，这是一种将抗原（菌苗、疫苗等）接种入人体，使之与机体起作用而产生抗体，从而对病原体具有特异性免疫的方法。有计划地在学校中做好预防接种工作，包括做好接种前的宣传教育和组织工作，让学生了解接种的意义和注意事项，具体安排接种时间，协助医务人员完成接种和处理可能产生的意外，接种后安排学生的休息等。

2. 管理传染源

学校应建立教职员工任职前的体检制度，包括胸部X光透视、血液传染性肝炎抗原检查等，若发现患传染病者，需经医生证明治愈后才能录用。在职教职员工也必须定期进行健康检查。

学生在入学前应进行健康检查，入学后也要定期体检。

3. 切断传播途径

学校要认真开展爱国卫生运动，制订环境卫生分片包干制度，保持室内外清洁，彻底消灭蚊蝇孳生地，加强通风换气，做好粪便和污物的处理，建立食堂卫生管理制度。培养学生个人卫生、饮食卫生、自觉锻炼、遵守生活制度等卫生习惯，也是切断传播途径的重要方面。

（二）传染病流行时的措施

在学校中发生急性传染病，或者在学生密切接触的人群中有传染病流行时，除了加强经常性的卫生制度和卫生措施外，学校还应及时采取下列紧急措施。

（1）执行“四早”（早发现、早隔离、早报告、早治疗），以控制传染病的蔓延。在传染病流行时期，要加强对学生的体检，发现可疑的病症，应及时隔离观察，及早报告。我国1989年制定的《中华人民共和国传染病防治法》规定管理的传染病有35种，分甲类、乙类和丙类传染病三种。甲类传染病包括鼠疫、霍乱，发现此类传染病及疑似患者，应以最快方式向卫生防疫部门报告，城镇不得超过6小时，农村不得超过12小时。二类传染病包括病毒性肝炎、细菌性和阿米巴痢疾、伤寒和副伤寒、艾滋病、淋病、梅毒、脊髓灰质炎、麻疹、百日咳、白喉、流行性脑脊髓膜炎、猩红热、流行性出血热、狂犬病、钩端螺旋体病、布鲁氏菌病、炭疽、流行性和地方性斑疹伤寒、流行性乙型脑炎、黑热病、疟疾、登革热，发现病人及疑似病人时，城镇应于 12 小时内，农村应于 24 小时内尽快报告疫情。丙类传染病包括肺结核、血吸虫病、丝虫病、包虫病、麻风病、流行性感冒、流行性腮腺炎、风疹、新生儿破伤风、急性出血性结膜炎，以及除霍乱、痢疾、伤寒和副伤寒以外的感染性腹泻病，发现疫情时要求按乙类传染病报告方式进行管理。学校应严格执行传染病防治法的有关规定，一旦发现疫情，及时报告，对疾病患者及时隔离和进行治疗，对其可能污染的环境，如教室、寝室等进行彻底消毒。

(2) 管理易感学生。对与传染病患者有密切接触史的学生应严格进行医学检疫或观察，直至该传染病的最长潜伏期过后方可撤除检疫。在传染病流行季节，除预防接种外，还可采用药物预防，如服用磺胺类药物可预防流行性脑炎的流行。在必要时，还可通过注射免疫球蛋白、高价特异性免疫球蛋白和特异性抗毒血清等生物制剂，暂时增强学生机体的免疫能力。

(3) 根据传染病流行的发展趋势，暂时停止大型集会或其他大型集体活动，必要时，实行暂时停课。

二、学校常见病的预防

学校常见病常被称为“学校疾病”，如屈光不正（主要是近视）、龋齿、脊柱弯曲异常、扁平足、贫血、神经衰弱等，其中有些疾病与学生学业负担过重和学习生活环境不良有密切的关系。改善学生的学习、生活环境、减轻学生的学习负担，常能对某些学校常见病的预防起到积极的作用。

在学校生活期间，由于学业负担过重，教室采光、照明不良，学生不注意正确的读写姿势等，均可促进近视的发生和发展。“这种在学龄时期发生的，与学习生活紧密相关的近视叫作学生近视，或称学校近视。”①

学生近视发生、发展的因素十分复杂，概括起来不外乎环境因素、遗传因素和体质健康因素三个方面，是多种因素交织一起的结果。20 世纪 80 年代，有人提出了有关近视眼起因的新发现，认为近视眼的发展是与体内铬质缺乏和食物中蛋白质含量过多等原因有联系。该结论来自多因素分析，但同样也证实了以往学者有关近视眼起因的三点论断：（1）长时间阅读或视近工作引起眼的过度疲劳；（2）过量摄入糖或者其他精制碳水化合物；（3）新陈代谢反常与钙质吸收不规则。另外，有人通过分析大量近视患者的头发，发现他们的头发普遍缺乏钙和铬两种元素，而这两种元素都直接影响机体对眼内液压的调节，进食过量的糖会导致铬的储存障碍，而过多进食烧煮过久的蛋白质会使钙代谢异常而致钙缺乏。②

学校在预防近视中须强调综合防治，把重点放在减轻学业负担，合理安排生活制度，增强学生体质，改善学生学习的环境条件和培养学生良好的用眼卫生习惯等方面。对于程度较轻的初发者，亦即假性近视的学生进行矫治，可以控制和降低学生近视的患病率。矫治的方法有双眼远雾视法、眼保健操、推拿、针灸等，方法的选择以安全可靠、简便易行为原则。

---

① 叶恭绍主编：《中国医学百科全书·儿童少年卫生学》，上海科学技术出版社 1984 年版，第 45 页。

② 瞿葆奎主编，朱家雄等选编：《教育学文集·体育》，人民教育出版社 1988 年版，第 83 页。

第四节　急救

急救是学校卫生服务不可忽略的一个方面。急救是指对威胁学生和教职员工生命安全的意外伤害和急症采取的紧急措施，挽救伤病者的生命，尽量减少其痛苦，防止伤病情的进一步恶化，为下一步的救治打下良好的基础。

学校内外发生的意外事故和灾害是多种多样的，就其造成的后果而言，大致可以分为两类：一类是迅速危及生命的，如车祸、中毒、触电、外伤大出血、淹溺、气管异物等，这一类事故必须在现场争分夺秒地进行抢救，防止可以避免的死亡；另一类虽不是立即致命的，但若不作处理或者处理不当，亦可导致死亡或者终身受损害，如骨折、烧伤、烫伤等。学校应尽量避免各种意外事故和灾害的发生。但是，意外事故和灾害的完全避免往往是不可能的，因此，学校应将急救列入学校卫生服务的计划之中，除了做好各项防范工作以外，还要做好各种急救的准备工作，使意外事故或灾害一旦发生，就有可能使其减到最小的危害程度。

学校急救处置应在校医指导下由教职员工执行。教职员工应熟悉一般急救处置的标准操作方法。学校保健室的急救药品和器械必须按急救处置的标准进行准备，并经常加以检查，使之保持配备齐全。

第六章
健康的学校环境

从传统的观点看，健康的学校环境被认为是学校内部的能促进学生健康的各种外在因素。美国教育学会和美国医学会关于教育的卫生问题的联合委员会曾对健康的学校环境下过定义："……在学校内部的与健康有关的所有的环境条件、每一种社会关系及每一种课程经验……"①

然而，从生态学的观点看，社会政治、经济状况的变化，科学技术的进步，能源危机和环境污染，生活消费指数的上扬，等等，这些众多的因素无一不在影响着学校的环境。从这一观点出发，健康的学校环境"涉及学校和社区的、社会的、个人的、遗传的和生态的许多因素"②。在这一章里，我们仅以学校为背景，讨论影响健康的数个主要的学校环境方面。

安斯珀夫等人将健康的学校环境分为以下 9 个方面。

1. 教职员工与学生的友好关系。

2. 健康的学校日程安排。

3. 校舍的合适规模、位置及其安全性。

4. 学校建筑在大小、设备、安全性能、照明、桌椅、音响装置、取暖和通风等方面符合标准。

5. 由学生共同计划和参与的安全监察、练习和巡视。

---

① Joint Committee on Health Problems in Education of the National Education Association and the American Medical Association, *Healthful School Environment*, p. 7, 1969.

② Stone, D. B., et al., *Elementary School Health*, p. 164, 1976.

6. 适当的学校环境保养。

7. 适宜的和安全的体育和娱乐设备和器具。

8. 学校膳食和点心。

9. 安全的校车运行。①

① Anspaugh, D., et al., *Teaching Today's Health*, p. 16, 1987.

第一节　健康的学校气氛

健康的学校气氛对于身处其境的学生和教职员工而言是积极的和能激励其精神的。“当学校工作人员共同工作，创造出一种有成效的、有教养的、积极的和支持的环境，那么，健康的学校气氛就产生了……这种环境能促进社会网络系统的工作、合作性行为及在个人责任和义务范围内的有创造性的和自我增进的独立性。在这种环境下，学生的学业成就和心智成长天天向上。”①

一、和谐协调的人际关系

在和谐协调的人际关系对创设健康的学校气氛的重要性方面，学者们很少有异议。在学校中，人际关系主要有师生关系、学生之间的关系及教师与家长之间的关系等。

（一）师生关系

师生关系是学校中最为重要的人际关系。苏联学者伊萨耶夫（Д. Н. Исаев）认为，师生关系的特点在学生健康心理的形成中具有首要意义。良好的师生关系既是学生心理健康的一种标志，也是教师进行心理卫生工作的基础和手段。美国学者福尔通（Fulton，G. B.）和凡斯本德（Fassbender，W. V.）认为：“6—17 岁的大部分学生与教师在一起的时间比与其家长在一起的时间更多，因此，教师对学生的社会和情绪调整有明显的影响作用……。对学生自我认识的强调，建立在个体自我实现基础上积极的自我概念的发展，

① Schultz，E. W.，et al.，School Climate：Psychological Health and Well Being in School，*Journal of School Health*，Vol. 57，No. 10，p. 432，1987.

以及预防情绪失调而作的心理咨询，这些对学生的心理健康都极为重要”①。良好的师生关系能使“教师有机会积极地影响学生的心理健康”②。“要建立学生对教师的信任，教师必须对学生表现出真诚的关心和爱护，对他们的困扰要有耐心。温和的语气、诚挚的表情、友好的手势和体姿等都是为良好的心理健康而创设的积极的心理气氛所不可缺少的方面。这些方面向学生都传递了这样一种信息：‘我尊重你’，这样做能使教师对学生的情感变得越来越敏感。”③

学校中师生关系的紧张和不协调是引起学生情绪失调的重要原因。师生关系与教师的个性品质和心理健康状况密切相关，教师每个学日都在接触学生，心理不健康的教师对学生身心健康的危害不会低于身患传染病的教师对学生健康的危害。

教师整天都要接触带有情绪色彩的事件或者活动，如学生的过分依赖或要求、吵闹或捣乱、破坏或欺骗、挑衅或敌对，这一切不可避免地会引起教师的紧张和不安，甚至引起教师的心理失调。美国的一项研究表明，在教师、医生、农民、律师、家庭主妇等职业中，教师患有神经官能症的人数比例最高。美国的另一项研究表明，心理失调或患有心理疾病的教师占教师总数的10%左右，其中程度比较严重的占了教师总数的4%。

学校有责任帮助教师不断改善个性品质和心理健康状况，使他们热爱教育事业，热爱学生，把学生作为一个有自己独特思想、情感、意志和个性的人来对待，防止情绪上的偏激，克服认识上的绝对化及看问题的片面、割裂和偏执。此外，保证有充分的休息和睡眠、丰富的饮食和娱乐，帮助解决后顾之忧，也是维护和增进教师

---

① Fulton, G. B. & Fassbender, W. V., *Health Education in Elementary School*, p. 56, 1972.

② ③ Rhodes, R. L., et al., *Elementary School Health*, p. 72, 1981.

心理健康的必要条件。

教师的职业要求教师具有高度健康和稳定的情绪，对学生抱有期望，富有热忱和同情心，有能力在任何情况下自觉地将个人的不健康情绪消除在课堂之外。教师个性品质的不断改善，会对学生心理的健康发展起到良好的促进作用。

索罗昌（Sorochan，G.）等人曾罗列了教师在建立良好的师生关系方面应做到的如下16个方面。

1. 尽可能快地记住学生的姓名，并能用姓名称呼学生。

2. 在开始教学以前，确信每个学生的注意力都已集中。

3. 对于计划中所要做的事，应给予明确的指导。

4. 在课堂中创造热烈和友好的气氛。

5. 态度友善、热情，且要稳定不变。

6. 成为学生意见的倾听者。

7. 在适当的时候和可能的情况下，给予每个学生以肯定。

8. 在活动中采用志愿者的方法，并让从来没有自愿参加的学生参与活动。

9. 帮助学生认识良好的营养、平衡的工作、游戏、体格锻炼和睡眠的重要性。

10. 经常组织休息。

11. 在学业上允许个体差异。

12. 在刚开始进行复杂的工作时，热情帮助每个学生，以后逐渐撤回帮助。

13. 利用“来自自身内部的奖励”，而不是滥用奖励和行为强化。

14. 鼓励个人爱好、艺术、工艺、戏剧、音乐和其他兴趣活动。

15. 提供更多的成功机会而不是失败机会。

16. 让家长积极地参与到学校卫生方案中来。[1]

(二) 学生之间的关系

随着学生年龄的增长、活动范围的扩大，学生与其他学生交往的机会和时间就越来越多，同学之间的关系在学校人际关系中就显得越来越重要。在小学低年级，同学之间往往由于住地接近或者其他偶然因素而建立起同伴关系，这种关系不具有持久的性质。随着年龄的增长，相互关系的稳定性明显增加，个体受他人的影响也随之增大，到小学高年级，在学生中还会出现因趣味相投而集聚成的小集体，以组织坚固、成员对集体负有责任和义务为特征。初中学生的同学关系比小学生更为复杂，并开始出现了不容许成人对其同学关系过分干涉的倾向，关系密切的同学之间表现出少年友谊的特点，即绝对忠诚、保守秘密、坦白等。高中学生的同学关系逐渐具有成人化和社会化的倾向，同学关系被学生看得甚至比父母和教师更为重要。据调查，在高中生感到苦恼时，向父母和教师诉述的只分别占 26.7%和 10.1%，而向贴心的同伴倾诉的却占 60.9%。

学生之间的关系是学生在相互交往中逐渐建立起来的，它与学生的交往知识、技能，特别是学生的个性品质密切有关。学校有责任协调学生之间的人际关系，指导学生学会一些与同学建立良好的人际关系的知识和技能，特别是注意帮助那些有人际交往障碍的、适应不良的学生改善自己的个性品质，使他们成为学校集体中被人接纳和自我接纳的成员。

在学校中，教师要善于利用集体教学和活动的机会，帮助学生建立同学之间良好的人际关系，例如，要求学生在学校中学会礼貌用语和礼貌待人，组织学生相互协商、共同解决面临的问题，在班

---

[1] Sorochan, G., et al., *Teaching Elementary Health Science*, pp. 103-104, 1975.

级集体中展开互帮互学活动，等等。教师要注意观察每个学生的个性特点及他与同学之间的关系，注意安排一些活动，鼓励缺乏交往技能或者性格内向、行为退缩的学生参加这些活动，积极与其他学生进行交往。适应不良的学生更需要得到同学的认可、同情和尊重，因此，教师应“坚决制止同伴中的嘲笑、挖苦、讽刺等不良行为。明智的教师总是理解适应不良的儿童对获得同伴认可的需要，因此，他们总是找寻许多合适的机会，在各种场合使适应不良的儿童的独特才能有所表现和发挥，以利于提高他们在同伴中的地位和自信”①。良好的同学之间的人际关系的建立，有益于在集体中形成友好相处、相互合作、相互帮助、共同享用的学校气氛。

（三）教师与家长的关系

教师与家长的关系也是学校人际关系中不可忽略的一个方面。“教师也可以通过帮助家长懂得他们在家中的所作所为对于学生在学校的表现会有重要作用，从而促进学生的心理健康。”② 学校应鼓励和促进教师积极主动地与家长建立经常的联系，以取得家长的配合。

由于教师和家长的职业和身份、文化程度、对教养学生的态度和方式及观察学生的角度和了解学生的程度都不尽相同，教师和家长之间常会出现看法上的分歧，甚至出现矛盾和冲突，尤其是学生在出现情绪困扰和行为问题时，这类矛盾和冲突更易激化。教师在建立良好的教师与家长的关系中应处于主导地位，懂得这种关系的建立是创设健康的学校气氛所不可缺少的一个方面。

教师应尊重家长，耐心听取家长的意见。尊重家长的首要一点应表现在尊重他们的子女，不对其子女作不负责任的评价，更不可

---

① 邵瑞珍等编著：《教育心理学》，上海教育出版社 1983 年版，第 254 页。

② Rhodes，R. L.，et al.，*Elementary School Health*，p. 74，1981.

用讥讽、挖苦、奚落的语言对其子女横加指责，或者为了“解恨”或“发泄”而向家长“告状”。教师对家长施加压力最终只会导致教师与家长之间的关系、家长与子女之间的关系及师生之间的关系恶化。

教师要善于调动家长的积极性，在可能的情况下可以邀请家长参与学校的某些活动，使家庭和学校步调一致地对学生施加教育影响。林格伦（Lindgren，H. C.）在述及教师与父母的合作时，讲到了让父母介入学校生活的问题：“有时不仅通过父母—教师相互联系，而且让父母作为辅助教学人员，或自愿的教学帮助者，或在郊游一类的活动中作为青年的监护人等……在一个实验方案中，邀请奥格拉拉苏地方的父母同学校的管理人员在一些一般的问题上配合工作，如长期逃学。合作的结果，在家庭和学校之间建立了密切的联系，缺席率从每天平均 60 人次降低到 30 人次。”①

二、适宜的课程和教学

适宜的课程和教学对于学生来说具有适当的紧张度。心理学的研究表明，学生在适度的精神压力和焦虑情绪下学习效率最佳。没有任何精神压力，学生就会懒懒散散，振作不起精神，无所作为。然而，精神压力过大，则会压抑情绪，丧失信心。因此，适合学生心理状况和能力水平的适度紧张的教育和教学，是促进学生身心健康的高效率的教育和教学。健康的学校气氛的创设有赖于这样一种适度紧张的教育和教学。

教师要从学生的实际能力水平出发来制订适宜的课程，使学生

---

①［美］林格伦著，章志光等译：《课堂教育心理学》，云南人民出版社 1983 年版，第 224 页。

能取得满意的成绩或成就，从而提高学生的自尊心和自信心。同年龄的学生，尽管从整体上说，心理发展水平大致相同，但是他们的神经类型、气质、个性和能力水平存在着明显的个体差异。有的学生因为认知方面的障碍，导致了学习的挫败，同时还表现出种种情绪上的干扰；有的学生因为性格内向，不善于与别人交往，害怕在公众场合发表意见，在课堂和校内的各种活动中常表现出退避和羞怯，并伴有高度的焦虑；还有的学生则因品行问题而经常受到指责甚至体罚。有研究表明，由于对诸如此类的心理健康方面的问题，学校没有采取针对性的措施，至少有10%—40%的学生在学业上未能发挥自己的潜力，处于较低的学业成就水平。因此，要充分认识学生之间存在的个体差异，以及学生中可能存在的各类心理和身体方面的问题，对每个学生设置一个能够达到，但又需要经过一定努力才能达到的学习目标，并使学生及时体验到获取满意的成绩或成功的快乐。“学生在学习作业中的成功，往往能提高同伴对他的赞许程度。有了这个心理健康的‘资本’，就会不再表现出种种情绪上的干扰。解除了过分的焦虑，又具备了日益增长的技能和提高了作为一个学习者和解决问题者的自信，也就可能在他的全部生活中，在与他的同伴、父母、教师以及其他人的相互关系中，进一步取得良好的适应。”①

不同年龄的学生的心理发展水平各不相同，因而他们的兴趣、能力也就不同，学校的课程和教学要适合不同年龄的学生的特点。比如，新入学的学生往往保留了不少原有的行为和习惯，难以在短时间内适应新的学习生活，容易出现心理冲突和失调，因此，在教育、教学过程中既要对他们提出新的要求，使之尽快适应新的学习生活，又要照顾到他们原有的习惯，不要操之过急。又比如，中学

① 邵瑞珍等编著：《教育心理学》，上海教育出版社1983年版，第253页。

生，特别是高中生的独立意识已经相当强烈，自尊心和责任感也有了相当的发展，教师应尽可能让学生自治自理、自学自创和自觉体育锻炼，在各项活动中充分发挥特长，发展个性。过多的限制和过分的要求只会起到压抑学生积极性的作用，无谓地造成学生的心理紧张。

在课堂教学中，课堂气氛主要取决于教师对课堂教学活动的领导方式和课堂中学生相互之间的关系。课堂中民主的、宽容的、公正的和热烈的气氛会对学生的心理健康起促进作用；相反，专制的、过分严厉的、不平等的和冷淡的气氛，则会起到消极的作用。心理学的研究证明，教师的作风专制，对学生态度过分严厉，安排的教学活动无生气，对学生的控制过甚，都会造成学生的心理紧张、神经过敏及相互的攻击。相反，教师如若乐意与学生共同商量，乐意给学生帮助和指导，那么在这种民主的课堂气氛中，学生的心理健康可以大为增进。在课堂教学活动中，学生作为集体的成员，既有与其他学生合作的一面，也有与其他学生竞争的一面。竞争能激发学生的学习动机，提高学习效率，也可使集体活动更富有生气。但是，竞争如果不适量或不适度，则会造成学生过分紧张和焦虑，特别是引起能力差的学生的不胜任感和退缩行为，也有可能导致紧张、敌对、报复等消极的课堂集体风气。教师要合理运用学生之间的竞争和合作的手段，使两者相互补充，以充分调动学生的积极性。

三、严明的校纪校训

严明的校纪校训能规范学生的行为，培养学生的自我控制能力，这是个体和群体健康成长的保证。

学校纪律对学生行为的制约及学校对学生行为的训导并不意味

着惩罚学生。由责骂或者惩罚而产生的学生对自己行为的控制是不会长时间保持的，而且责骂或者惩罚只会损害学生的身心健康。

学生“需要某些控制和指导以帮助他们能够自律，自律有多大程度要根据情境和他们的成熟的水平而定。他们常常不能够自己决定他们应该有什么程度的控制与指导。时常，特别在发展中的少年初期，为他们的行为规定限制，他们会有相互矛盾的需要和向这些限制挑战”①。

学校应为学生提供“一个稳定和合理的环境，使儿童可以得到发展和学习，在这种环境中，时间是有规律的，要求和计划作了明确的规定，并且依靠规则和条例来管理。……儿童在一个组织良好的、受控制的、稳定的环境中的经历是重要的，就像许可他们有思想、表达、行动的自由经历一样重要”②。

第二节　合理的学校作息制度

学校作息制度是指一昼夜、一学周和一学年学校内学习、课外活动、劳动、进食、休息和睡眠的时间分配和顺序。合理的学校作息制度可以保证学生劳逸结合，使大脑皮质的机能活动富有节律性，因而神经细胞可以以最小的能量消耗而保持较高的工作状态，防止疲劳程度的不断加深，避免过度疲劳的产生，使学生的学习负担趋于合理。合理的学校作息制度的制订是创设健康的学校环境所

---

①②［美］林格伦著，章志光等译：《课堂教育心理学》，云南人民出版社 1983 年版，第 402、221 页。

不可缺少的一个方面。

一、学习中的疲劳、过度疲劳及其预防

学习会引起学生的疲劳。疲劳是指一定的紧张程度或一定连续时间的学习和工作而引起的机能减退，它使学生的学习和工作效率下降，甚至处于不能继续学习的状态。疲劳具有生理性的保护作用。学校教育、教学活动引起学生的疲劳程度，是对学生学习生活负担进行卫生学评价的基本指标。

学生在学习过程中出现的疲劳，若经过短时间休息可以消除，那就不是学习负担过重。疲劳是所有较长时间的紧张作业所不可避免的后果，完全地避免教育、教学活动中所产生的疲劳是不可能的，也是不必要的，让学生摆脱任何较长时间的紧张工作，不仅违反教育原则，而且违背卫生学原则，因为只有紧张的活动才能促使成长的机体得以充分而又健康的发展。在组织学校一日生活、制订学校的作息制度时，要认真分析引起学生疲劳程度加深的各种因素，从学校工作的整体出发，采取各种积极措施，减轻学习的疲劳程度，在疲劳发展到一定程度时则及时组织休息，防止过度疲劳的产生。

（一）疲劳的性质

在学生从事脑力和体力活动时，疲劳就随之产生。在疲劳产生的初期，机能减退是很难觉察到的，由于各种复杂的生理、心理因素的参与和作用，疲劳的表现也是多种多样的，有时，学生在疲劳时反而会出现机能的亢进，掩盖了疲劳的其他表现。

对于疲劳的本质是什么，至今尚不完全清楚。学者们提出了各种学说，如疲劳物质积蓄说、能量消耗说、调节功能失调说（中枢说）、物理化学性质异常说（矿物质移动说），等等。

疲劳物质积蓄说认为，人体的活动引起了体内的化学反应，结果产生了引起疲劳的物质，如乳酸、蛋白质和糖元的分解产物等，这些物质在体内的积累会给机能活动的正常进行造成障碍。也有人认为，由于代谢物质的积累和氧的缺乏，使体液的氧离子和其他离子的浓度、pH 值、血糖和无机盐成分等发生变化，各组织、器官细胞的“内环境”也就随之变化，这种变化使体内生物化学反应的速度减慢和不准确，疲劳由此而产生。

还有的学者提出，由于体内发生的能量消耗及代谢物质的积累和体液变化，中枢神经为了使机体各系统和器官不受损伤，就相应地使机体的功能下降，以适应这种变化。然而，来自中枢神经的这种抑制是可以被突破的，当机体处于应激状态时，疲劳状态中的机体也能完成难以想象的工作，只是在应激状态过去以后，机体会陷入更深的疲劳状态之中。

日本学者大岛正光综合了关于疲劳出现程序的许多种学说，提出了疲劳产生的机制的新看法。他认为，活动越加强，就越能引起能量消耗、疲劳物质积累及由局部物理化学性质异常引起的电解质失调，从而导致综合的调节程序都陷于紊乱，于是产生了疲劳（如图 6-1）。

对于疲劳程度，日本学者川畑爱义认为可以从疲劳的各种表现的强度、消除疲劳或恢复正常机能状态所需的时间及疲劳扩散的范围三个方面去进行考察。人处于疲劳状态时，会有各种不同的表现，例如注意力分散，做一些与活动无关的动作，作业时错误增加，等等。这些都是轻度疲劳的表现，而各种心理机能的减弱，甚至进入瞌睡状态，这表示了较大程度的疲劳已经产生。有时，疲劳通过几个小时的休息就能被消除，有时，必须通过较长时间的休息和睡眠，才能使机体的机能恢复到正常的状态；有的疲劳是全身性的，有的则只涉及机体的某个局部部位。图 6-2 所示的 ABC 和

A′B′C′表示了两种不同类型的疲劳。

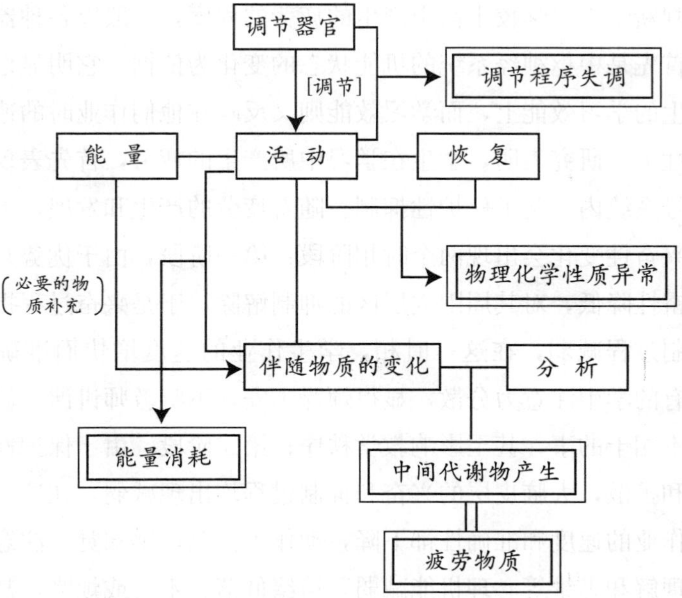

图 6-1　疲劳产生的机制

（据大岛正光，1970）

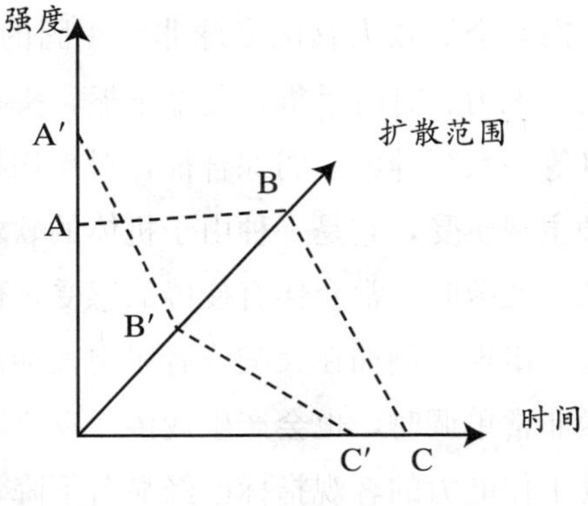

图 6-2　疲劳的三个维度

（据川畑爱义，1978）

（二）学习疲劳的表现

判断学生在学校生活中产生的疲劳的程度，一般以各种器官系统，首先是中枢神经系统的机能状态的变化为依据，它明显地表现在学生的学习效能上，而学习效能则又反映在他们作业时的速度和准确性上。研究表明，学生在学习中所产生的疲劳，首先表现为第二信号系统内引起了保护性抑制。随着疲劳的产生和发展，大脑皮层的兴奋性变化会出现两个时相阶段：第一阶段，由于优势兴奋灶的兴奋性降低，对其周围皮层区的抑制解除，于是兴奋过程提高而内抑制过程减弱，在这一时相，学生作业的速度增快而准确性下降，有的学生注意力分散，显得烦躁不安，不听教师讲课，做些与上课不相干的事，甚至影响教学秩序；第二阶段，由于保护性抑制加深和扩散，大脑皮层的兴奋和抑制过程均出现减弱，在这一时相学生作业的速度和准确性都下降，动作不协调，感知觉、注意、记忆、理解和思维等心理机能减弱，情绪低落、不安或烦躁，甚至进入瞌睡状态。

学生长期学习负担过重，可使疲劳积累成为过度疲劳。过度疲劳是一种病理状态，会导致大脑两半球非常顽固的慢性充血现象，表现为面色苍白、无力、有时手颤、萎靡不振，头痛、失眠、食欲减退、消化不良等一系列神经衰弱综合征，对疾病抵抗力也降低。

疲倦是一种主观感受，它是一种由于机体的软弱而感到无力或不愿工作的现象。疲劳时，常会伴有疲倦的感受，但是疲倦的感受在不疲劳时也可能出现，例如在大脑或者肌肉长期缺乏紧张，或者周围环境的刺激非常单调时，也会产生疲倦；反之，在处于高度兴奋状态时，尽管工作能力的客观指标已经显著下降，学生仍然可能不感到疲倦，而事实上疲劳程度却在不断地加深。因此，对学生的学习负担作卫生学评价时，要注意的是疲劳的客观指征，而不是学生的主观感受。

（三）疲劳的消除和机能状态的恢复

疲劳时，机体内部的平衡暂时出现了变化，如中枢神经系统的神经性调节和内分泌功能的体液调节出现紊乱，神经肌结头的化学传递机构出现迟钝现象，呼吸循环功能和肌肉的代谢都出现了变化，体内的能源被消耗，代谢物质积累。疲劳时产生的这一系列变化可以通过休息而得到消除，机体便可恢复到正常的协调状态。

休息与机能状态恢复之间存在着一定的比例关系。根据日本学者田中宽一的实验研究，如果作业时间以算术级数增加的话，机能恢复所需要的休息时间则以几何级数增加。例如，30 分钟的作业而产生的疲劳需要 10 分钟的休息，那么一小时的作业则需 20 分钟的休息，一个半小时的作业就需要 40 分钟的休息。

关于休息时间安排的效果，有各种研究。由于学生的年龄不同，学习的性质不同，疲劳的程度不同，消除疲劳所需要的时间也不相同。不过，各种研究一致的结论是，休息对疲劳的消除和机能状态的恢复，其规律是先快后慢，即休息的时间应按学习和作业的顺序而逐渐增加。但是，也应注意到休息也会减退注意的顺应而影响学习效率，尤其以长时间的休息最为明显。所以，多次的短时间休息比一次长时间的休息效果要好。我国学者郭占基提出，在学校中休息时间的安排，大概可分为以下的形式：“（1）按儿童的年龄分配。如小学一年级学生，学习 30 分钟，休息 20 分钟，出入管理 10 分钟；二年级学生，学习 35 分钟，休息 10 分钟，出入管理 10 分钟；小学高年级学生，学习 45 分钟，休息 10 分钟，出入管理 5 分钟，等等。（2）按学习的顺序分配休息时间，即不采取均一的休息时间的方法，而是因学习时经过的顺序，适应学生活动能力的程度，逐渐增加休息时间的方法。例如，每节课完了增加 5 分钟的休息。这种方法虽较理想，但实际运用起来不如均一休息那样便利。”①

二、学校作息制度的卫生要求

（一）学年安排

学校在一学年中学习、劳动和假期的分配，是根据学生的年龄特点、学习能力变化规律及教育、教学的要求而决定的。学期与假期的轮换，可使学生在连续几个月的学习以后，经过休息而消除疲劳，恢复脑力和体力工作的能力，防止疲劳的发展和过度疲劳的产生。

学生在整个学年中的学习能力是不相同的。调查材料证明，若把一学年等分为四个学季，在每个学季作业分量大致相等的情况下，学生的学习成绩在第二学季末和第三、四学季中都显著下降。因此，全学年的学习任务不应平均分配在四个学季，而应考虑学生学习能力的这一变化规律作合理的安排。特别是第四学季，不但学习能力显著下降，而且正值备考阶段，更要少安排新课内容而多加复习。在一学年内穿插安排一段时间的生产劳动，可起到脑力劳动与体力劳动相轮换的作用，只要劳动组织合理，可望提高学生在后一段时间的学习能力。

学期与假期的交替，有可能使教学大纲所规定的学年教学任务得到合理分配，从而使学生在经过几个月的紧张学习以后，通过一段时间的休息，脑力和体力的消耗得以补充，机能状态得以恢复。年龄较小的学生，身心发育还不成熟，学习和工作的能力也有限，所以他们的学期应短一些，假期可适当长一些。寒暑假起止日期还

---

① 郭占基：《学习与疲劳》，载《东北师范大学学报（哲学社会科学版）》1984年第2期。

应根据各地气候的特点、各种气象因素对学生的机能活动和学习工作能力的影响而作适当的规定。教学大纲规定的教学任务，必须在学期内完成，假期内不应补课或搞变相上课。在假期内，可对学生布置少量的假期作业，但这些作业一般要求以复习性的和趣味性的材料为主。假期内也可以适当组织有益于学生身心健康的活动，如郊游、科技活动、文体活动等，但不能过多地占用学生自由活动和休息的时间。

每学期的学习任务的分配和安排，也应考虑学生在学期中学习能力变化的规律。学生在寒暑假经过一段较长时间的休息以后，学习工作能力恢复了，经过短时期的始动调节，可望具备较高的学习效率，这时可多安排新课，适当多安排分量和难度较大的教学内容。学期末，学生学习能力已经显著下降了，而且又是备考期间，应尽可能减少新课内容，增加复习课时间。

（二）学周安排

学生在一周内每天的学习工作能力是不相同的。经过星期六、日两天的休息，疲劳得到一定程度的消除，但是由于始动调节需要一个过程，所以一般而言，星期一的学习工作能力并不高，星期二才开始升高，星期三或星期四达到最高峰，星期五又持续下降。国内外的学者们运用剂量作业法、视听觉反应时测定法、明视持久度测定法、眼电兴奋性测定法等，对学生在学周和学日中学习能力的变化作了大量的研究，结果都反映了工作能力变化的这种规律。

根据学生在学周中学习工作能力变化的规律，在安排一周的学习任务时，星期一的任务不宜过重，星期五也不宜安排较重的学习任务，而星期三、四则可以安排难度和强度较大的学习任务。

（三）学日安排

国内外大量研究资料都已证明，学生在学习日的一天中学习工作能力变化也是有一定规律的。一般认为，学生在学日中从第一节课开始，经过始动调节，学习工作能力逐渐上升，到第二节课时达到最高峰，经过第二、三节课之间较长时间的课间休息，第三节课还能保持较高的水平，此后即显著下降。经过较长时间的午休后，下午第一节课时有回升，第二节课后又迅速下降，或由于“终末激发”而略有回升。

根据学生在一日生活中学习工作能力变化的规律，在安排学日教育、教学活动时，应把难度较大的课尽可能安排在上午第二、三节，最容易的课安排在上午第四节和学日末。早晨第一节课前安排一段短时间的早读，能使大脑皮层的机能活动克服“惰性”，从而提高第一节课的学习效能。

学日中，学生的学习负担主要取决于上课和自习的时数。学校每日上课的数量、课时的长短及自习的时间长短，都应适合学生身心发展的特点。

根据我国教育部和卫生部的有关规定，学生每日学习总时数小学不超过 6 个，初中不超过 8 个，高中不超过 9 个（其中包括自学时数，小学为 1—2 个，初高中为 2—3 个）。

国外学者根据他们的观察研究，也提出各年龄学生在学日中最大限度的学时数（包括自习在内）：7—9 岁，3.5—4 个；10—11 岁，6 个；12—14 岁，7—8 个；15—18 岁，8.5—9 个。这一数据可供修订学生每学日学习时间长短的参考。

每一节课持续时间应根据不同年龄学生的主动注意时间而规定。学生年龄越小，兴奋越不易集中，注意力越不易持久，也越容易使疲劳程度加深。随着年龄的增长，主动注意的时间逐渐延长。在合理组织和改进教学方法的条件下，一节课的持续时间可比学生主动注意时间稍长一些。

目前，我国中、小学一般每节课的时间为 40 分钟或 45 分钟。苏联学者的研究表明，小学一年级如果每节课持续时间为 45 分钟，学生到第四节课时便出现视觉—运动反应时的急剧延长，而当每节课缩短为 35 分钟时，这一指标则无明显改变。为了学校管理的统一，小学低年级可采用课中操的方法，即在上课 30 分钟后让学生离开座位做几节简单的体操，以解决 45 分钟一节课对学生太长的问题。据国内的调查，“有课中操的学生，其课末时的作业完成率（91.5%）比课初时的完成率（77.6%）高，作业错误率（4%）也比课初时的（9.8%）低；不做课中操的学生，其课末时的作业完成率与课初时的相同，作业错误率（10.2%）却比课初时（8.5%）高。到课末时注意力涣散，打呵欠和瞌睡的人数在有课中操的学生中占 32.6%，无课中操的学生中占 55.7%。”①

课外活动包括体育锻炼、文艺、科技和社会活动等，由于课外活动的性质不同于课堂教学，它也能对大脑皮层的机能活动起到轮换作用。但是，活动过多也会造成学生的体力和脑力负担过重，减少休息和其他生活要素所必需的时间。我国教育部和卫生部规定，中小学生的社会活动时间，包括团队活动的时间在内，通常每周不超过 2 小时，社会工作每周不超过 3 小时。每日由学校统一安排的在校学习和各种活动的时间也都有具体规定。学生干部一般都不兼职。通常情况下，晚上和星期日都不安排集体活动。在安排课外活动时，应保证必要的户外活动时间，使学生每天有一小时或一小时以上的体育活动时间（包括体育课、课间操和课外锻炼等）。

---

① 朱文思主编：《教学的生理心理卫生》，上海科学技术出版社 1982 年版，第 62 页。

第三节　符合卫生标准和要求的学校建筑和设备

学校的校址、场地、建筑物和设备等是学生进行学习和活动的客观环境。适宜的校址和场地，通风良好、光线充足的教室和活动室，符合学生身材的课桌椅和其他家具、教具，等等，能提高学生的学习工作能力，陶冶学生的情操，保护学生的安全，都是促进学生生长发育和增进健康的重要条件。包括我国在内的世界许多国家都对学校的建筑和设备制定了符合本国国情的卫生标准和要求，以确保学校的建筑和设备等外环境能有益于学生的身心健康。

卫生学、生理学、心理学、建筑学、美学等学科都为制定合乎卫生要求的学校建筑和设备提供了理论依据。当今，人们在探讨学校建筑和设备的卫生标准和要求时，也开始借助于“人类功效学”（Ergonomics）这样一门学科的研究。人类功效学创始于第二次世界大战时的美国，在美国常被称为“人体工程学”（Human Engineering），在苏联，有时与“工程心理学”（Engineering Psychology）通用，在日本则被称为“人间工学”。这门学科研究如何把人和物、空间结合在一起，以使物体和空间更适合于人类使用，从而使人类的工作效能在最大程度上得以提高。人类功效学的研究为学校用房各部分的规格、学校课桌椅和家具的功能尺寸等的标准化和有效性提供了十分有价值的依据。

一、校址和场地

（一）校址的选择

校址应选择在阳光充足、空气流通、场地干燥、排水通畅、地势较高的地段。校内应有足够布置运动场地的占地面积，应有电源和排水的必要条件。

校址应选择在无污染的清洁地段，学校与化学、物理和生物污染源的距离应符合国家有关防护距离的规定。化学污染源主要指的是排出有害气体、液体的工厂、作坊或其他单位，学生学习和生活环境中超过卫生标准的铅、砷、汞、镉、铬、锰等化学元素都可导致学生急性或慢性中毒，在浓度较大的一氧化碳、二氧化碳、尘埃和煤烟等有害物质影响下，学生慢性呼吸道疾病的发生率会明显增高。物理污染包括外环境中量过高或者过低的声、光、热、电磁场等，例如长期高强度的噪声刺激会使学生大脑皮层的兴奋和抑制过程平衡失调，脑血管张力功能受损，植物神经系统功能紊乱，产生头痛、头晕、耳鸣、心悸、失眠或嗜睡、全身乏力等症状。生物污染源指的是不洁饮食和饮水、粪便、垃圾堆等，可以通过空气、饮食、接触和虫媒等途径使学生感染各种致病性细菌、病毒和寄生虫，引起相应的疾病。学校应避免设在火车线道和飞机场附近，也应避免将教学主要用房设在交通的主干道旁。教室、阅览室和实验室允许噪声级为 50 分贝。在学校建筑与同侧人行道沿的距离不足 80 米时，应采取有效的隔音措施。在工厂区建校，应将校址选在该区的上风地带，以避免粉尘和有害气体的影响。学校附近不应设置垃圾场、化粪池、牲畜棚、屠宰场、停尸房等不利学生身心健康的设施和场所。不得将校址选择在架空高压线影响的范围内，建校以后也不得在校园内敷设过境架空高压线，以保证学生安全。

校址的选择还应考虑到当地的人口数、人口密度、人口构成及学校的服务半径等。

（二）学校用地

学校用地包括建筑用地、运动场地和绿化用地三部分。

学校建筑物的基底面积最好占校地面积的 10%左右，我国原城市建设部规定，学校建筑面积不大于学校地面积的 20%—25%。为了节省建筑物的占地面积，学校一般采用楼房建筑，但考虑到不同年龄学生的体力负担和户外活动的便利，应规定建筑物的层数，一般小学不超过三层，中学不超过四层，农村以平房或二层楼房为好。

教学用房的方向以南向最好。为满足日照、通风要求，教学用房的主要采光面与相邻建筑或楼前高大树木之间的间距应不小于能使当地南向房间冬至得到满窗日照 2—3 小时的距离，且要兼顾夏季不遮挡主导风所需要的距离。例如，教学用房主要采光面相邻房间的间距不应小于相邻房屋高度的 2.5 倍，也不应小于 12 米；教学用房采光窗前 3 米不应种植高大的树木。

我国校园用地面积的定额，规定小学生每人占地 10—11 平方米，不应小于 7—10 平方米；中学生每人占地 13—16 平方米，不应小于 12—15 平方米。中小学至少应分别设有 100 米和 60 米的直跑道，并都设有与学校规模相适应的环形跑道和球场。运动场地的长轴宜南北向，如果它位于教学楼一侧，则教学楼和运动场地的朝向都好，功能关系也较好，运动场的噪声对教室的干扰小。此外，运动场地不得铺设无弹性地面和少弹性地面，如混凝土地面和沥青地面等。

学校应有一定的绿化地带，面积以占校园地面积 40%—50% 为宜。绿化能改善校园微小气候（如降低气温、增加气湿、降低风速），减少尘土飞扬，减低噪声和美化校园，等等。

二、校舍配置

学校用房一般可以分为三类：（1）教学用房，如教室、实验室、室内运动场和劳技室等；（2）教学辅助用房，如阅览室、教研室、行政办公室等；（3）生活用房，如宿舍、食堂、休息室、厕所等。学校的校舍以教室为主体，配置其他各种用房。

以教室为主的教学大楼应建在学校最佳的位置，以深入校园、不受外界干扰为原则。教室和经常使用的房间不得设在地下室或半地下室。通常在走廊的一面（单面走廊）或两面（中央走廊）最多不超过 6—8 间教室。最好采用单面走廊的设计方案，若采用中央走廊，则走廊宽度应为 2.5—3 米。教室与饮水处、厕所、楼梯等处应容易通达，教室附近应设有防火设施，教学楼顶还应有防雷设施，一旦有火灾、地震等意外事故发生，能便于学生迅速疏散。楼梯的坡度不宜大于 30 度，根据学生步伐的平均长度和体力负担，楼梯踏步的深度（踏面）应为 27—30 厘米，踏步高度为 12—16 厘米。楼梯的宽度应根据教学楼层数、每层班级数和学生人数决定，一般不小于 140 厘米，楼梯栏杆高度不宜小于 90 厘米。

其他教学用房、辅助用房和生活用房都应设在最方便的地方。如实验室因面积较大，宜设在教学楼两侧，或与教学楼相近的实验楼中，以便双侧采光，其中化学实验室应有防晒设备，防止化学药品变质，并应设在楼的最上层，以免有害气体污染其他各室；音乐教室应该设在不干扰其他教学的地方，或单设在校园另一处；卫生室应设在楼下容易到达的房间。

学校在有条件的情况下可设置室内运动场，兼做礼堂。室内运动场的窗应尽量开大，双侧采光，有 3 个以上的出入口。室内高度不应低于 4.5 米，最好达到 5—6 米。

学校的厨房和食堂不应设在教学楼内，以免厨房的噪声、水蒸气和气味等影响其他用房。校办工厂的设置也应以不干扰教学为原则。

三、教室

（一）教室的大小

教室的大小主要依据学生人数而定。在居民点比较分散的山区、农村，如果估计每班学生人数较少时，教室也可相应设计得小些。

教室的大小和长宽之比除了考虑所容纳的学生人数外，还要依据相应的课桌椅数及一定的活动面积进行安排，考虑学生视、听觉要求。为了保证学生视力和听力的卫生要求，教室不宜过长，第一排课桌前缘距黑板面应大于或等于 2 米，最后一排课桌后缘距黑板不应超过 8.5 米，到后墙距离应大于 0.6 米。为了使前排两侧的学生能看清黑板上的字，并避免引起斜视和视觉疲劳，应保证学生视线与黑板远端间的水平角度（即水平视角）大于 30 度，第一排就座学生到黑板顶部的视线与黑板的夹角（即垂直视角）大于 45 度。教室座位的排列，每行不宜多于两个座位，为了便于出入，各列桌椅间应有 50—70 厘米宽的通路。为了使学生就座不拥挤，前后排应保持距离，在中学为 85—90 厘米，小学为 80—85 厘米。教室两侧的课桌椅与侧墙应有一定距离，要求不少于 50 厘米。

（二）教室的通风和采暖

教室的合理通风和采暖是保持教室内空气新鲜和具有适宜的微小气候，提高学生的学习效能，确保学生健康的重要条件。教室内气温过高、过低或者骤然发生变化，都容易引起上呼吸道感染等疾病。

1. 通风

教室内有数十名学生一起进行学习和活动，如不进行通风，室内空气很快就会变得污浊，二氧化碳、水蒸气及重离子的数量增加，室温上升，降尘量增多，细菌污染的可能性增大，出现有机杂质、氨、硫化氢等物质。在卫生学上，常以空气中二氧化碳的含量作为评价空气清洁程度的重要指标，这是因为，空气中的化学成分和物理性质所发生的一切变化，通常是与二氧化碳的增加并行的。当空气中二氧化碳的浓度超过 0.1%时，空气的化学成分和物理性质就发生了较大的变化，会使学生感到不适，注意力不易集中，易于疲劳，自我感觉变坏，甚至产生头痛等症状。

教室一般采用自然通风的形式。自然通风的途径是通过教室的窗口和外壁材料的孔隙进行气体交换。气体交换主要依靠温差（教室内外气温差越大，换气也越多）、风压（即大气流动风力越强，则压向教室内的力量也越强，换气量随之增加）实现。教室外壁材料孔隙气体交换的能力，与墙壁的厚薄程度、材料性能和室内外温差有关，一般的砖墙结构只能满足教室换气的需要的十分之一。因此，教室内的气体交换主要是通过开窗换气的方法实现的。当教室的外墙窗和对侧门上的窗户全部打开，形成空气对流时，教室内由于内外温差和气流大小的差异，在1—10分钟就可换气一次。在冬季，不能敞开大窗上课，为了实现教室内的气体交换，可通过设置在大窗上的通风小窗进行通风换气，通风小窗的窗口总面积应为地面积的1/50—1/40。

学校应建立合理的通风换气制度。据研究，根据每个学生占有的教室容积，每个学生所需新鲜空气的量及每小时呼出二氧化碳量，为了使教室内的二氧化碳浓度不超过规定的卫生学指标，教室在1小时内需换气3次左右。为了使教室内的空气保持新鲜，在学习日，教室的通风小窗应全部开启；课间休息时，应组织学生离开教室到室外活动，并打开教室窗户通风换气；在温暖季节，上课时应尽量开启所有的窗户；教学楼的内走廊的窗户应保持长期开启。

2. 采暖

在寒冷季节，尤其在北方地区，要维持教室内合适的气温，同时又保持空气新鲜，必须在加强通风的同时实行合理的采暖。

教室内的采暖应达到下列卫生要求：（1）室内气温应为16—18 ℃；相对湿度为30%—80%，最好为50%。（2）室内气温保持均匀，各点温差不超过2 ℃。（3）采用热水式集中采暖方式时，散热片上的温度不超过70℃；采用火炉取暖时，应防烫伤、煤气中毒和火灾。

（三）教室的采光和照明

1. 自然采光

教室的自然采光以太阳光线为光源，其卫生要求主要是使各课桌面和黑板面上有足够的照度，照度分布比较均匀，避免发生较强的眩光作用。

决定教室自然采光状况的因素是多方面的，但是，教室窗户的面积是最为主要的。为了提高教室内的照度，采光窗应适当加大，窗的上缘尽可能高些。窗的透光面积与地面积之比（简称玻地面积比，原称采光系数）应不低于1∶6。在单侧采光时，室深系数（指窗上缘距地面高与室深之比）应不小于1∶2。窗下缘高度不应超过0.8—1.0米，否则会造成靠窗墙侧的桌面上光线不足。窗间壁宽应不大于窗宽的1/2。此外，自然光的光线应来自左侧，以免造成手部阴影。为了减少眩光，设置黑板的前墙壁不宜设窗。

窗玻璃的清洁程度、墙壁、天棚和室内设备的色调等，对自然采光和人工照明也有很大的影响。例如普通玻璃的遮光率为10%左右，而覆盖尘埃的玻璃的遮光率可达20%—30%，甚至更高。又如各种颜色的墙壁、天棚或家具有不同的反射率（反射系数），白色是0.8—0.9，浅米黄色是0.7—0.8，浅黄色是0.5—0.6，天然木色（黄色）为0.4，浅蓝色是0.3，浅褐色是0.15，黑色是0.01—0.02。为改善教室的采光照明状况，天棚、墙壁和课桌椅宜采用反射率高的浅色调，尤其是天花板和内墙应选择反射率最高的颜色，如白色、浅米黄色等，这对远窗侧工作面的照度有很大的影响作用。

教室内自然采光的状况，除了与玻地面积比、室深系数的大小、室外有无遮挡物、室内棚壁和设备的色调及教室的朝向等有关系以外，还受天气、季节、地区、纬度等多种因素的影响。为了综合地评价教室的采光状况，可用室内课桌面的照度与同时间室外开阔天空散射光的水平照度的比值，即采光系数（原称自然照度系数）表示，教室的采光系数的最低值不小于1.5%。

2. 人工照明

教室均应装设人工照明以辅助教室内采光的不足。教室人工照明的主要卫生要求与自然采光的卫生要求基本一致，即保证课桌面和黑板面上有足够的照度，照度分布均匀，不产生或少产生阴影，没有或尽量减少眩光作用，并保证安全卫生（如在无电源处若采用汽灯、空气电池灯等，应注意不使产生有害气体、不引起烧伤事故或火灾）。

工作面照度的大小对学生视觉功能和学习效率有直接的影响。我国学者赵融通过实验发现，当照度在10—1 000 lx范围内，照度越大，视觉疲劳越小，视疲劳与照度的对数成反比，当照度从10 lx提高到200 lx时，视疲劳急剧下降，照度在200—1 000 lx时，视疲劳降低的速度明显减慢（图6-3）。赵融还发现，当照度在2—1 000 lx范围内照度越大，远视力和近视力都随照度的增大而提高，均与照度的对数成正比，这就是说，当照度从2 lx增加到200 lx时，无论远视力还是近视力都随照度增加而急剧提高，而当照度在200—1 000 lx时，远近视力提高的速度都在逐步降低。根据这些实验结果，教室内课桌面上的照度应为200 lx。1984年，中国建筑科学研究院物理研究所对学生视力与照度辨认实验也指出，视力随照度加大而提高，当照度为150 lx时视力为1.05（小数记录），建议照度为150 lx，可基本满足学生视觉工作的要求。

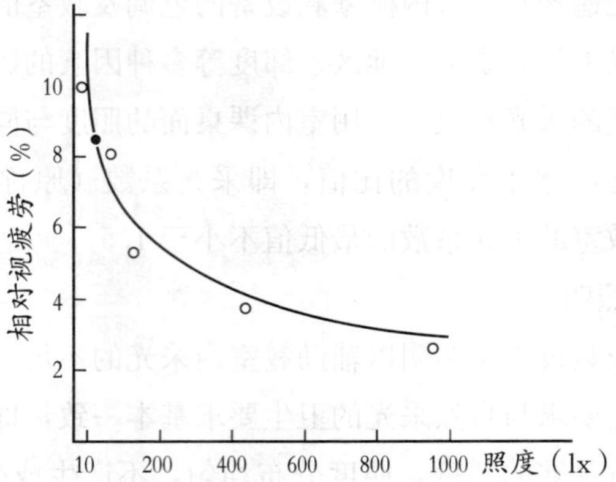

图 6-3　视疲劳与照度的关系

（据赵融，1984 年）

制订教室内人工照明照度标准的主要依据是不同照度对学生视觉机能和学习效率的影响、学习的种类和性质及国家经济发展状况，包括教育经费投入和电力供应情况等。各国制定的照度标准不尽相同，例如日本要求教室黑板面、制图室、缝纫室等照度为 300 lx，要求教室、实验室、阅览室等照度为 200 lx。根据我国实际情况，我国教育部和卫生部等十部委在 1982 年曾规定，教室每个桌面上的照度不低于 100 lx，1985 年《中小学校建筑设计规范（送审稿）》建议，教室课桌面的平均照度不低于 150 lx，黑板面平均照度不低于 200 lx。①

教室的人工照明还要使照度分布均匀，避免产生阴影和眩光。教室内照度的大小主要取决于灯的种类、功率和数量，而照度的均匀程度则取决于灯的数量和悬挂高度。在灯数相同的情况下，均匀系数一般随灯悬挂的升高而加大，而平均照度却因悬挂高度的升高

①《中小学校建筑设计规范》编制组：《中小学校建筑设计规范（送审稿）》（内部资料），1985 年。

而降低。因此，教室内灯具的布置要兼顾桌面的照度和均匀程度两个方面。1985 年的送审稿建议，教室的均匀系数应不低于 0.7。① 均匀系数指的是室内最小照度与平均照度之比。

四、教室设备和教具

（一）课桌椅

学生在校学习期间，大部分时间需要坐在课桌椅上。课桌椅与学生近视眼的发生发展及脊柱弯曲异常有一定的关系，也是影响学生学习能力和身体机能状况的一个因素。对课桌椅的基本卫生要求是要适合就座学生的身材，为他们提供良好坐姿的外部条件，少产生疲劳，保护视力。

世界上许多国家都制定有自己的课桌椅国家标准，国际标准组织（ISO）还提出了一个国际标准。由我国国家标准局 1983 年发布的、主要由我国学者唐锡麟起草的我国学校课桌椅功能尺寸标准是根据我国中小学生大量人体测量和姿势观察而制定的（见表 6-1）。该标准的桌椅高差较国际标准为大，部分原因是中国学生的坐高占身高的比例较大，另外也考虑了中国人的就座习惯。

表 6-1　中小学课桌椅尺寸表　　单位：厘米

型号	使用者身高范围	桌高	桌下空区高	椅高	椅面有效深度	椅宽	靠背上缘距椅面高	靠背左右宽
1 号	165 以上	76	62 以上	43	38	34 以上	32	30 以上
2 号	158—172	73	59 以上	42	38	34 以上	31	30 以上

①《中小学校建筑设计规范》编制组：《中小学校建筑设计规范（送审稿）》（内部资料），1985 年。

续表

型号	使用者身高范围	桌高	桌下空区高	椅高	椅面有效深度	椅宽	靠背上缘距椅面高	靠背左右宽
3号	150—164	70	56以上	40	38	34以上	30	30以上
4号	143—157	67	55以上	38	34	32以上	29	28以上
5号	135—149	64	52以上	36	34	32以上	28	28以上
6号	128—142	61	49以上	34	34	32以上	27	28以上
7号	120—134	58	46以上	32	29	27以上	26	25以上
8号	113—127	55	43以上	30	29	27以上	25	25以上
9号	119以下	52	40以上	29	29	27以上	24	25以上

（据GB3976—83，1983年）

注：①桌高一椅高＝桌椅高差，1—9号桌椅高差分别为33、31、30、29、28、27、26、25、23厘米。

②桌面左右方向的宽度，单人桌55—60厘米，双人桌100—120厘米；其前后方向的尺寸38—42厘米。

③靠背上下缘间距10厘米以上。

（二）教具

教具包括书籍、黑板、实验器具和模型、文具等，是学生在学习活动中密切接触的外环境之一。教具的基本卫生要求是在满足教育、教学的要求基础上，注意视觉卫生，防止感染疾病及遭受其他损害。

书籍是否合乎卫生要求在视力保护上有重要意义。书籍上的文字、插图、符号等要清晰和足够大，文字的排版要考虑便于阅读；文字与纸张之间要有明显的对比。此外，学生用书还考虑便于携带和防止传播传染病的可能性。

学生用的铅笔、蜡笔、绘画颜料、墨汁及有色粉笔均不应含有毒色素或其他有毒物质。笔杆所涂颜料上应有不脱落、不溶于水或唾液的透明漆膜。学生用书包以匀称地双肩挎背的样式为好，书包的重量不应超过学生体重的1/10。

第四节 平衡的学校供膳方案

美国哥伦比亚大学师范学院高级研究员莱文杰认为，当今许多国家在谋求普及小学教育，使所有适龄儿童入学，并保证他们入学后在学业上取得良好的成绩，所采用的策略都是制订教师培训方案、修订课程、建立新学校及作入学动员宣传等，而“并没有较多地注意到在这些活动中常常使用的另一种手段，那就是学校供膳方案”①。他通过对现有的资料的分析、研究和评价，就学校供膳方案对学生学业成绩的影响等问题作了考察：（1）轻度以至一般性的营养不良虽不一定引起初等学习的损失，但看来确会改变与认知功能相关的各种进程。消极、冷漠、注意力时限缩短、短期记忆力下降、适应不了重复刺激及感官综合能力的发展迟缓等，都是随着轻度以至一般性营养不良而来的。这些机能障碍影响学生不能最大限度地利用他们所处环境中所能得到的学习机会。难怪在蛋白质热量方面营养不足的学生往往在智力发展和学业成绩的水平方面都比较低。学校供膳方案对发展认知能力的贡献必须从这一角度加以评价。（2）轻度至一般性的营养不良是与社会因素和环境因素共同起作用的。虽然单靠改善学生的膳食也能导致认知能力的改变，但如果在改善膳食的同时又丰富其精神生活和社会环境，则能取得更大的智力发展。（3）一个学龄儿童的营养状况对于其学习成绩可产生重大的影响，例如在对危地马拉儿童的调查研究中发现，当前的伙食如何就是预测课堂效果的单一的最重要的依据。同样，饥饿似乎会引起注意力分散和心不在焉的现象，因而很可能会影响学业成绩

---

①［美］贝里尔·莱文杰：《学校供膳方案：神话与可能》，载《教育展望》（中文版）第 3 期。

和学习效果。凡是能做到减少学生的饥饿感或是确能改善其营养状况的学校供膳方案，都很有可能促进以上大致阐明的认知能力的发展。

在一些国家，学校供膳作为国家教育制度的一个环节而加以实施。

在日本，学校供膳有很久的历史。1889年10月，山形县鹤岗镇私立忠爱小学以贫困儿童为对象发给盒饭，可以说是最初的学校供膳。以后在日本各地，在小范围内实施过。1932年9月，为了对受意外灾害的饥饿学生进行救济，以学校供膳临时设施的名义，在国库补助下在全国实施。从1940年起，转为以改善营养为目的的学校供膳扩大到了营养不良儿童、虚弱儿童和偏食儿童的范围。二战后，由于粮食供给不足，导致学生营养状况全面下降，因而以全体学生为对象开始实施学校供膳。1954年6月，日本制定了学校给食法，作为国家教育立法的一部分。以后，学校供膳由义务教育扩大到夜间定时制高中，供膳食品也从辅助食品改为完全食品（面包、牛奶、点心），1976年开始加进了米饭。当时，学校供膳的普及率，小学达98%，初中达86%。

1946年，美国第79届国会通过了396号法规——“美国学校午膳行动”（The National School Lunch Act），1954年的农业行动（The Agricultural Act of 1954）补充了特别牛乳方案（The Special Milk Program），1966年的儿童营养行动（The Child Nutrition Act of 1966）又补充了学校早餐方案（The School Breakfast Program）。① 不管食品价格在上扬及农场生产过剩农副产品的现象不复存在，由联邦政府财政补贴的学校供膳方案仍在继续。

---

① Agran，P.，The National School Lunch Program，*Journal of School Health*，Vol. 39，pp. 440-442，1969.

日本的学校给食法给学校供膳规定了如下 4 个目标。

1. 正确理解日常生活中的进食问题，培养良好习惯。

2. 丰富学校日常生活，培养明确的社会性。

3. 力求饮食生活合理化，改善营养和增进健康。

4. 引导学生正确理解粮食生产、分配和消费等有关问题。①

斯莫伦斯基（Smolensky，J.）等人建议，学校供膳方案除了供给学生每天对营养的部分需求以外，还可以为学生提供膳食方面的教育经验和正确的营养学原理。

1. 结合餐前洗手的监督，教给学生个人卫生的道理。

2. 适合的食物选择。

3. 学生自己计划食谱。

4. 示范和解释午餐和食品的贮藏。

5. 鼓励学生尝试新食品。

6. 要求学生摆放餐桌、餐前服务、传递食品、控制用餐噪声等。②

学校膳食的基本卫生要求是：(1) 膳食的营养成分能满足学生生长发育的要求；(2) 食物必须新鲜，对人体无毒害；(3) 食物的运输、储存、选配加工过程要符合卫生要求；(4) 膳食要多样化，具有良好的感官性状；(5) 有合理的膳食制度和进食环境。

学校要根据不同阶段学生消化、代谢和营养需要的特点，制定合理的学校膳食制度，有计划地安排各种营养素和热量的摄入，使之既能满足学生对营养的一般需要，又能满足学生在体育活动、劳动、考试等不同活动情况下对营养的特殊需要，使学校供膳做到既合理又平衡。

---

①［日］高石昌弘著：《学校保健概说》，东京同文书院 1978 年版，第 172 页。

② Smolensky，J.，et al.，*Principles of School Health*，pp. 96-98，1966.

第七章

健康教育与学校健康教育

第一节　健康教育的一般概念

一、健康教育的定义和健康教育的目的

正如对“健康”的定义一样，许多年以来，人们也不断地赋予“健康教育”新的含义。学者们曾对健康教育下过许多种定义，但是迄今为止，仍无一种公认的定义。

在 1984 年出版的由格林（Greene，W. H.）和西蒙斯-莫顿（Simons-Morton，B. G.）编著的《健康教育概论》一书的附录中，编著者收集了 1943—1980 年由著名学者和权威机构提出的 18 个健康教育的不同定义。由于健康教育的职能和内容随年代而发生的变化，也由于定义者的社会文化背景的差异及经历和认识的不同，这些定义之间的差别甚大。

世界卫生组织在历年的正式文件中对健康教育的提法也不尽相同。1954 年，世界卫生组织的“健康教育专家委员会”提出的报告指出：“健康教育和一般教育一样，关系到人们知识、态度和行为的改变。一般说来，它致力于引导人们养成有益于健康的行为，使之达到最佳的健康状态。”① 1969 年，该组织的“健康教育规划及评价专家会议”的报告指出：“健康教育工作的着眼点为人民群众和他们的行动。总的说来，共同点在于诱导并鼓励人们养成并保持有益于健康的生活；合理而明智地利用已有的保健设施；并自觉地实行改善个人和集体健康状况或环境的活动。”② 世界卫生组织健康教育处前处长慕沃勒菲（Moarefi，A.）在 1981 年对健康教育

① 世界卫生组织：《健康教育专家委员会报告》，TRS# 89，1954 年。
② 世界卫生组织：《健康教育规划及评价专家会议报告》，TRS# 409，1969 年。

所下的定义曾引起各界的广泛注意，他认为："健康教育帮助并鼓励人们有达到健康状态的愿望；知道怎样做以达到这样的目的；每个人都尽力做好本身或集体应作的努力，并知道在必要时如何寻求适当的帮助。"①

美国全国教育协会（National Education Association，NEA）则更多地从学校教育的角度定义健康教育，认为健康教育是"提供对与个体和社会健康有联系的认识、态度和行为会产生有利影响作用的学习经验的过程"②。由此定义出发，对教育者而言，健康教育是为学生的发展而提供有计划的学习经验的过程，旨在提高学生对卫生科学的认识水平，改善对待个人和群体健康的态度，以及培养有益于个人、社会和民族健康的行为方式和习惯。换言之，当学生遇到影响其自身及其社会健康的问题时，健康教育是帮助学生对这些问题作出明智决策的过程。通过这一学习过程，学生了解了对于个人健康和社会健康的自身责任，这可导致其健康状况的改善，并达到高水平的健全状态。

美国学者登恩（Durn，H. L.）提出，健康教育最为重要的一个目的就是要刺激人们对个体和社会健全状态的兴趣和关心，而不是主要地去考虑疾病的问题，这样，人们就有能力自己预防想要治疗或矫正的各种情况。

拉英（Laing，R. D.）认为，健康教育的另一个目的是要填补人们头脑中存在的身心之间的间隙，使人们认识到身心两个方面在功能上是一致的，心理上所发生的一切会反映在身体方面，同样，身体上所发生的事也会反映在心理方面。

---

① 慕沃勒菲：《健康教育在初级卫生保健建设中新的策略方针》，载《国际健康教育杂志》1981年第1期。

② Wilson，C. C.（ed.），*School Health Services*，Washington，D. C.，National Education Association，1971.

里德（Read，D. A.）和格林（Greene，W. H.）在上述两个目的的基础上，还为健康教育补充了5个目的。

1. 帮助儿童青少年将情感与行为方式密切地结合起来。

2. 帮助儿童青少年建立“整体健康”的概念。

3. 帮助儿童青少年发展自身生活方式的健康哲学观。

4. 帮助儿童青少年接受关于自身价值的积极情感。

5. 帮助儿童青少年以健康的方式参与世事。①

日本学者高石昌弘认为，培养学生自我维护和增进健康水平的判断能力、行为能力，并养成有关态度，这是学校健康教育的目的。他提出：“培养儿童在健康问题上的自主性并不仅仅是为了健康本身，它服从于和服务于培养造就人这个基本的教育目的，因此，健康教育是实现教育根本目的的一种极为重要的教育活动。”②他还提出：“具有如此含义的健康教育当然不仅是学校范围的事，它还应渗透于家庭教育和社会教育之中。不过，既然各类教育活动皆以学校教育为主要形式，健康教育活动也不例外。学校教育具有能适应儿童发展阶段进行系统教育的特点，正因为如此，健康教育应以学校健康教育的方式大力展开。”③

近些年来，我国学者也对健康教育赋予了崭新的含义，这种认识是合乎潮流的。例如，我国近年出版的一些书籍中将健康教育看作是：“旨在通过有计划、有组织、有系统的教育活动来提高人们的卫生保健知识水平，改变人们的认识、态度和行为，鼓励人们形成有利于健康的生活方式，合理地利用现有的保健设施，从而降低

---

① Read，D. A. & Greene，W. H.，*Creative Teaching in Health*，3rd ed.，p. 15，1980.

② ③［日］高石昌弘著：《学校保健概说》，东京同文书院1978年版，第114页。

各种危险因素，提高生活质量，为建立健康文明的卫生社会创造条件。”① 学校健康教育的目的在于：“从小培养儿童对自身健康和对公众健康的责任感，自觉地参与各种卫生活动，并能自觉执行有关政策、法令……”②

二、健康教育与相关学科

健康教育是以保护和增进健康为目标的教与学的过程，它除了遵循教育学的基本原理和方法外，也将相关学科的基础理论运用于这个过程，特别是近几十年来，行为科学和传播学的理论对健康教育产生了很大的影响，指导着健康教育的实施。

（一）健康教育与行为科学

行为科学有广义和狭义之分。广义的行为科学指的是一个学科群，公认的有心理学、社会学、社会人类学及其他与研究行为有关的学科。狭义的行为科学则是运用有关学科的理论和方法研究自然和社会中个体和群体行为的一门综合性学科。行为科学研究的内容一般包括个体行为、群体行为、组织行为及组织与外环境交互作用的行为四个层次。

健康教育可以运用行为科学关于个体行为、团体行为及行为形成的基本理论，研究、解释和预测人类行为产生的原因、影响因素和控制行为的方法，使健康教育有效地帮助人们获得有关健康的信息，树立健康的信念，改善对个人卫生和公共卫生的态度，改变不良卫生行为，培养健康的行为和习惯。

一般而言，知识的改变较为容易，态度的改变则比知识的改变

---

① ② 朱家雄主编：《现代儿童保健百科全书》，中国大百科全书出版社上海分社 1994 年版，第 334 页。

困难些，而行为的改变则比前两者都困难得多。健康行为和习惯的形成及不健康行为和习惯的改变是一个十分复杂的过程，受多种因素的影响和制约。行为科学家对人的行为形成从不同侧面和立场进行了探索和研究，提出了一些理论，它们经常被用于健康教育的过程中。

1. 健康教育的知、信、行模式

英国政府健康教育委员会主任柯斯特（Cust，G.）曾用一个模式图表示知、信、行在卫生信息与健康的增进之间的关系（如图7-1）。在这里，知是学习和接受有关健康的信息的过程；信是对传播的信息相信、信仰，并形成一种信念；行就是将已知的并且相信的东西付诸行动。知、信、行三者，知是基础，信是动力，行是目标，为了达到目标，就要使接受信息者知和信。从知到行，三者之间只存在因果关系，不存在必然性，受信者可以知而不信或者不行，也可以信而不行。布兰查德（Blanchard）曾提出，知识、态度、个体行为和群体行为的转变所需的时间和困难程度是不同的（如图7-2）。知识的转变较易实现；态度的转变涉及情感问题，不仅较为困难，而且历时也长一些；个体行为的转变比前二者都更困难和费时，而群体行为改变则最难达成，也最花费时间。

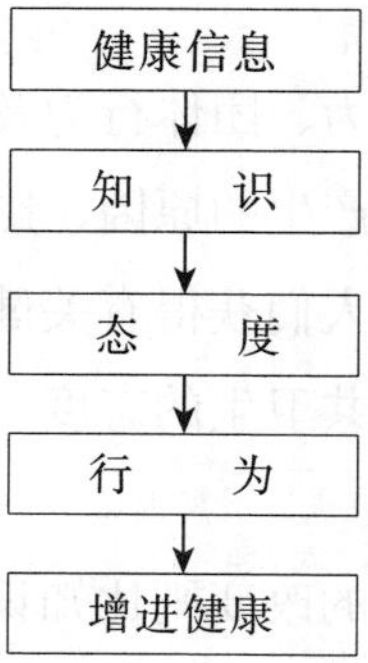

图7-1　柯斯特的健康教育模式图

（据贾伟廉，1988年）

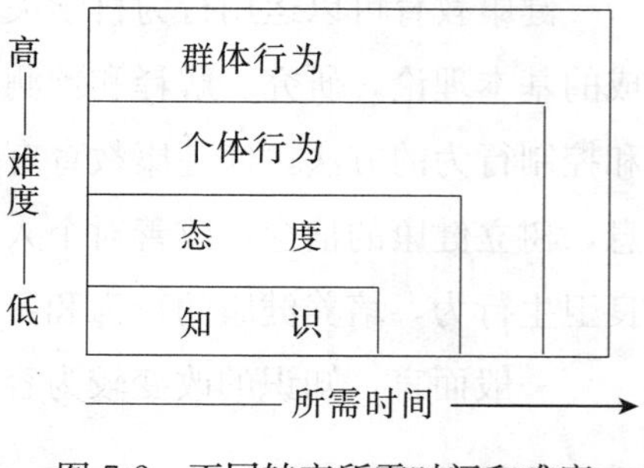

图7-2　不同转变所需时间和难度

（据贾伟廉，1988年）

在健康教育中，儿童青少年态度和行为一般都建立在知识基础之上，接受的信息越多，掌握的知识越广，态度和行为的倾向性就越大。但是，也可能出现知而不信，或知而不行的情况，原因是多方面的，可能来自社会文化方面，也可能出于心理、生理方面的原因。态度能对行为起直接的持久的影响作用，但是正确的态度也不一定必然产生有益于健康的行为方式和习惯。健康教育最终所要达到的目标是培养儿童青少年健康的行为和习惯，自觉地抵制各种不健康的行为，增强自我保健的意识和能力。行为一经形成，可以发生定型作用，不易发生改变。

2. 健康信念模式

健康信念模式是 20 世纪 50—60 年代一些社会心理学家提出的。这种模式的倡导者相信，健康信念是人接受教育、采纳保健行为的关键（如图 7-3）。

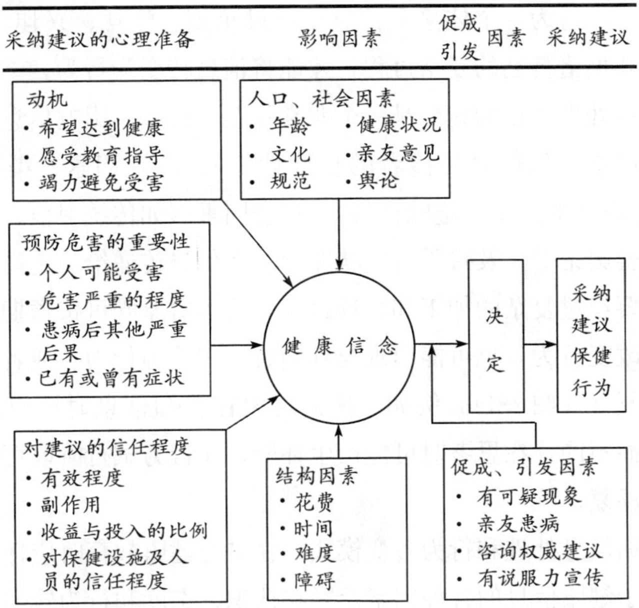

图 7-3 健康信念模式

（据 Becker，et al.，1975）

美国健康教育家格林（Green，L. W.）曾将信念释义为人深信一个事物或者现象是真实的、可信的和符合真理的。信念有认知和情感两种成分，认知成分来自外来的各种信息，情感成分则与某事物或现象的意义、价值等联系在一起。许多有关的信念相互联系和影响，构成不同层次的中心信念和外缘信念，前者较为稳定，不易改变；后者则易被新的信念所取代。

这种模式的倡导者认为，健康信念的形成离不开动机、对预防危害的重要性的认识及对建议的信任程度。根据这种模式，健康教育应让受教育者深入了解不良生活习惯与高危因素之间的关系，认识良好的生活方式的好处，并及早重视自身健康，在主观上对达到健康境界有强烈的愿望。

3. 信息处理和行为转变模式

美国传播学家施拉姆（Schramm，W.）认为，信息不能直接导致明显的行为，个体接受信息要通过感知、注意、兴趣、记忆、思维，并见诸行动的复杂过程，才能将信息转变为行为。

信息处理和行为转变是一个非常复杂的过程。影响信息的因素有来源因素（如信息传播者的权威性等）、内容因素、渠道因素（如传播媒介的水平、趣味性等）、社会因素（如传统习俗、行为规范、社会舆论等）及接受者的状况等。在信息传递给了传播对象以后，还要经过复杂的加工和处理过程。传播对象既可按预期的目标形成或改变行为，也可能出现与预期目标相反的行为，或者出现行为的反复（如图 7-4）。例如，传播对象在感知信息时可以视而不见，听而不闻，在思考时可能产生怀疑，在行为试行阶段可能出现动摇和反复。

根据信息处理和行为转变模式，在进行健康教育时应仔细分析影响关于健康信息的各种因素及影响认识、态度和行为转变的各种原因，寻找内在的规律和相互联系，这样才有益于取得预期的健康教育的效果。

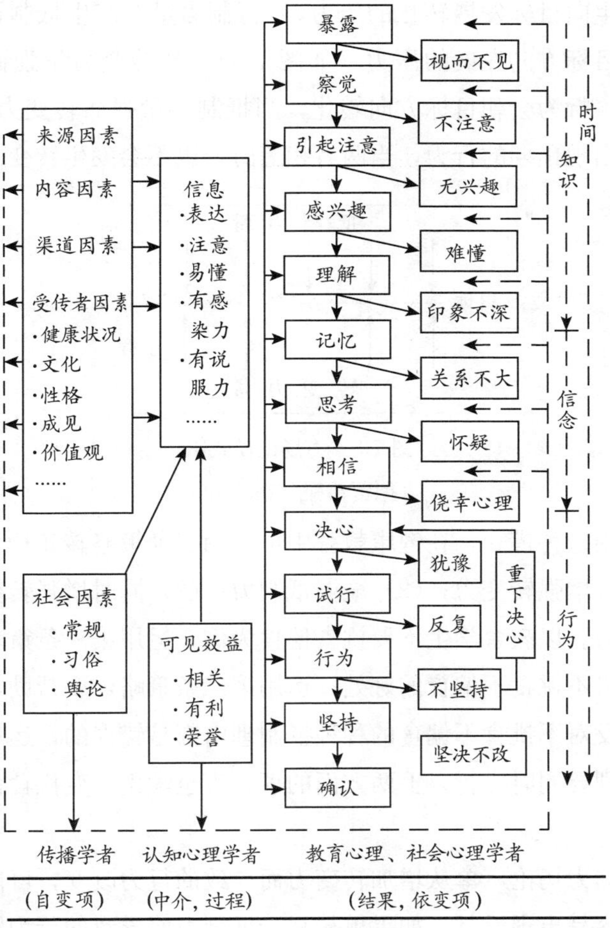

图 7-4 信息处理和行为改变的过程

(据 Flay，B.，et al.，1971)

4. 力场论模式

社会心理学家勒温用场内力学的观点解释环境中影响群体行为的各种因素，根据这种理论，行为除了起源于个体或群体的具体特征外，更受其所在环境的影响。行为是两股力量，或是在单独的条件下，或是在相互依赖的条件下相互抗衡的结果，其中“转变力量”产生向目标发展转化的压力，“抵制力量”产生抵制转变力量产生朝目标方向发展的压力（如图 7-5）。当转变力量强而抵制力量弱时，行为会朝目标方向转化，当抵制力量强而转变力量弱时，就不会出现预期的行为，当两者相等时，也不会发生转变。

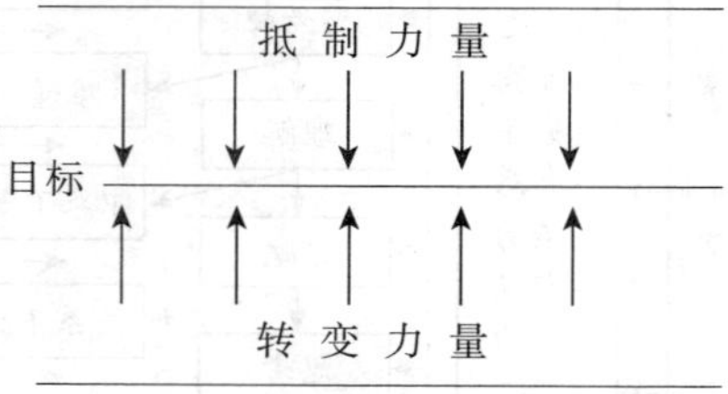

图 7-5　力场论模式图

（据贾伟廉，1988 年）

运用这种模式，在健康教育中可采用三种策略转变行为，它们是：（1）增强转变力；（2）减弱抵制力；（3）同时增强转变力和减弱抵制力。以教育学生不要挑食偏食为例，运用第一条策略，要对学生宣讲不挑食不偏食的好处；运用第二条策略，要帮助学生认识到他们反对不挑食不偏食的种种抵制理由都是错误的；运用第三条策略，则要同时进行以上两方面的事，直至学生改变挑食偏食的行为为止。

根据力场论，单从增加转变力而导致的行为改变，可能只是暂时的，容易出现反复；如果单从减少抵制力而导致的行为转变，却具有较为长久保持的可能性。因此，在健康教育过程中，让学生自己表述认识和感受，消除他们的顾虑，诱导他们自己解决问题，这种方式比单纯进行说教的教育效果要好。

在群体中，每个成员都占据一定的社会地位，扮演一定的社会角色。勒温认为，个体与群体之间常处于平衡状态，当这种平衡被破坏时，会引起个体的紧张，这种心理紧张的刺激会促使个体通过努力与群体取得新的平衡。在群体的影响下，个体重新认识自己的行为，并转变自己的行为，才能与群体达到平衡。不同的群体会对个体产生不同的影响作用，因此，想要改变个体的行为，与其针对个体，不如从改变群体的规范着手，效果更好。例如，在学校健康教育过程中，发挥集体的作用，要求学生遵守学校的行为规范和制度，保持良好的集体气氛，通过儿童之间的相互影响和作用，较易使学生养成种种健康的行为和习惯，并较为稳固地保留下去。

（二）健康教育与传播学

传播是指人们通过符号进行信息交流。传播学是研究人类传播行为的一门综合学科。人类的传播活动一般可以分为人际传播、组织传播和大众传播三类。人际传播是接受双方面对面的信息交流，组织传播是组织机构或者团体之间的信息交流，而大众传播则是传播专业人员通过大众传播媒介（如报刊、广播、影视等）向大众进行的信息传播。

健康教育旨在通过教育使受教育者在知、信、行方面不断地向更健康的方向发展，这个过程离不开传播。运用传播学的基础理论，特别是关于传播媒介、过程、要素、对象和效果的研究成果，对于健康教育的实施具有重要的指导意义。

学者们根据各自的研究角度和认识，提出了不同的传播过程模式，借鉴和吸取这些模式中的合理成分，有助于健康教育取得理想的效果。

1. 靶子理论

20 世纪 40 年代以前，早期的传播学家就提出了“靶子论”或“注射论”，认为传播媒介具有巨大的、不可抗拒的力量，可以把各种思想、情感、知识或动机从一个人的头脑里几乎不知不觉地灌输到另一个人的头脑里，就好比子弹射击靶子或注射液注入机体一般，而受传者则完全处于消极、被动的地位。这是一种单向的传播模式。这种理论过高估计了传播媒介的作用，忽视了受传者因素，因而难以解释传播过程中的许多问题。例如，在健康教育中，受教育者在表面上似乎接受了某些信息，但是在实质上却缺乏预期的态度和行为上的转变。

2. 五因素传播模式

1948 年，美国政治学家拉斯韦尔（Lasswell，H. D.）提出了传播过程的五因素模式，这是一种由传播者、信息、渠道、受传者到效果的线性的单向传播模式。拉斯韦尔在他的论文“社会传播的结构与功能”中对传播的控制、内容、渠道、受传者和效果五个方面作了分析，为传播学建立了理论基石。大众传播主要是以这种单向传播的方式进行。在健康教育中，合理利用大众传播的各种传播媒介，对健康信息作精心组织和选择，使传播对象更具针对性，可望获得大面积健康宣传教育的良好效果。但是，这种模式没有改变“靶子理论”的弱点，受传者还是处于被动的受传地位。

3. 双向信息转换模式

美国施拉姆在 1955 年提出的双向信息传播模式反映了传播过程是双向的，传播者同时也是被传者，传播者与被传者是相互作用的这样一种思想（如图 7-6）。根据这种模式，传播者经过编码，

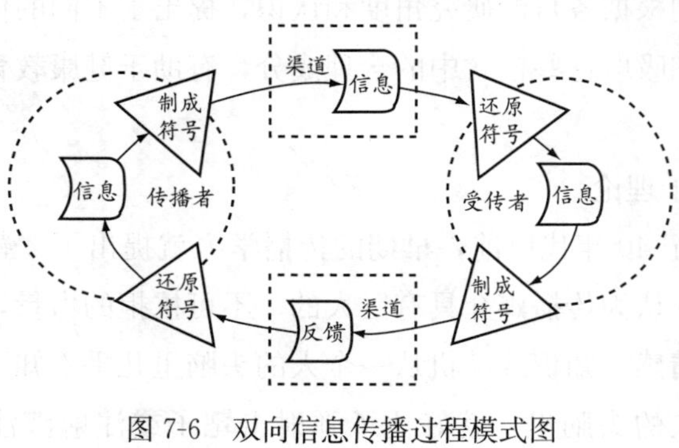

图 7-6　双向信息传播过程模式图

（据 Schramm，W.，1955）

将信息制成符号并通过渠道传送出去，受传者接受信息后，先将符号还原，作出自己的解释，并将自己的反应编制成符号，把反馈信息通过一定的渠道传给传播者。传播者与受传者之间的相互作用越大，信息被接受的可能性也就越大，传播效果也就越好。

在学校健康教育中，健康教学主要是这样一种双向的传播过程，师生之间在教学活动中频繁交流，互通信息，就会使教学更具针对性，学生有可能接受更多有用的信息。

美国健康教育家唐纳斯（Tones，B. K.）1981 年在健康教育与传播国际研讨会上曾经提出“健康教育方法谱”，以此说明各种传播模式和方法各有其特点、限制性和用途（如图 7-7）。在健康教育中，教育者应根据教育目标和对象，选用最佳的方法组合，扬长避短，相互补充，以期取得良好的教育效果。

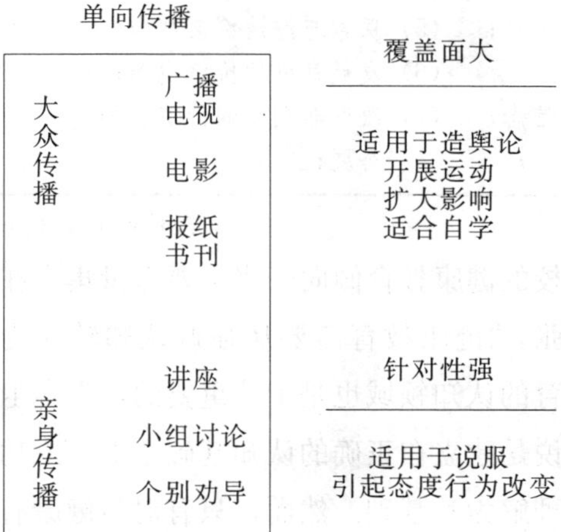

图 7-7 健康教育传播方法谱

（据 Tones，B. K.，1981）

三、健康教育与情感教育

健康教育是各种经验的总和，以资改善个体、社会和民族的卫生习惯、态度和知识。学校健康教育旨在增进学生的卫生知识，改善学生的卫生态度和行为。因此，健康教育涉及认知、情感和行动三个领域，每个领域又包含若干个方面。科利（Cowley，J.）等人在编辑的《学校健康教育》一书中提出了健康教育的三个领域中分别包含的教育任务（见表 7-1）。

表 7-1 健康教育的领域和任务

认知	情感	行动
（1）提供事实与信息； （2）促进理解； （3）发展或改变信念； （4）发展决策能力；	（5）探索与澄清价值观念； （6）发展良好的价值观念； （7）改变非期望的价值观和态度；	（8）发展技能和习惯。

（据 Cowley，J. et al.，1981）

当今，学校的健康教育倾向于将主要力量集中在认知领域，因此，唐纳斯主张，“健康教育需要从强调认知转变为强调情感”①。虽然，健康教育的认知领域也是十分重要的，学生卫生态度和行为的形成，一般说是建立在正确的认知基础之上，成功的健康教育无疑应以知识和理解为其基础。然而，只有对与健康有关问题的认识和理解，这对于学生卫生行为的改变是不够的，例如，有的学生明白吸烟、酗酒对健康的危害，但是却不能将此知识和信念用于生活实践。因此，健康教育家们感到他们应该更多地考虑健康教育在情

① Tones，B. K.，Affective Education and Health，*Health Education in Schools*，（Cowley，J.，et al. ed.），p. 6，1981.

感领域内的问题，采用各种策略和方法去改善学生的态度，转变学生的价值观念。

（一）情感教育与预防性卫生决策

唐纳斯为健康教育创建了“健康行动模式”（Health Action Model），根据这个模式，有三个系统对个体准备遵循一个特别的决策和行动过程起作用，一个是信念系统，一个是动机系统，另一个是从来自一般社会规范到来自小团体或个人的各种压力所产生的效应（如图 7-8）。

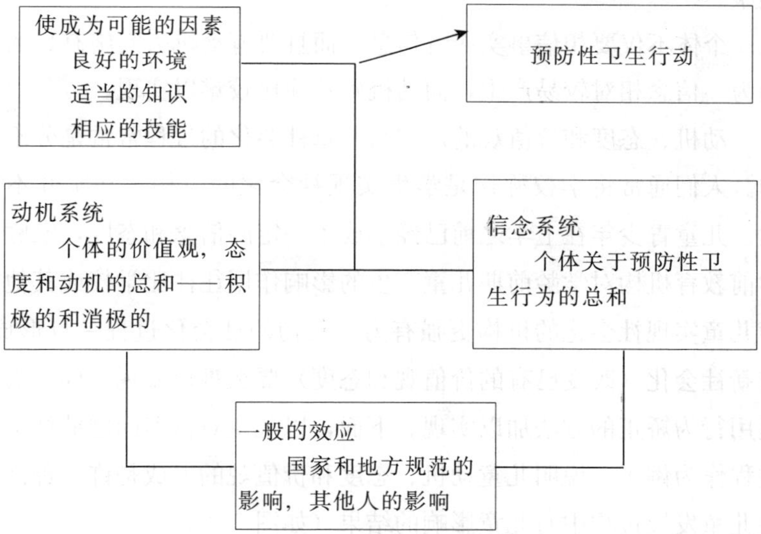

图 7-8　健康行动模式图

（据 Tones，B. K.，1979）

健康信念的重要性早已在贝克（Becker，M. H.）的“健康信念模式”中得到了强调，该模式提出，如果下列条件得以实现，那么个体就一定会采取预防性健康行为。

（1）个体相信自己易受到健康方面的损害，例如，他深信车祸会降临在其身上，除非他参加当地有权威性的驾车训练。

（2）个体相信患病是件十分重大的事情，例如，他深信多活几年，在75岁时死去比65岁就死去是很重要的。

（3）个体相信所推荐的健康行动是有效的，例如，他深信刷牙确实能预防龋齿。

（4）个体相信所推荐的“健康”行为有最小的不利之处或者最少的投入，例如，他不相信对其他儿童作出帮助会使他被人称为“愚蠢”或“受宠于教师”的学生。

（5）个体需要某些“一般的健康动机”，他以积极的方式评价健康。①

个体不仅要相信事实或者信息，而且要有动机去实施有目的的行为。信念相对较易产生，而动机则往往比较难以实现。

动机、态度和价值观的形成与儿童社会化的过程常常是分不开的。人们通常将学校称作是学生实现社会化的机构，其实并不尽然。儿童青少年在上学之前已经形成了一定的信念和态度，家庭和学前教育机构对学龄前期儿童产生的影响作用往往比学校或其他能使儿童实现社会化的机构更强有力。最初的社会化过程一旦形成，重新社会化（改变已有的价值观和态度）要么难以实现，要么需要运用行为矫正的方法加以实现。下面，以儿童对营养问题的社会化过程作为例子，说明儿童动机、态度和价值观的形成是许多种因素在儿童发展过程中对儿童影响的结果（如图7-9）。

社会化的过程促进了学生与健康有关的价值观和态度的形成，同时，该过程也促使学生产生与价值观有联系的知识和信念，以支持这些价值观抵御任何外来的干扰。

---

① Becker, M. H., The Health Belief Model and Personal Health Behaviour, *Health Education Monograph*, Vol. 2, No. 4, 1974.

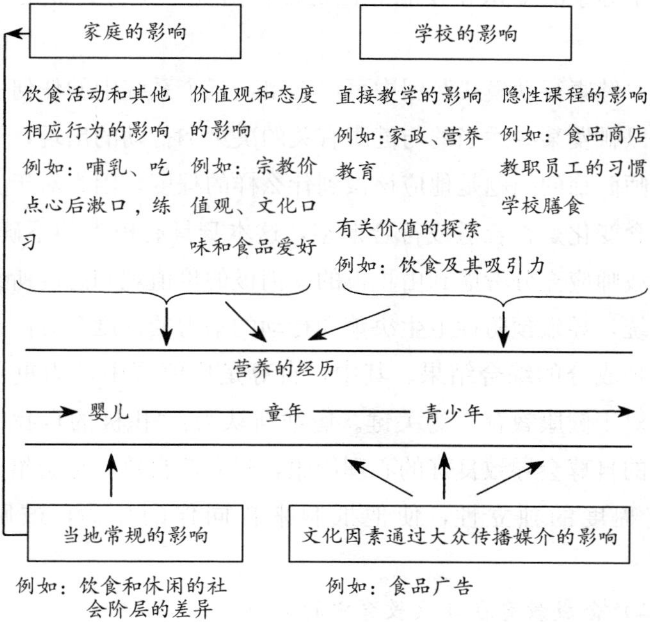

图 7-9　有关营养问题的社会化过程

（据 Tones，B. K.，1981）

对个体预防性卫生决策和行动起作用的第三方面成分是来自外界的各种影响。学生周围的人群对学生卫生决策和行动会起重大的影响作用，学生的信念系统中很大一部分就是由其他人对任何卫生行动作出反应的信念而产生的，例如，学生在决定是否吸烟时，他会考虑："如果我吸烟，我的父母、学友或者其他人会怎么看待我？"当然，只有当学生有动机去考虑这些问题，这些信念才会对其卫生决策起作用。国家和地方的行为规范及家庭和朋友等对学生的卫生行为也有很大的影响作用，斯塔西（Stacey，M.）认为，在考察社会各阶层的健康问题时，与个人关系密切的环境对其健康生活的影响最为重要，那就是说，家庭和朋友的影响最为直接。此外，关于健康的知识和技能等也是使预防性卫生行为成为可能的因素。

从“健康行动模式”图中可以看出，三个系统中的任何一种因素都可以触发某些适当的与健康有关的决策和行动的出现，健康教育的教师面临的问题是他应该做到什么样的程度，因为对于实际的价值观念变化是否合适或符合期望，这本身具有极大的不确定性。据此，教师应充分考虑到由积极的、消极的价值观和态度所组成的动机系统，导致预防性卫生决策和行动的动力的强度和方向是动机系统各种成分的综合结果。其中，自尊是价值观中最为重要的一个，它对于健康教育至为关键。唐纳斯认为：“积极的自我意象和高水平的自尊会导致良好的心理健康，建立起自尊，也会给个体提供一定程度的独立性，使他抵制来自同伴的压力，鼓励他的信心。”①

（二）合成教育在健康教育中的运用

合成教育（Confluent Education）是人本主义学者所提倡的一种教育。在西方国家的学校健康教育中常被运用。

合成教育强调情感领域（情绪、态度和价值观）和认知领域（知识和技能）的整合。在健康教育中，情感领域不可缺少，合成教育将情感方面的因素增添到课程中去，不仅将情感领域的内容添加到教材之中，而且运用情感教育的技术，赋予健康教育更适合个体学生的意义，从而使健康教育更为有效。

合成教育要求教师从接受学生是一个真正的、有情感的、有价值的和有责任感的人开始，这就是说，要将学生看作“有情感的整体的人，其情感直接地影响其认知的发展”②。

---

① Tones，B. K.，Affective Education and Health，*Health Education in Schools*，p. 22，1981.

② Lyon，H. C.，*Learning to Feel-Feeling to Learn*，p. 5，1971.

里德等人为使教师在课堂健康教育中更具创造性地教学，使学生更能发挥自身技能，曾提出过一系列的建议，在合成教育中被广泛采用。

（1）学会接受学生真实的表现。不要着手于“改变”学生的行为。如果一群学生吸烟，不要试着让他们停止吸烟，这样他们会把目标指向你反对吸烟的行动。相反，可为他们提供“可选择的模式”，让他们作出选择。

（2）为学生建立自我概念而工作。为学生提供帮助他们发现自身力量并建立起力量的经验。取代对待健康的消极方面，允许学生寻找积极的方面，并联系其自身。每个学生都有其做得出色、有益于其健康的事，让学生将这些事与班级建立联系。

（3）保留看法，鼓励个人不同的意见。做一件事可有许多种方法，允许学生不时地澄清其价值是很重要的。这样，学生能看到和感到自己思考和行动的重要性，能坚持他们所相信的事。

（4）允许不同的价值观和生活方式。教师允许学生在课堂中表述不同的价值观，不要对他们进行压制。

（5）允许不同的工作方式。让学生单独一人或以小组、大组形式在有教师或无教师的情况下工作。发挥创造性潜能指的是在课堂内外都能包容个性和差异。

（6）对问题能够接受新的、具创造性的回答。不要操纵学生，将他们引向所要求的回答。不要坚持唯一的答案，在只有一个答案的课堂中，学生常会感到他们的想法是无足轻重或无价值的。

（7）在课堂中发展信任感。在人本主义为理论基础的教学中，一个重要组成部分是在课堂中发展信任感。发展信任感有多个方面：①每个学生信任自己——他感到什么，他如何评价，在不同情景下他如何行动和反应，简而言之，他不感到受自己或者别人的压制或威胁；②每个学生发展对别人的信任感；③每位教师分享这种信任——他信任的和被信任的。①

第二节 健康教育发展概述

一、健康教育的起源和发展

自从有了人类，就有了健康教育的萌芽。保命求生存，是人类最基本的本能之一。恶劣的自然条件和生活资料的极度匮乏，迫使原始人类不得不向长辈和同伴模仿和学习一切有助于趋利避害、疗伤祛病的知识和技能。人类在世代自卫求生存的斗争中，通过口授目及，继承和积累了大量医药卫生知识和技能，并不断地充实和提高。

早在四五千年以前，在东地中海沿岸，曾先后居住过对人类文明作出过重大贡献的一些古老民族，他们向往"圣洁"，追求健美，重视体育锻炼和预防疾病，注意保持环境、饮水、食物和身体清洁。这些民族的相互交流、融合或者征服，逐渐形成了以希腊医学为中心的防病治病体系和传授卫生知识的活动。被誉为"医学之父"的希波克拉底在他的著作《医生誓词》中就提到，他要尽自己的能力和智慧，指导病人的生活，使其能尽快恢复健康。

现代健康教育最先从学校教育开始。19 世纪，法国政府颁布了关心学校卫生和儿童健康的法令，之后世界各国相继仿效，并逐

① Read，D. A. & Greene，W. H.，*Creative Teaching in Health*，pp. 124-125，1980.

渐发展成以向社会人群传播卫生知识、培养卫生习惯、促进健康和公共卫生为目的的健康教育。早先健康教育在学校中往往仅以单项内容展开，如1840年美国部分学校开始开设“急救”课。在健康教育推向整个社会以后，从事健康教育的机构和人员逐步扩大和发展，例如，英国的一些大城市于1844年联合成立了市镇卫生联合会，向市民宣传环境卫生的知识。1927年英国成立了全国健康教育委员会。许多国家，不仅在政府部门内设有健康教育领导机构和任命官员，而且从中央到地方都设有比较健全的健康教育网络系统。例如，苏联在中央一级设立中央健康教育研究所，作为健康教育的领导和学术中心，而在苏联的各加盟共和国、自治州、市、区都设有地方健康教育馆，此外，各类学校、各级医疗卫生机构（医院、卫生防疫站、疗养院等）和社会其他部门也都承担一定的健康教育任务。不少国家也都十分重视健康教育专业人员的培养。例如，美国从20世纪20年代起就设有健康教育学的课程，据1985年统计，全美开设健康教育学课程，并授予健康教育学学士的大学、学院有200余所，还有22所大学培养健康教育的研究生，并授予硕士和博士学位。

我国古代的健康教育源远流长，一些哲学家和医学家很早就开始向人们传授治病、防病和养生的知识，历代的有识之士也作了大量的传播活动，特别是我国医学数千年来一贯重视交待用药方法、饮食禁忌和生活起居的注意事项，重视有针对性地进行健康指导，十分难能可贵。

在西方医学的影响下，我国一些医生在20世纪初就组织成立了“中华医学会”，该会的宗旨之一就是普及医学科学知识，唤起民众的公共卫生意识。之后，又成立了中华医学会卫生教育联合会，统筹健康教育事宜，该会创办的季刊《卫生》（后改为月刊）为我国最早的健康教育期刊。新中国成立以后，我国逐步建立、发展和完善了中央和地方的专业健康教育机构，培养了一批从事健康教育的专业人员，特别是1986年成立的中国健康教育研究所成了我国健康教育研究和业务的指导中心，标志着我国健康教育事业进入了一个新的阶段。

健康教育在当今世界各国都受到了极大的关注，健康教育事业已成为世界各国人民的共同事业。作为国际卫生保健事业权威性的协调机构，世界卫生组织把协助在各国人民中开展健康教育工作作为该组织的14项任务之一，并在其宪章中提出，要使人类在健康方面普遍达到最完美的境地，就必须向所有的人广泛地传播增进身心健康的卫生科学知识，又在1978年发布的《阿拉木图宣言》中，将健康教育列为“初级卫生保健”八项任务的首位。成立于1951年的国际健康教育联合会（International Union for Health Education，IUHE）是世界各国健康教育机构、学会和专业人员建立的国际性民间学术组织，为促进世界各国的健康教育事业的发展作出了积极的贡献。

二、学校健康教育的产生和发展

虽说社会健康教育机构和家庭都承担了对儿童青少年健康教育的任务，但是教育机构是对儿童青少年施行健康教育的主要场所，承担健康教育的主要责任。世界各国都重视学校健康教育，从学前教育机构到高等院校，都积极地施行健康教育，特别是近几十年以来，学校健康教育在目标、内容、方法和策略等方面都有了很大的发展，对学校健康教育的研究也渐趋深化。

（一）国外学校健康教育概述

近代学校健康教育是从学校医务活动开始的，19世纪后半叶，瑞典、英国、美国和法国等国家相继设立校医，负责学校医务和卫生宣传教育。

1916 年，美国霍特博士（Holt，L. H.）就提出了建立儿童健康教育团、学校开设个人卫生课、教育部门主管学校健康教育、从幼儿园到中学进行系统的健康教育等主张。到 20 世纪 70 年代中期，美国许多州就学校健康教育问题制定了法律。随着健康教育内容的变化，健康的行为被看作学生生活的重要内容，在中学，这些内容在有关家庭生活的课程中有所反映，而在小学，则与阅读和科学常识课结合在一起。大部分州都规定，学校健康教育教师必须持有证书方可执教。据资料称，80 年代中期，美国 24 个州将健康教育列入了高中生的必修课。

同其他国家一样，20 世纪 20 年代以前，日本的学校卫生与学校教育在原则上是各不相干的，教师只教授理科、体育课等课程中的一些有关卫生的知识，而校医负责卫生管理和宣教工作。1927 年，文部省公布了有关卫生教育的文件，将美国的卫生教育引进日本，规定卫生教育由“卫生教学”和“卫生训练”两部分组成，目的是通过以下三个方面使学生的身体健壮起来：（1）养成健康所不可缺少的好习惯；（2）传授健康所必需的知识；（3）对身心两个方面的健康要有一个正确的态度和认识，并不断地提高。关于健康所需的知识、态度和行为习惯在当时就已明确地提出，直到现在仍在沿用。1934 年，日本学者竹村在他的著作《作为一种教育的学校卫生》中指出：“学校卫生是一种教育，既然是教育，学校卫生的理想及其指导就当然要和教育的原理方法相一致。学校卫生既然被看作教育的一个有机组成部分，那么当然也应该把它看成脱离医学的一种教育。”① 因此，他竭力提倡将学校卫生纳入教育，从以校

---

①［日］坂本幽卡里，吴亚摘译：《日本健康教育史略》，载《体育译文》1985 年第 2 期。

医为主导转换为以教师为主导。与此同时，文部省负责学校卫生的官员大西永次郎也主张“作为教育而进行的学校卫生”。1936 年，美国著名健康教育家特纳（Turner，C. E.）博士访日，以特纳为师的野津谦的健康教育主张在日本流行开来，使人们强烈地认识到“卫生教育”不如“健康教育”贴切，因而掀起了健康教育运动。1958 年，日本公布了学校保健法，对健康教育作了明确的规定，对中小学各年级健康教育的内容、课时、授课要点等都有详列。

回顾国外学校健康教育发展的历史可见，各国健康教育的发展趋势是强调将学校健康教育纳入学校教育计划，以学校为场所，以教师为主导，动员师生人人参与，开展健康教育，并有将健康教育的着眼点放在改变学生不良生活方式和行为上的趋势。

（二）我国学校健康教育发展概述

与世界上许多国家健康教育的发展过程相似，我国的全民健康教育也是从学校开始的。20 世纪 20 年代，我国教育和卫生界许多学者就已提出“以教育为工具，以改良生活为目标”“健康教育从学校抓起”等口号。

20 世纪二三十年代是近代我国学校健康教育令人振奋的发展期。1922 年，在“中华教育改进社”第一次年会上，教育和卫生界的代表陈鹤琴、兰安生、胡鸿基等提出要加强卫生课，并指出应由“校医担任教授”。1926 年，杨彬如在《教育杂志》11 号上发表《小学校的健康教育》一文，报道了尚公学校健康教育组织的情况。1931 年，中央大学设立卫生教育科，培养学校健康教育师资，学制为四年。1933 年，国民党政府教育部公布的“中学卫生课程标准”中规定，初中一年级每周一节“卫生学”课程，高中第一学年每周为两节。1934 年，当时政府行政院设有卫生教育组，教育部成立中小学卫生教育委员会。同年，中央大学编辑的《教育丛刊》

第二卷第一期刊载了陈志潜的《学校卫生发达史略》一文，提出了学校卫生分为体育、医务视导和健康教育三个发展时期，健康教育期为学校卫生转变期，在本期以前的学校卫生的实施，其特征为消极保持学生的健康，其方法偏重于矫治缺点和预防传染病等，而转变期则有很不相同的趋势，其特征是积极促进学生的健康，以提倡学校健康教育为目标。他的论述在当时是卓有远见的，也符合世界各国学校健康教育的潮流。1936 年，美国健康教育家特纳博士访华讲学，宣传美国健康教育的思想。1937 年，周尚在《教育杂志》第九、十期合刊上发表《学校健康教育的认识》一文，以 1936 年美国“健康教育名词委员会”通过的决议和定义为依据，对学校健康教育的含义作了论述，他认为“健康教育以资改善个人、社会及民族健康之习惯、态度及知识”“学校健康教育系健康教育的一部分，施行于学校；公共健康教育亦系健康教育一部分，施行于家庭及社会”。在此期间，我国的一些教育、卫生工作者进行了开拓性的健康教育实验工作，如南京晓庄师范学校等开展的健康教育实验等。

国内革命战争时期，中央苏区的健康教育也在学校中得以实施。例如，1934 年苏区卫生管理局颁布了卫生条例，制订了卫生教育计划，并在师范学校和列宁小学的课程内加入了卫生教育一科。

中华人民共和国成立以后，特别是在 1978 年 12 月以后，我国健康教育事业得到了快速恢复和发展。1979 年，教育部、卫生部颁布了《中小学卫生工作暂行规定（草案）》，提出“要上好生理卫生课。加强青春期卫生教育”[①]。“要积极开展卫生宣传教育。树立以卫生为光荣，不卫生为耻辱的新风尚。教育学生养成‘五要’

---

① 瞿葆奎主编，朱家雄等选编：《教育学文集·体育》，人民教育出版社 1988 年版，第 702 页。

‘六不’的个人卫生习惯。”[①] 20 世纪 80 年代以后，学校健康教育更受到重视，在行政部门和专家指导下，一些中小学积极开展了健康教育工作，获取了不少经验。1986 年，我国建立了“中国健康教育研究所”，指导全国健康教育的工作。1990 年，国家教育委员会和卫生部联合颁布的《学校卫生工作条例》明确规定：“学校应当把健康教育纳入教学计划，普通中小学必须开设健康教育课，普通高等学校、中等专业学校、技工学校、农业中学、职业中学应当开设健康教育选修课或讲座。”这个学校卫生工作条例，将学校健康教育作为学校工作法规予以确定，标志着我国学校健康教育进入了新的阶段。

第三节　家庭、学校和社会的健康教育

现代健康教育起始于学校开展的健康教育。教育机构对儿童青少年实施的有目的、有计划的健康教育不仅易于开展，而且收效明显。但是，学校健康教育不可脱离家庭健康教育和社会健康教育，这是因为一个人在接受学校教育的影响时，已经、正在或者将要受到来自家庭和社会的各种教育影响，而家庭和社会的健康教育与学校健康教育具有不同的特点，它们对卫生知识的获得、卫生态度的改善及卫生行为的塑造起到的作用与学校健康教育不同。成功的健康教育应该包括家庭、学校、社会健康教育三个方面，充分发挥它

---

① 瞿葆奎主编，朱家雄等选编：《教育学文集·体育》，人民教育出版社 1988 年版，第 702 页。

们的积极作用，并使之一体化，产生综合的教育效应。

一、家庭健康教育

家庭健康教育指的是家庭成员对儿童青少年进行的以身心健康为主要内容的教育。

由于家庭成员之间的关系是由性爱关系和血缘关系维系的，这种自然的情感是社会其他任何单位或者群体所没有的，因此，家庭健康教育，不管是有意识的、有目的的，还是无意识的、潜移默化的，对儿童青少年卫生知识的获得、卫生态度的改善及卫生行为的塑造都会起到积极的作用，特别是对于儿童青少年保健的动机、态度和价值观的形成，会起到学校或其他社会教育机构难以起到的作用。

年龄越小的儿童，其家庭健康教育越为重要。儿童基本生理需要的满足是与家庭饮食、衣着、居住等活动紧密地联系在一起的，儿童对安全、爱、自尊、独立性、成就感等需要的满足也是与家庭成员的价值观和态度、家庭成员之间的关系及他们对儿童的教育方式紧密地联系在一起的。在家庭健康教育中，母亲的教育作用常常是决定性的。儿童出生以后就依赖母亲的照料、爱和完全的接纳，母子之间的这种相依情感十分强烈，又十分微妙，因而，母亲对儿童的健康教育作用难以被替代。日本东京大学的健康教育家宫版忠夫认为，一个地区的领导人或是一个家庭的户主，应该成为健康教育的第一对象，特别是对主妇的健康教育尤为重要，主妇是家庭生活和保健的主角，是幼儿身心健康最早的导师，因此，对家庭主妇的健康教育应成为家庭健康教育的重点。

家庭健康教育是学校和社会健康教育的基础。儿童青少年良好的生活、卫生习惯的养成，在很大程度上取决于家庭健康教育。有益于健康的生活、卫生习惯常是儿童在家长的训导下，通过反复实践，持久积累而形成的，习惯一旦养成，它就不只是儿童对外界环境的机械反应，而它本身就包含着一种理性地应付外界环境的倾向，难以轻易被改变。因此，在家庭中，要从小培养儿童按时进食、按时活动、按时排便和按时睡眠，养成勤理发、勤洗手、勤洗澡、勤剪指甲、早晚刷牙、饭后漱口、用自己的茶杯和手帕，不抠鼻孔、不挖耳朵、不将异物塞入耳鼻内等良好的习惯。世界卫生组织在 1982 年召开的“健康教育的新任务和新的工作方法”座谈会的总结中指出，实现新的改革，要求在选择重点对象上与过去有所不同，在特定的生活方式下，无论劝阻或者鼓励哪种行为，都必须把力量集中到习惯形成的最早场合，以家庭为工作重点。家庭又是儿童实现社会化的最初场所，儿童早期的社会化行为首先是在家庭中获得的，他们在家庭中学习了各种生活技能，包括与他人交往的技能。因此，在家庭中，在满足儿童的各种需要的基础上，要帮助儿童感知和理解他人的情感，懂得在社会生活中与人分享和合作，培养他们乐于帮人和善于助人，并在与人交往之中认识自己和接纳自己。

家庭健康教育往往能实施学校和社会健康教育难以实施的教育任务。对于性、恋爱、婚姻等方面的健康教育问题，学校和社会健康教育往往难以实质性地深层次地涉及，而与子女几乎是朝夕相处的家长，不仅最易发现子女的问题，而且也最易针对子女的实际问题提出解决的方法。例如，母亲在女性少年出现月经初潮时，告诉女儿如何处理经血，必备什么物品才安全可靠，并告诉女儿不要束胸，乳房耸起是正常发育的标志，这样的教育是最自然、最及时的，也是最有成效的。此外，家长的言行本身就具有潜移默化的教育作用，例如，家长如何对待性器官，如何对待异性交往，怎样评价艺术品中有关性的描写，等等，都会对子女的健康知识、态度和行为带来影响。

家庭健康教育是非正规的，它远不如学校健康教育那样有组织、有系统、有计划。家庭健康教育有较大的随机性和随意性，它不讲究时间和地点，也没有固定的教材和教法。但是，这种非正规教育更具针对性，更富有弹性，容易做到因材施教、因势利导，而且在强烈的情感因素的参与下，有可能更富有成效。

二、学校健康教育

儿童自进入托儿所、幼儿园起，就开始接受集体教育机构的健康教育，主要涉及个人卫生习惯、自理生活能力及热爱集体、关心他人等有益于身心健康的内容。

学校的德育、智育、体育、美育和劳动教育中都有健康教育的任务，它们从不同的方面和角度影响和作用于学生，改善学生的卫生知识、态度、行为和习惯，培养学生维护和增进自我健康和社会、民族健康的能力。学校健康教育在学校的整个教育活动中得以实施，通常通过健康教学和健康指导两个主要途径及与之相统一的教育方法得以实现。通过学校健康教育，不仅让学生了解自己的解剖生理特点，按卫生学原理和要求维护和增进身体的健康，还要让学生学会自觉地在社会生活中调节自己的行为和情绪情感，更好地适应社会。

高等学校的健康教育虽然比中小学起步晚，但是近年来已在我国高等学校引起了广泛的关注。一些高等学校针对大学生存在的健康问题，在开设选修课和讲座的基础上，编写了高校健康教育的教材，积极地探索增进大学生的健康意识，增强大学生维护健康的责任感，提高大学生自我保健能力的途径和方法。

正如日本学者高石昌弘所述，学校健康教育（包括健康教学和健康指导）对儿童青少年，特别是对学龄期学生健康的维护和增进具有最为重要的作用。① 儿童青少年在集体教育机构接受有目的、有计划、有组织的健康教育，在受过健康教育专业训练的教师的指导下，在集体教学和活动的情景中，其效率是其他任何组织和机构难以相比的。因此，精心组织学校健康教育，保证托幼机构、小学、中学和大学健康教育内容和方法的一致性、连贯性和严密性，有利于儿童青少年对卫生科学知识有比较系统的、完整的认识，并通过情感因素的作用，将知识转化成为行为和习惯。

三、社会健康教育

社会健康教育是一项涉及面广、影响因素多、工作量大的社会教育工作，除了依靠学校教育机构以外，还必须发动和依靠全社会的力量，包括各级专业健康教育机构、各级医疗卫生机构、各级宣传和新闻部门、各级文化娱乐部门、各类社会团体等。

专业健康教育机构是向全社会实施健康教育的职能部门。目前，我国专业健康教育机构主要有各级卫生教育馆、所和各级卫生防疫站的卫生宣教科，这些健康教育的职能部门负责所辖地区健康教育的计划、组织、实施、检查和监督。具体地说，这些机构组织各方社会力量积极开展健康教育活动，建立健康教育网络，组织编写、出版和制作各种卫生宣传品，利用各种形式开展宣传教育，并对健康教育专业人员进行业务技术培训和指导，对健康教育的效果进行评价。

---

①［日］高石昌弘著：《健康与教育》，载《教育学大全集 20》，第一法规出版株式会社 1983 年版，第 144—145 页。

各级医疗卫生机构实施健康教育具有其他部门和场合所不具备的优势。医务人员的专业知识和技术特长为开展健康教育提供了有利条件和权威性，他们激发服务对象对恢复健康状态的渴求，也保证了健康教育取得成效。

大众传播具有传播信息快、覆盖面大、权威性强等特点，利用电视、广播、报刊等大众传播工具开展健康教育会产生显著的教育效果，特别是传播的信息若具有一定的艺术性，为传播对象所喜闻乐见，那么教育效果会更好。

文化馆、俱乐部、青少年宫、影剧院等文化娱乐场所也是健康教育的宣传阵地。这些场所社会人群相对集中，流通量大，信息传播快。利用这些场所的宣传栏、展览厅、文艺表演和创作、电化教育设施等，可以开展多样化的健康教育活动。

科协、红十字会、医学会、少先队、共青团、青联、妇联等社会团体对儿童青少年负有进行健康教育的责任和义务。这类社会团体开展的以健康教育为主题的教育活动往往针对性比较强，能较为有效地帮助解决实际问题。

由此可见，健康教育具有广泛的社会性，健康教育的实施不只是局限于家庭和学校，也不只是局限于专业健康教育部门，而是需要社会其他团体和各种力量的参与和配合，发挥其优势和特点，联合一体共同实施健康教育。

社会健康教育可以分为一般宣传和有特定目的的教育活动两大类。

一般宣传是指没有特定对象的宣传，主要根据宣传对象对健康问题的需求而开展。这种方式一般依靠大众传播媒介进行，这些传播媒介包括广播、电视、电影、报纸、杂志、书籍、标语、传单、宣传栏等，其宣传广度大，能造成声势，形成舆论，在短时间内可达到家喻户晓，人人皆知。但是，一般宣传的针对性不强，而且传播过程一般是单向的，因此往往难以深入地解决问题。

教育活动一般有特定的对象，特定的目的、计划和措施，其指向性较强，效果比较明显，也是社会健康教育中最常用的方法，如讲演、座谈、展览、表演、示范、实验等。但是在实际中，它与一般宣传往往难以截然分开，经常相互结合，交叉运用。

四、家庭、学校和社会健康教育的一体化

健康教育的目的是帮助受教育者获得健康的生活，提高他们的健康水平。在健康教育过程中，愚昧迷信、陈腐观念、陈规陋习和传统模式等都会成为开展健康教育的阻力；卫生知识的获得、卫生态度的改善和卫生行为的养成又是一个知、情、行三者复杂的交互作用的过程，因此，健康教育要发挥家庭、学校和社会三方面的教育作用，相互协调、相互补充，使三方面的教育一体化，使健康教育产生更为显著的效果。

日本学者柴若光昭采用模式图（如图 7-10）半定量地说明在人的生命周期中家庭、学校和社会健康教育及保健管理与保健之间的关系。这张模式图形象地展示了在人生的各阶段，家庭、学校和社会健康教育在健康教育中不同的地位，说明了健康教育是这三方面教育的总和，也表明了在不同的年龄阶段健康教育和保健管理分别对保健起什么作用。在实际中，各种因素之间的关系远非如此简单和模式化，但是柴若光昭的模式图用模糊的方法表示了这些关系，反而能使人对这些关系有一个比较清晰的认识。

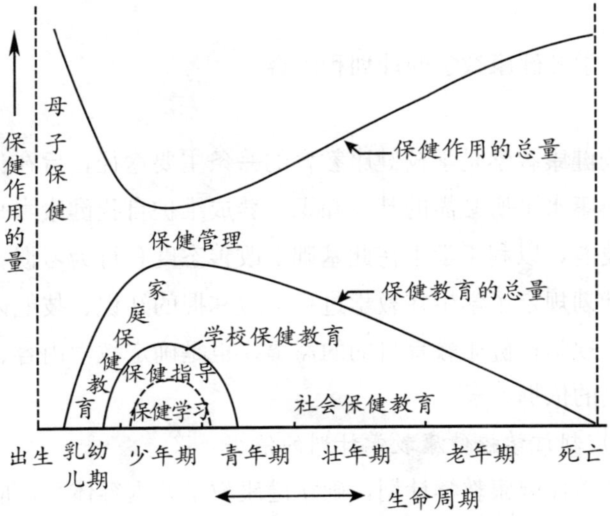

图 7-10　保健教育、保健管理与保健作用的关系图
（据柴若光昭，1981）

据有关专家估计，若能通过家庭、儿童教育机构和社会三方面的结合，从小为儿童提供自我保健的信息和技能，全世界每年早夭的 1 000 多万名儿童中，将有 2/3 得以幸免。家庭、学校和社会三位一体的健康教育能形成一种综合力量，对儿童青少年健康的维护和促进起到举足轻重的影响作用。

第四节　学校健康教育的实施

对儿童青少年实施有目的、有计划、有组织的学校健康教育是健康教育的一个重要环节，对正处于生长发育阶段的儿童青少年来说，学校健康教育的作用尤为重要。

一、学校健康教学的计划和内容

学校健康教学是学校健康教育的一条主要途径，旨在让学生习得提高健康水平所必需的基本知识，养成维护自我健康水平所必须的基本技能，以利于学生在此基础上改善态度和行为习惯。学校健康教学计划规定了学生在教学过程中应掌握的知识、技能体系，它服从于实现学校健康教育目的的需要，也是确定教学内容、方法和组织形式的依据。

（一）制订学校健康教学计划的依据

制订学校健康教学计划，确定健康教学的内容体系，应有一定的理论作为它的依据。“然而，在如此激变的当代社会中，健康问题颇费研讨。在此背景下，健康教育赖以作为理论基础的保健科学，其体系尚多有未臻完善之处，甚至可以说其大致轮廓尚正待完成。”①

里德等人主张，制订学校健康教学计划，确定健康教学内容体系的依据应来自三个主要的方面：（1）社会的需要；（2）学习者的需要；（3）学习者的兴趣及其所关心的问题。②

1. 社会的需要

学生生活处在复杂的社会文化体系之中，这个体系包括政治制度、社会经济关系、伦理道德、宗教、风俗、文化变迁、教育及社会人际关系等各种因素。它们在不同的时期对学生的健康会产生不同的影响作用，也会对学生的健康维护和增进问题提出不同的要求。学校健康教学应对学生健康的个人和社会生活承担责任，因

---

①［日］高石昌弘著：《学校保健概说》，东京同文书院 1980 年版，p. 27。

② Read，D. A. & Greene，W. H.，*Creative Teaching in Health*，p. 27，1980.

此，必须懂得社会对学生健康问题的要求。

传染病、常见病、营养不良、居住条件恶劣及教育机构环境条件不佳等问题，曾是一些国家和地区的学生面临的主要的健康问题，也是当今有些国家和地区的学生面临的主要健康问题。20 世纪 40 年代，由莫洛科夫（Молоков，A. B.）等人编著的《学校卫生学》一书指出："学龄前儿童和在学儿童的发病率是有一些特点的。首先值得提出的疾病就是传染病和寄生虫病（在幼儿方面来说，是急性小儿传染病），其次是消化器官和呼吸器官疾病，以及外伤（特别是年长些的儿童）等。"① "在一些旧的学校卫生学书籍中，著者们通常认为儿童们的疾病是与学校生活有关联的，因而就分出了所谓'学校疾病'这一病群。属于学校疾病范围的有近视眼、脊柱弯曲、头痛、神经质等病态。"② 而这些问题常与"学校的设备装置不合理，照明不好，营养恶劣，教学系统及制度不合理"③ 等有关联。

现代社会的发展，科学技术的进步，在给人类物质和精神文明建设创造了有利条件的同时，也破坏了人与环境原有的平衡，产生了新的问题。例如，现代社会使人们产生一些有害健康的行为模式和生活方式，儿童青少年吸烟、酗酒、吸毒、婚前性生活、青少年妊娠、性病、自杀、意外事故等问题，正在严重危害着学生的身心健康，这些问题在数十年以前是较少或极少发生的。

因此，学校健康教学计划及教学内容应根据当时社会的需要而制订和调整，使健康教学的内容既具相对稳定性，又能针对性地解决学生面临的最重要的健康问题。

---

① ② ③ ［苏］A. B. 莫洛科夫等著，伊史等译：《学校卫生学》，人民卫生出版社 1955 年版，第 10 页。

2. 学生的需求

不管社会的需要如何，所有学生都对健康有基本的需求，包括良好的营养、智力的刺激、爱和友情、充分的安全感、牙齿保健、视力保护、完善的医疗服务等等。健康教学计划及教学内容应充分考虑到来自学生的各种需求。

哈维格斯特（Havighurst，R. J.）在他的《人的发展与教育》（*Human Development and Education*）一书中提出了青少年成长为成功的人所必须完成的10项发展任务。

（1）与男女两性的同伴形成新的和更为成熟的关系；

（2）成为成功的男性或女性；

（3）接受自身机体，并有效地运用机体；

（4）在情感上独立于父母和其他成人；

（5）对经济上独立具有自信；

（6）选择和准备职业；

（7）为成婚和家庭生活作好准备；

（8）发展合格公民所必需的智能和概念；

（9）要求和做到有社会责任性的行为；

（10）获取价值和伦理体系以指导行为。

哈维格斯特提出的这10项任务实际上确切地反映了儿童青少年的问题。里德等人曾与中小学生作过讨论，他们确认学生的这些发展任务的发展水平还是很成问题的，大部分学生都认识到这些问题的存在。应该说，他们需要在以上这些方面获得知识和技能，达到自知、自防、自治和自我保健的目标。

3. 学生的兴趣

不同年龄的学生对与健康有关的问题的兴趣是不一样的，例如，年幼的学生对自身机体的结构和功能较感兴趣，这与他们尚未完全摆脱自我为中心有关，随着年龄的增长，学生对与健康有关的心理和社会方面的问题会表现出越趋浓厚的兴趣。学校健康教学计划及教学内容应顾及不同年龄学生对健康问题的不同兴趣。

拜勒（Byler，R.）等人通过研究发现，不管学生的家庭社会经济状况如何及生活地域上有何差异，相同年龄的学生对健康问题都有共同的兴趣。例如，小学 3—4 年级的学生对于“耳朵是如何工作的?”“人是如何长胖的?”“小孩从哪里生出来?”“人为什么会死?”这一类问题感兴趣，而小学 5—6 年级的学生感兴趣的问题则是：“人最佳的食品是什么?”“我怎样才会高兴或者伤心?”“为什么我不能与兄弟姐妹很好相处?”“空气污染是怎样影响人的?”

美国康涅狄格州教育委员会曾对 5 000 名学生的学习兴趣作过一次调查，并据此出版了一本题为《教我们想要知道的东西》的书，这是一本对中小学健康教学具有重要价值的书。下面仅摘录其中小学生感兴趣的部分学习内容。

幼儿园至二年级（美国的幼儿园系指小学前一年——著者注）

不生病，使他们能玩耍

三年级

人体

婴儿

致病原因

四年级

人体

婴儿

疾病

毒品

吸烟

五至六年级

青春期将临时，男女儿童之间的关系

自我理解

婴儿，他们从何处来等

毒品

七年级（七至十二年级为中学阶段——著者注）

青春期到来时所发生的许多问题

自己身体的发育及异性的身体发育

性

八年级

认识自身发育的全过程，成为该年龄组的成员

外貌

父母对其身体和情绪的支持

对失去父（母）爱和尊重的惧怕

情绪健康

九年级

同伴关系

父母关系

性教育

十年级

对自我的理解

与父母的关系

性教育

十一年级

心理健康

父母责任

性教育

明确自身价值

十二年级

对学校健康方案的回顾，包括体育和性教育

（二）学校健康教学内容的选择和组织

1. 学校健康教学内容的选择

学校健康教学内容的选择既要注意使教学内容保持相对的稳定，具有系统性，又要留有余地，使教学内容有一定灵活性，及时抓住学生现实生活中与健康有关的问题进行教育。在选择学校健康教学内容方面，里德等人曾提出以下 7 条原则。

（1）教程的目标应是明确的；

（2）应选择有代表性的内容；

（3）内容的选择应依据教材的逻辑体系加以组织；

（4）内容的选择应适合学生的兴趣和活动；

（5）内容应具有灵活性；

（6）教师必须了解学生学习新的教学材料的准备状态；

（7）必须考虑时间的分配。①

在健康教学中，选择具代表性的内容是极为困难的，这不仅因为健康教学涉及的领域极其广泛，而且由于各方面的内容与不同年龄的学生之间的关系十分复杂。为了使教学内容具有代表性，往往只能为学生选择一些主要的概念、观念和技能。正如费尼克斯（Phenix，P. H.）所述："对过量知识的唯一有效解决方法是果断地加以简化，这可以通过寻找为完整的学科提供线索的关键性概念而得以实现。如果教学内容通过仔细选择和组织，使之能强调

① Read，D. A. & Greene，W. H.，*Creative Teaching in Health*，p. 54，1980.

学科的特征，那么相对少量的知识足以对大量的材料产生有效的理解。”①

美国的健康教育家们一般为健康教学规划 10—20 个不同的内容领域，规划的方式取决于教学内容的组织方式。例如，大多数健康教育家都同意将以下方面作为小学健康教学的内容领域：(1) 心理健康；(2) 身体各系统和感觉器官；(3) 营养；(4) 家庭生活；(5) 酒精、药品和烟草；(6) 安全和急救；(7) 个人卫生；(8) 消费卫生；(9) 疾病；(10) 环境卫生；(11) 成熟；(12) 死亡。

又如，美国学校理事会健康教育项目（School Council Health Education Projects，SCHEP）为学校和学院的学生选择的学校健康教学的内容包括 8 个领域，其各领域都规定了与学生年龄相适合的具体内容（见表 7-2）。

表 7-2 美国学校理事会健康教育项目为学校和学院学生规划的健康教学内容

主要内容领域	每一内容领域的具体教学内容
A. 个人卫生、身体保健和人类生物学	1. 身体各系统的活动
	2. 对环境的适应，例如身体和心理紧张
	3. 锻炼——需要和锻炼的作用
	4. 卫生习惯和个人卫生
	5. 酒精、药品和烟草对机体的作用
	6. 常见的传染病，包括性病
B. 食品的选择	1. 机体的营养需要
	2. 营养与健康，例如减肥、肥胖症、紧张和焦虑等
	3. 个体和社会的饮食类型
C. 从童年、青少年到成人的生长和发育	1. 青春期身体的变化，包括个体差异和性发育
	2. 伴随身体变化而产生的情绪和社会发展

① Phenix, P. H., *Realms of Meaning*, p. 11, 1964.

续表

主要内容领域	每一内容领域的具体教学内容
D. 关系	1. 父母和成人的权威性 2. 同伴 3. 性关系——与异性和同性的关系 4. 婚姻和/或其他关系 5. 学会应付丧偶和分居 6. 与心理疾患和机体缺陷者的关系 7. 反对吸烟、酗酒和滥用药品的活动情景的应付
E. 父母身份的教育	1. 婴幼儿的生长、发育和需要 2. 家庭角色和结构，包括单亲家庭等 3. 帮助幼童应付父母丧失和离异
F. 公共卫生	1. 国家卫生服务设施和对它们的选择 2. 医生和其他医疗人员的作用及其与他们的关系 3. 国家和社会有关健康的问题，例如避孕、流产、免疫、氟化物处理等 4. 对身心疾患和缺陷的态度 5. 自愿的组织和诊疗等，例如婚姻指导协会、贫民救济
G. 生活的环境	1. 环境杂乱、污染，包括噪声 2. 符合社会需要，如生活空间、休闲和迁移 3. 环境对健康的作用 4. 卫生问题，如污物处理过程、垃圾的集中
H. 安全和急救	1. 交通和驾驶教育等 2. 家庭安全 3. 学校和工作安全 4. 休闲安全 5. 急救原则

（据 William，T.，1981.）

健康教学内容的选择受课程设计的指导思想制约，强调健康学科知识体系还是强调学生自身的经验，这必然影响到选择什么样的教学内容。

例如，日本有组织有计划的学校保健学习发端于1949年初级中学保健计划实施要领的颁布，该要领提出了13项教学内容，如“骨骼及其卫生”“肌肉及其卫生”等解剖生理与卫生相结合的内容，以及“食物与健康”“健康与职业”这一类医学和保健学的内容。1956年，日本发出了关于初级中学保健学习的通知，该通知体现了所谓“战后新教育时代”重视学生生活经验的特点，于是保健学习的内容作了相应的变动，围绕学生的生活经验组织健康教学，内容包括“初中生的生活与健康”“身心健康与生活”等八个方面。1958年颁布的初中学习指导要领又从以前的经验主义教育转向系统化的学科教育，保健学习的内容又回到了以学科为中心的体系，包括“环境卫生”“疾病预防”“心理卫生”等七个方面。1970年，初中学习指导要领得以修订，旨在教学内容的精选和现代化，由此，保健学习的知识内容更趋系统化，同时也表现为从医学知识的简略化中脱胎出来，体现了密切联系生活的保健学系统性。1977年初中学习指导要领得到进一步修订，这一修订是针对普遍存在的偏重知识教育的倾向而做出的，其三个目标是：（1）培养富有人性的儿童；（2）建设宽松而又充实的学校新生活；（3）所确定的教育内容既应是为培养一个国民所必不可少的、最根本、最基础的东西，又能适应儿童的个性特征和能力。在这一学习指导要领的指导下，初中保健学习的内容发生了相应的变化，主要包含了“身心的发展”“健康与环境”“伤害的防止和疾病的预防”及“健康与生活”四个方面（见表7-3）。在各个时期，小学和高中的保健学习内容也有与初中相类似的变化。

表 7-3　日本初级中学保健学习内容的沿革

1949 年 中等学校 保健计划 实施要领	1956 年 初等、中等 教育局长 通　知	1958 年 初级中学 学习指导 要　领	1969 年 初级中学 学习指导 要　领	1977 年 初级中学 学习指导 要　领
1. 健康及其重要性 2. 生命体 3. 特殊感觉器官及其卫生 4. 骨骼及其卫生 5. 肌肉及其卫生 6. 呼吸、循环、内分泌系统及其卫生 7. 神经系统及心理卫生 8. 食物与健康 9. 容姿与健康 10. 成熟期的到来 11. 急救措施与安全 12. 健康与社会 13. 健康与职业	1. 初中生的生活与健康 2. 初中生的保健活动 3. 身心的发展 4. 安全的生活 5. 疾病及其预防 6. 健康与工作、学习 7. 身心健康与生活 8. 国民的健康状态	1. 伤害的防止 2. 环境卫生 3. 身心发展与营养 4. 疲劳与作业效率 5. 疾病预防 6. 心理卫生 7. 国民的健康	1. 健康与身体发展 2. 环境卫生 3. 生活的安全 4. 健康生活的设计与营养 5. 疾病及其预防 6. 心理的健康 7. 国民的健康	1. 身心的发展 2. 健康与环境 3. 伤害的防止和疾病的预防 4. 健康与生活

（据高石昌弘，1978 年）

又如，美国的“探索计划”（Project Quest）是一个围绕学生的行动而组织的教程，与一般的健康教学方案不同，它不是根据教学材料本身的内在联系选择和组织教学内容，而是以五个教学目的作为选择和组织内容的主要线索，如机体的保健、成熟人格的发展等，每一个教学目的要求学生形成一种行为。该计划将学生置于课程与教学的中心地位（如图 7-11）。

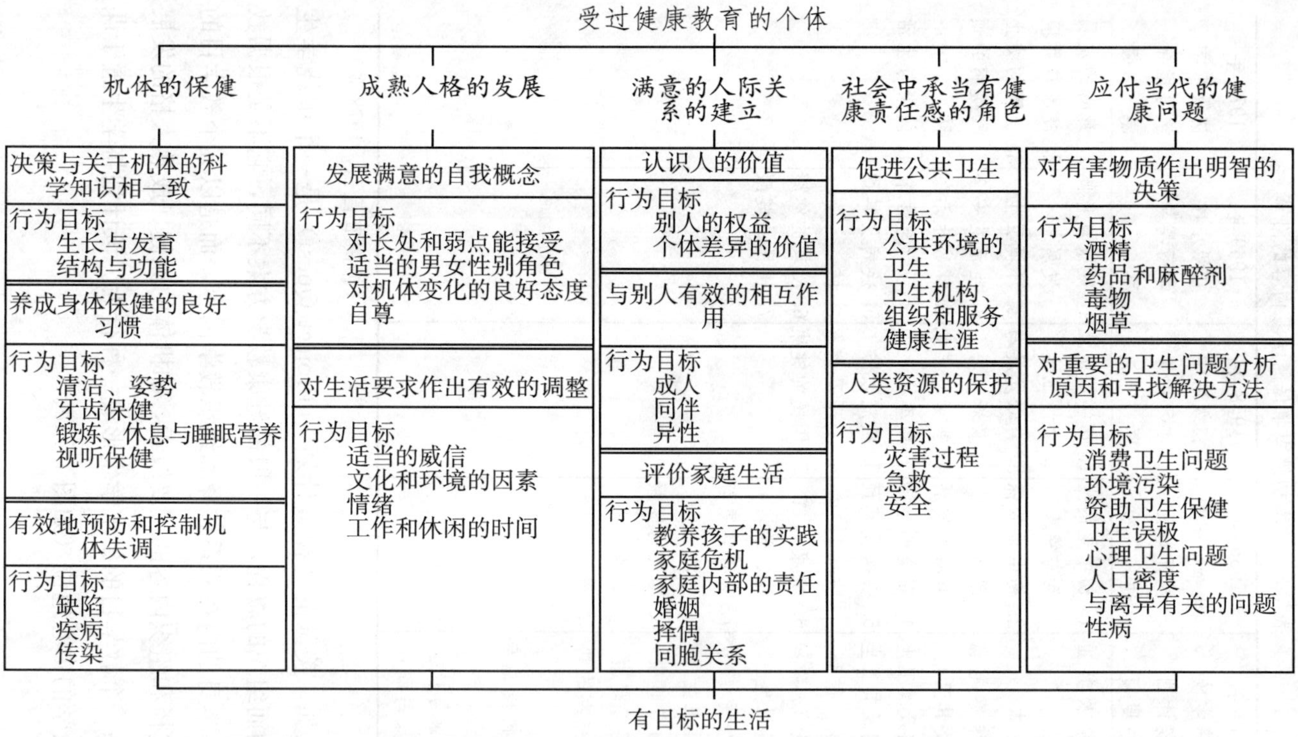

图7-11 “探索计划”的健康教学内容

（据Project Quest：Health Instructional Guide，1968）

2. 学校健康教学内容的组织

在学校健康教学内容的组织问题上，主要有按保健学科逻辑程序和按心理程序两种组织方式。前者强调学科本身的逻辑体系，严格按照课程的目的任务组织教学内容，要求学生掌握系统的基础知识和基本技能；后者则以学生自发的活动作为选择和组织教学内容的中心，强调学生的个人经验和教学内容的心理程序。

西方国家的学校健康教育家一般主张单元教学是为在足以广泛的基础上提供学习经验的最好途径之一。福多尔（Fodor，J. T.）和达利斯（Dalis，G. T.）认为，有计划的健康教学应该保证每一种先前的学习经验能为新的学习提供基础，第一主题应以其他主题为基础，而不只是表示点滴具体的信息，每节课中涉及的概念、每个单元中的课及每个教程中的单元都应该相互有联系，这样，学生才会将健康教育看成是一个整体，而不是毫无联系的、零敲碎打的东西。福多尔和达利斯用图表示了健康教学内容组织的次序和范围（如图 7-12、图 7-13）。

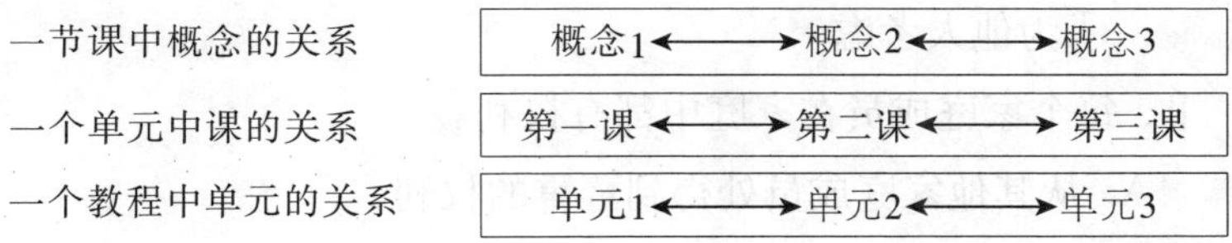

图 7-12　健康教学内容组织的次序

（据 Fodor，J. T. & Dalis，G. T.，1981）

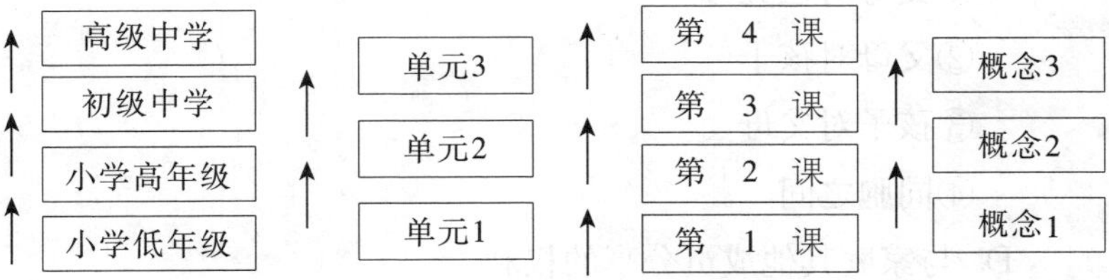

图 7-13　健康教学内容的范围

（据 Fodor，J. T. & Dalis，G. T.，1981）

次序指的是教学内容编排的顺序，即什么时候去教；范围指的是教学内容的难度，即教些什么。在计划单元教学时，教学内容应包含所教单元必需的事实，为教师提供明确的指导。以下是为三年级学生制定的关于“家庭生活”教学单元的例子。

Ⅰ. 家庭成员会影响我们的情感

A. 父母运用以下方式会使孩子感到伤心

①惩罚

②压制

B. 孩子通过以下方式会伤害父母的感情

①破坏规则

②没有完成期望

C. 家庭成员通过以下方式会使别人感到快乐

①表示关心

②听从他人

③说话和气

④为他人考虑

Ⅱ. 每个家庭成员在家庭中都有权利

A. 从其他家庭成员处得到尊重的权利

B. 从其他家庭成员处获得公正的权利

C. 家庭成员应尽自己应尽的义务

①父母对祖父母

②父母对孩子

③孩子对父母

④同胞之间

D. 与家庭其他成员分享的权利

E. 隐私权

教学内容的组织在形式上有直线式和螺旋式两种：前者将健康

教学的内容组织成一条在逻辑上前后联系的“直线”，前后内容基本不重复；后者则在不同的教学阶段使教学内容重复出现，但逐渐扩大范围和加深程度。学校健康教学的性质决定了采用螺旋式的内容组织形式比较有益于学生形成较为稳固的卫生态度和卫生行为习惯，或者改变已经形成的不良态度和行为习惯。“有些内容，小学阶段要进行安排，初中阶段要进行安排，高中阶段还要进行安排，这种由浅入深、由易到难、由简单到复杂、由具体到抽象的安排是一种螺旋式的上升，而不是简单的重复，这对于改善学生的卫生知识、态度和行为习惯是合理的。”① 教学内容的领域一旦确定，即可根据各年级学生的发展水平、兴趣和需要安排教学内容，在各年级对不同的内容领域作不同的强调。表 7-4 表明的是美国大多数健康教育家认同的小学 12 个健康教学内容领域在各个年级的螺旋式安排。

表 7-4　幼儿园和小学健康教学内容的螺旋式安排计划

年　级

内容领域	K	1	2	3	4	5	6
心理卫生	**	**	*	*	**	**	***
身体各系统和器官	**	**	**	**	*	*	*
营养	*	*	**	*	**	*	**
家庭生活	*	*	*	**	**	***	***
酒精、药品、烟草	**	**	*			***	***
安全、急救	**	**	***	**	**	**	*
个人卫生	**		*	**	*	**	***

① 童立亚等著：《学校卫生学》，上海教育出版社 1987 年版，第 191 页。

续表

内容领域	K	1	2	3	4	5	6
消费卫生	*		*	*	**	**	**
性病		*	*	**		**	***
环境卫生		*	*	**	*		**
成熟		*	*	*	*		**
死亡		*	*	*	*		**

（据 Anspaugh，D. et al.，1987）

注：*** 主要强调

** 强调

* 涉及或复习

二、学校健康指导的特点和内容

学校健康指导是学校健康教育的另一主要途径，指的是除了学科教育和道德教育以外的一切教育活动领域中所进行的保健教育活动。

（一）学校健康指导的特点

学校健康指导是以集体或者个人为指导对象的。以集体为对象的健康指导，是一种以学习指导要领为依据的特别活动，属于一种正规的教育活动。另一种健康指导则多在非正规的场合中进行，常以个别指导的形式出现。日本学者吉田莹一郎曾对这两种健康指导的性质和特点作了区分，并用图表示意，高石昌弘在引用此图表时作了修改（如图 7-14）。

集体的健康指导若要达到较高水平，则需要学校认真制订年度、学期或者阶段指导计划，悉心安排指导内容。

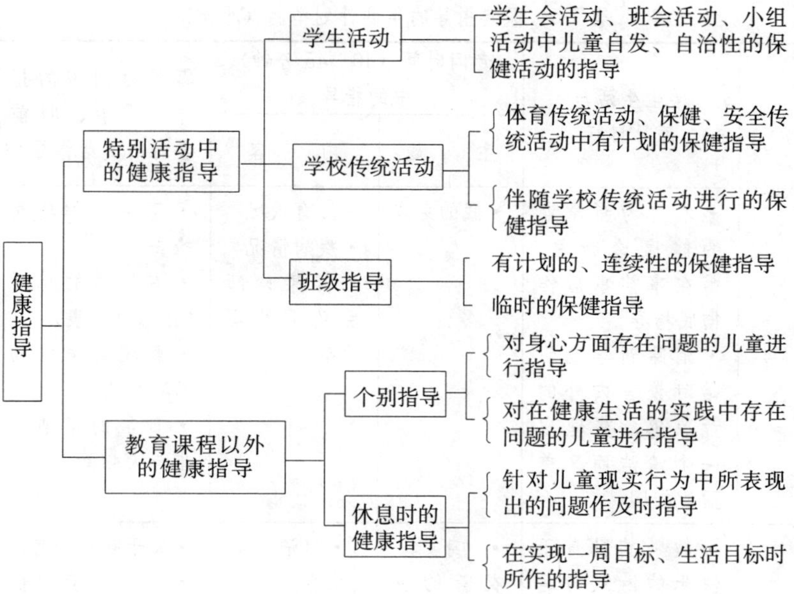

图 7-14　两种健康指导的特点

（据高石昌弘，1983）

个别指导适合解决学生中存在的特殊问题，这种指导通常是非计划性的，相机而行的，而且通常以教师作为这种指导的实施者。

（二）学校健康指导的内容

集体的健康指导应包含丰富的内容，这些内容可按学生生活目标和每月（周）目标，以主题的方式组织，这样既有益于针对不同季节的不同卫生问题有的放矢地实施教育，避免健康指导失去计划性和过分随机化，又能使健康指导区别于强调系统性、逻辑性的健康教学。

表 7-5 是日本小学健康指导的年度计划的举例，从中可对集体健康指导的内容选择和组织作一了解。

表 7-5　保健指导的年度计划举例（小学）

月	学生生活与每月目标	专门时间（40—45 分钟）中的指导		零星时间中的指导（晨会、归前会时的谈话指导）
		主　题	内　容	
4	·本月为新学期的健康诊断月。需在事前事后作彻底指导 ·消除新学期伊始时校舍内外的荒凉感，整理出一个清洁而又美丽的校园	·我的身体	·发育状况 ·疾病情况 ·健康诊断后必须处理的事	·怎样参加健康检查 ·有规律的生活（作息时间表） ·整理身旁的物品、环境 ·日常的清洁卫生与大扫除
5	·鼓励其融身于快乐的游戏与运动、学习生活中，渐渐适应新学期的生活 ·低年级的清洁指导 ·中年级的姿势指导	·身体、衣着的卫生（低） ·正确的姿势（中） ·我的身体（高）	{·清洁卫生检查 ·怎样洗手 {·姿势和学习效率 ·学习时的姿势 {·男女发育差别 ·身体机能的变化	·关于疾病治疗 ·清洁检查（优点、缺点） ·结核病检查与诊断 ·寄生虫检查
6	·6月为牙齿卫生周所在月。预防和治疗龋齿为重点之一 ·正值梅雨期。梅雨期的生活卫生 ·月底，告之游泳注意事项	·牙的健康 ·梅雨期的健康	·虫牙的原因 ·刷牙的方法 ·牙床的疾病 ·传染病 ·食物的选择 ·身体的清洁	·有规律的生活（健康生活的反省） ·关于疾病治疗 ·怎样使用学校饮水器 ·游泳池与疾病

续表

月	学生生活与每月目标	专门时间（40—45 分钟）中的指导		零星时间中的指导（晨会、归前会时的谈话指导）
		主　题	内　容	
7—8	·梅雨期告终，夏季来临。准备迎接长长的暑假。订立健康的暑假生活的度假计划	·暑假健康生活计划	·暑假日程表 ·疾病的治疗 ·预防中暑须知	·游泳注意事项 ·有规律的生活（睡眠） *花之日（8 月 7 日） ·大扫除
9	·第二学期开始。九月正值远足旅行和召开运动会的时节。与此配合，应将注意营养、加强身体锻炼作为目标	·挑食是坏习惯	·偏食对健康的妨碍 ·吃饭与营养 ·贪嘴的害处	·有规律的生活（秋季作息时间） ·关于疾病治疗 ·清洁检查（刷牙） ·大扫除
10	·灯火新凉，书可亲。秋夜宜读书，应注意保护眼睛 ·本月对眼的健康和用眼卫生作指导	·眼的重要性	·读书与用眼 ·眼病的预防 ·预防近视眼	·眼睛的保护 ·正确的姿势 ·怎样看电视 ·腹内寄生虫
11	·此期为伤风、流感的好发季节。应作好有关宣传和指导	·伤风与流感	·染上伤风与流感时的对策 ·伤风、流感的预防 ·预防接种	·便所清洁 ·饮水处的清洁 ·清洁扫除的方法 ·有规律的生活（保护身体健康）

续表

月	学生生活与每月目标	专门时间（40—45分钟）中的指导		零星时间中的指导（晨会、归前会时的谈话指导）
		主　题	内　容	
12	·天渐寒，生活多限于室内。冬季生活与环境卫生应为本月工作目标 ·寒假。设计出符合健康原则的寒假生活计划	·寒假健康生活计划	·房间的温度与通气 ·冻裂与冻伤 ·寒假日程表	·坚持漱口 ·疾病治疗 ·整顿身旁的物品、环境 ·大扫除
1	·雪乡，正值风雪季节。应鼓励户外运动，号召争当不怕冷的孩子	·严寒不可畏	·兴致勃勃的户外运动 ·出汗的处理 ·衣着的厚薄	·坚持漱口 ·衣服的清洁 ·有规律的生活
2	·不仅关心身体健康，此一时期还应提出心理健康问题。保持良好的心情，建设快乐的班级和学校生活	·快乐的学校生活	·心情愉快的班级、学校环境 ·任何时候都应开朗而又愉快地生活	·出汗的处理 ·坚持漱口 ·受到挫折的时候 ·清洁扫除的状况
3	·学年将要结束。应就一年来的健康生活的实践状况和疾病治疗状况作一回顾和反省	·健康生活的反省	·发育与疾病 ·疾病治疗情况 ·健康生活的实践情况 ·今后的目标	·耳之日 ·我的健康卡片 ·初春季节的健康 ·大扫除

（据高石昌弘，1978）

个别指导是针对每个学生各自存在的健康问题而进行的，因而它往往是非计划性的，相机而行的，其内容的选择和组织必须适合个别指导的具体对象。

三、学校健康教育的模式研究

学校健康教育的目的主要通过课程才能实现。学校健康教育家们曾对健康教育的课程模式作过不少研究。比较有价值的模式有“学校健康教育研究”（The School Health Education Study, SHES）、“健康活动计划”（The Health Activities Project，HAP）、“健康生活技能”（Health Skill for Life）、“增进健康”（Growing Healthy）、“你、我和他人”（You，Me and Others）等等。这些研究为健康教育过程的展开提供了有用的资源和信息。

（一）“学校健康教育研究”模式

“学校健康教育研究”模式是20世纪60年代发展起来的综合性健康教育课程，适用于幼儿园至高级中学三年级的学生。“学校健康教育研究”是一种概念的模式，这种模式将健康看作是“个体身体安康、心理与情绪反应及个体所在的社会复合体之间的动态的交互作用和相互依赖”[①]。这种交互作用和相互依赖在模式的关键概念中得到了体现，这三个关键概念是生长发育、交互作用及决策。生长发育指的是动态的生命过程，个体在某些方面与全体儿童相一致，在某些方面与部分儿童相一致，而在某些方面则与所有儿童都不一样。交互作用是一个发展的过程，在此过程中，个体受环境中生物、社会、经济、文化和物质诸因素的影响，反过来，个体

① School Health Education Study，*Health Education：A Conceptual Approach to Curriculum Design*，pp. 15-26，1967.

也影响这些因素。决策是人有意识地决定采取或者不采取一个行动，或者作出一种选择而不是另一种选择的过程。这三个影响健康的关键概念或过程表示了课程结构的最高级概念水平。

“学校健康教育研究”课程具体体现在从 C_1—C_{10} 的 10 个概念陈述之中。

(1) 生长发育影响个体机体的结构和功能，也受个体机体的结构和功能的影响；

(2) 生长发育遵循一个可预期的次序进行，但个体有独特性；

(3) 健康的维护和增进是个体、社会和国际的责任；

(4) 无论什么环境中都存在危害和意外事故的可能性；

(5) 人、疾病和环境间存在相互的关联；

(6) 家庭使人类繁衍并满足某些健康需求；

(7) 个体的健康实践受到常是相互冲突的各种力量的影响；

(8) 健康信息、产物和服务的利用受人的价值观念和知觉的引导；

(9) 运用改变情绪和行为的物质由各种动机而产生；

(10) 食品选择和饮食方式取决于身体、社会、心理、经济和文化诸因素。

以上 10 个概念领域是组织健康教育内容的主要元素，它们的下位概念被用以指导教材的选择和组织，也被用以制订合适的教学目标或者行为目标。每一个下位概念都包含有身体、心理和社会三个维度（图 7-15）。

例如，在防止吸毒教育中，概念是实现防止青少年吸毒这一目的的基础，并被用于确定“学校健康教育研究”防止吸毒教育课程的内容；目标指出了教与学的方向，它们强调的是预防和行为改变。在“运用改变情绪和行为的物质由各种动机而产生”这一概念下，三个下位概念及其有关的教学内容、所强调的目标和行为改变之间的关系见表7-6。教学内容包括身体、心理和社会三个维度，行为的改变包括认知、情感和行动三个方面。

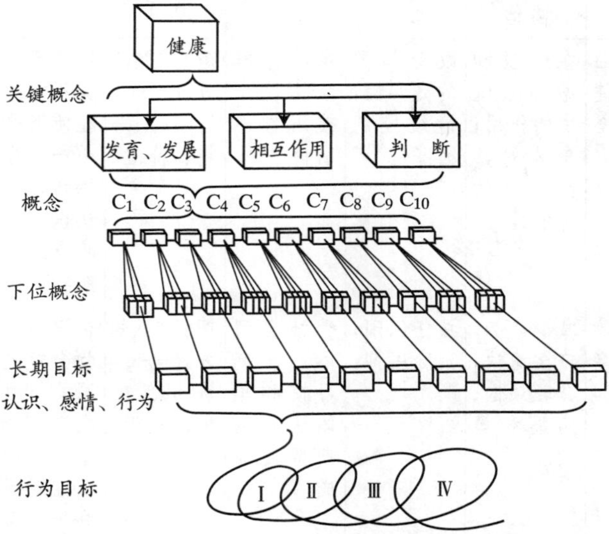

图7-15 “学校健康教育研究”课程的概念模式

(据School Health Education Study，1967)

表7-6 防止吸毒教育的概念及教育过程的展开

下位概念	内容			行为改变	目标
	身体	心理	社会		
毒品有毒性温和强烈的不同种类，有许多种用途，能对使用的人产生许多不同的效应	对身体的作用	激动情绪，帮助休闲，减轻压抑感，产生难预料的行为	社会中的运用，有关法律的规定	实践或行为方面——公开的行为	戒去会使人上瘾的日常使用的药品 避免会减少清晰思维和正常行为的药物的使用

续表

下位概念	内容			行为改变	目标
	身体	心理	社会		
使用毒品会产生健康和安全的问题	在呼吸和循环系统中的作用；身体对毒品依赖的可能性	改变知觉的真实性，情绪控制力降低	在某些社会情境中被用作激励物品	态度或情感方面——情感、兴趣、价值	懂得不同的毒品及其不同的作用认识在使用这些毒品时会产生难以预料的情绪和行为 认识运用和滥用药物会形成习惯和对药物依赖的可能
影响药物使用的多种因素和力量	减少疲劳，产生愉快，减轻烦恼、病痛和瘾欲	放任休闲，消除压抑	受社会习俗、家庭习惯和集体认可的期望而促成	理解或认知方面——认识、应用、分析	认识不同种类的药物会对机体产生不同的作用 在受药物影响时，懂得通过减少剂量以控制行为 分析使用和误用药物的心理、社会因素 理解使用药物能成习惯，对某些药物和某些个体会产生更大的药物依赖性

（据 Cornacchia，H. J.，et al.，1974）

“学校健康教育研究”课程的三个关键概念、10 个概念和 33 个下位概念组成了一个概念体系，使学校健康教育的内容得以结构化。虽然，它是根据美国 20 世纪 60 年代的状况而作的设计，内容似乎有点陈旧，需作修订，但是它对于从幼儿园到高中的学校健康教育仍有重要的影响作用。

（二）“健康活动计划”模式

“健康活动计划”模式是美国加州大学伯克利分校的学者在 1987 年发展而成的，它由 64 个学生为中心的活动组成，涉及有关健康的 13 个方面的问题，适合 4—8 年级的学生。

（1）呼吸适当；

（2）视觉和听觉；

（3）心脏健康；

（4）动作/反应；

（5）运动的平衡；

（6）皮肤温度；

（7）灵活性和力量；

（8）个体的健康决策；

（9）发育趋势；

（10）消费健康决策；

（11）营养和牙齿健康；

（12）心脏的搏动；

（13）环境的健康和安全。

以上 13 个方面的问题都配有活动材料，每套材料可供 27 位学生使用，材料包括必需的器材、集体游戏材料、图表等，能被反复地使用，每一方面的问题都有对教师的指南，使教师能陈述活动的目的，介绍活动的本身及活动后对活动的评价等。

HAP 不是一种包罗所有学生健康问题的一种课程，然而，它是一个出色的以学生为中心的教育方案，为健康教育提供广范围、低耗资的活动。此外，以学生为中心的方案能使学生在经验中获得有关健康的各种概念，使他们能更好地控制自己的行为。

（三）“健康生活技能”模式

“健康生活技能”模式强调技能的获取而不是知识的获得，在幼儿园至高中的 13 个年级的健康教育课程中包含了 10 个主要方面的内容。

（1）健康服务和消费卫生；

（2）身体安康；

（3）牙齿保健；

（4）环境卫生；

（5）疾病预防；

（6）生长发育；

（7）营养；

（8）物质的合理使用和滥用；

（9）安全与急救；

（10）心理健康、家庭生活和人类的性。

在此课程中，每一个单元都独立于其他单元，教学所需的辅助材料在当地都能找到，每一单元都包含教学的程序、教学目标、学生表现的指标、教学用时、教学内容、学生作业及与其他主题的整合。这个课程在美国 30 多个州被部分或完全地采用。

（四）"增进健康"模式

该模式曾几度易名，但是它像一些别的模式一样，为学生健康生活提供了技能和信息。这个课程曾在美国 41 个州的 595 个学区中被运用。这种模式与其他模式的不同之处主要在于它所运用的方法。这是一个多种传播媒体、多维度和多种方法的教育方案，在教育、教学中教师充分利用电影、幻灯、书籍、录音，能提供信息的各种人员等，学生以小组的形式在教室内的各学习中心学习经验，他们共同研究、一起分享、互教互学、尽心地表达自己的想法和情感。

这种课程为从幼儿园到七年级的学生提供了内容广泛的教程，每个年级都有一个主题。

幼儿园：健康就是快乐

一年级：健康的我

二年级：视与听

三年级：机体—结构与运动

四年级：我们的消化系统—我们的营养—我们的健康

五年级：关于我们的肺和我们的健康

六年级：我们的健康和我们的心脏

七年级：我们的神经系统和完美的生活

（五）小仓健康教育课程模式

日本学者小仓曾对健康教育的结构化提出过设想，按照他的意见，健康教育方案包括 6 个方面的问题。

（1）人体的构造和功能；

（2）环境与健康；

（3）疾病的预防；

（4）安全（灾害的预防）；

（5）劳动与健康；

（6）集体的健康（公共卫生）。

按他的体系，这六个方面各有其基本概念，每一个概念又各有其若干要素（下位概念），这些概念和要素统合在一起，就形成一个完整的结构。

四、学校健康教育评价

世界卫生组织 1969 年出版的《健康教育服务的计划和评价》，对健康教育评价的界定为“对健康教育活动方案及其实施的全面审核过程，这就是对照原有设计，衡量在达到目标、设计先进合理、完成质量、进度、效率及其他各有关方面对方案的满意程度”①。

---

① WHO，*Planning and Evaluation of Health Education Services*，TRS No. 409，1969.

健康教育评价是考核健康教育的重要方面，是科学地制订健康教育计划的基础和依据。

学校健康教育着眼于通过教育，提高学生的卫生知识水平，增强卫生信念，培养卫生习惯，增强自我保健的能力。对学校健康教育所产生的作用或效果进行评价是困难的，原因是多方面的。

（1）学校健康教育的“产生”是学生“知”“信”“行”的变化，这类变化通常是无形的、潜在的和难以测量的；

（2）学校健康教育的作用或效果通常不是即时可见的，不是在短时间内可以证实的；

（3）学校健康教育作用或效果的调查研究往往带有调查和评价人员的主观成分，也受参加调查和评价人员的业务水平的影响；

（4）学校健康教育的评价指标往往难以客观、全面、准确地反映健康教育的作用和效果。

（一）学校健康教育评价的内容

格林和西蒙斯-莫顿对健康教育的评价分为四个方面的内容：（1）对计划准备工作的评价；（2）对教育活动设计和实施过程的评价；（3）对影响或近期效果的评价；（4）对健康教育目标体系的评价。

1. 对学校健康教育计划准备工作的评价

对学校健康教育的计划准备工作的评价主要反映在以下诸方面。

（1）评价学校健康教育的计划是否正确地迎合不同年龄和发展水平的学生的需要、兴趣、接受能力及其他情况，学生参与学校健康教育活动的程度等。

（2）评价学校健康教育的计划所选定的目标和各级分目标的合适程度，各级目标轻重缓急安排的顺序的合理程度。

（3）评价学校健康教育的计划所确定的策略和实施措施是否正

确和合理，是否适合教育对象及其他各方面的客观情况。

2. 对教育活动设计和实施过程的评价

对学校健康教育活动设计和实施过程的评价包括以下各个方面。

（1）评价学校健康教育活动方案设计的质量。

（2）评价学校健康教育实施过程中组织领导、分工和协调状况。

（3）评价学校健康教育实施过程中所选择和组织的教学内容和材料、运用的方法和技术、采用的教育途径和组织形式等方面的质量和效果。

（4）评价学校健康教育方案实施的进度、效率和成本效益等方面的问题。

3. 对健康教育所产生的影响或近期效果的评价

学校健康教育的“产生”包括近期影响和远期效果两个方面。其中近期影响指的是在健康教育方案实施后期或基本结束后的一年之内，通过观察、调查或者测量而得到的结果，它包括以下内容。

（1）学生对有关健康的知识和技能掌握的状况；

（2）学生对健康问题的价值观、态度和信念的变化状况；

（3）学生卫生习惯和行为的变化状况。

4. 对健康教育目标体系的评价

从宏观上总体地评价学校健康教育产生的社会价值和效益，评价社会对学校健康教育的参与和支持程度等。

（二）学校健康教育的评价过程

罗斯（Ross，H. S.）和密苏（Miso，P. R.）提出健康教育的评价过程包括熟悉方案、设计评价方案和步骤、建立评价指标、确定资料的收集方法、收集资料、分析整理资料、编制评价总结、修订原有计划或方案八个环节，这些环节形成一个循环，有些环节则往往交叉重叠，划分不很明显（如图 7-16）。

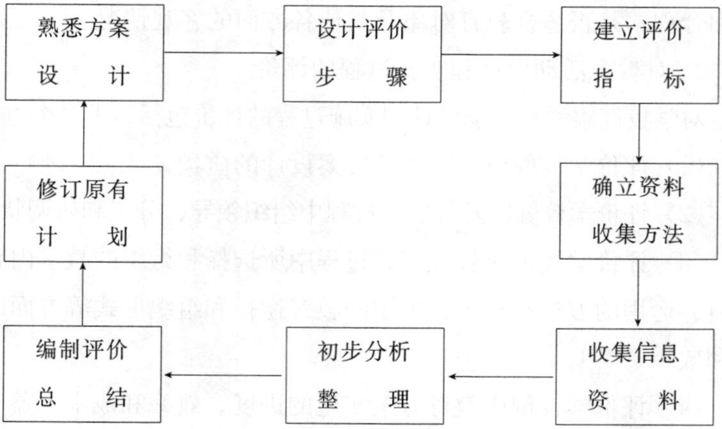

图 7-16　评价循环示意图

（据 Ross，H. S. & Miso P. R.，1979）

从评价研究的类型上区分，这是一种形成性评价，从设计健康教育的方案起就开始对方案实施了评价。

1. 熟悉方案

在对学校健康教育的作用或影响进行形成性评价时，先要熟悉学校健康教育方案，深入分析和了解方案的近期和远期目的和目标、特点，方案实施的步骤、进程，以及方案在人力、物力、财力、技术和时间上的投入，方案实施过程中的各种有利条件和不利因素等。

2. 设计评价方案和步骤

对学校健康教育作形成性评价旨在改进现行的健康教育方案，因此，评价应提供非常详细而具体的信息，以对原有方案的修订进行指导。

克龙巴赫（Cronbach，L. J.）对通过形成性评价改进教程提出了九个方面应开展的工作，为设计健康教育的评价步骤提供了依据。

（1）收集教程中能使学生发生变化的有关资料；

（2）寻找多方面的结果，并分别就这些方面构画该教程的效果；

(3) 确定该教程中需作修正的方面；

(4) 在教程尚未确定时，在编制课程中收集证据；

(5) 发现教程是如何产生效应的，哪些项目影响其有效性；

(6) 在试验阶段，运用教师观察学生在该教程各方面的行为的非正式报告；

(7) 在处理了早期阶段出现的明显缺陷以后，才能进行更为系统的观察；

(8) 对课堂中发生的事情进行研究，并运用水平测量和态度测量等方法揭示学生的变化；

(9) 观察超出设计范围以外的各种结果，如态度、一般理解能力等。①

3. 确定评价指标

确定适当的评价指标是对学校健康教育评价的关键。良好的评价指标应对评价学校健康教育产生的作用或效果具有有效性、可信性、敏感性、特异性和可行性。

制订可靠的学校健康教育的评价指标是困难的，现有的各种评价指标都只能在一定程度上或在某些方面局限地反映健康教育的作用或效果。评价指标可以分为直接指标和间接指标两大类。

直接指标是指通过健康教育的实施而直接产生的作用或效果，包括个体学生或群体学生的卫生知识水平、卫生信念和态度、卫生习惯和自我保健能力等，例如，通过卫生知识测验而获取的学生卫生知识成绩的合格率或达标率，通过对某些卫生问题的观念和看法的调查而获得的对某些行为（如吸烟）的支持率和反对率，通过对学生日常行为的调查而获取的卫生习惯的形成率等。

---

① Cronbach, L. J., Course Improvement through Evaluation, *Teachers College Record*, Vol. 64, pp. 672-683, 1963.

间接指标是指通过健康教育，在提高群体学生卫生知识水平和观念的基础上，学生通过一系列卫生习惯和自我保健措施而得到的健康效益的指标。这些指标反映的效果，有健康教育作用的因素，但是并不一定是健康教育的结果，只能从某些方面反映健康教育的效果。例如，学生的发病率、患病率、感染率、因病缺勤率、卫生工作达标率、卫生监测或检验的合格率等。

4. 确定资料收集的方法

调查法、对比法、观察法、统计分析法等是收集评价教育作用或效果的资料的基本方法，其中调查法更是收集资料的最基本方法，它包括问卷法、测验法、填表法、访谈法、座谈法及专题调查法等。在确定资料收集方法时，应根据评价目的、需要和客观情况，灵活而又准确地加以选择和确定。

5. 收集资料

资料是评价的依据，收集资料既要有熟练的技术，更要有认真的态度，根据已确定的资料收集的方法，按规定进行操作。

在收集资料的过程中，对学生卫生态度的资料收集更为困难，学生态度问卷调查、态度测量等方法虽说是有参考价值的，但是，这类方法的最大问题是，任何种类的态度调查量表即使在真诚和民主的课堂气氛中都可能没有反映出学生的真实态度，都要运用观察法或日常行为记录法等加以补充。

6. 分析整理资料

运用各种方法收集的资料和数据必须经过整理、加工、分析、综合和统计处理，方能说明健康教育评价所要阐明的问题。

7. 编制评价总结

总结就是将经过分析整理的资料，包括散在的经验教训和发现的问题整合在一起，进行抽提和理性化的过程。评价总结的编制能将现象和经验进行归纳和综合，发现规律性的东西，并用以指导健康教育的开展。

8. 修订原有计划或方案

形成性评价的长处在于在计划或方案的实施过程中，通过信息的反馈，及时能对该计划或方案提出修改意见。整个评价过程到此暂告段落，并通往下一个循环，这样一个找经验、找教训、找规律的评价过程，就是有系统地将学校健康教育推向更高层次和水平的过程。

五、学校健康教育的具体实施

从 19 世纪后期至今，学校健康教育从教育哲学到教育计划、教学内容和方法等都发生了很大的变化。学校健康教育的难点之一在于在整个学校教育体系中，它究竟应该占据怎样的地位，并通过什么途径加以实施。

以前，传染病在学生中广为流行，学校健康教育曾将很大的注意力放置于让学生学习关于疾病的流传、后果及其预防的知识方面。正规的学校健康教育一开始只是教给学生以自然科学，如解剖学、生理学，以及与此有关的一些卫生知识，健康教育的重点也只放置在知识和信息的传播之上。而今，健康教育涉及的范围日趋广泛，不仅涉及个体的身体方面，而且包括了个体、群体及整个人类的心理和社会方面的问题，不仅要考虑各方面知识和信息的传播和学习，而且还要考虑态度的改善和行为习惯的习得。因此，学校健康教育已不再等同于某些理科教育，它牵涉到自然科学和社会科学的许多领域，学校健康教育应能体现这种综合性。

下面，从生活方式健康教育、心理卫生教育、性教育和环境卫生教育等几个主要方面，具体阐述学校健康教育在学校中的实施。

（一）学校的生活方式健康教育

生活方式是一个复杂的综合概念。

伯特（Burt，J.J.）将生活方式分为12个方面：（1）应付方式（coping style）；（2）适应方式（relating style）；（3）决策方式（decision-making style）；（4）冒险方式（risk-taking style）；（5）工作方式（work-creating style）；（6）自我保护方式（self-conservation style）；（7）环境保护方式（environment conservation style）；（8）休闲方式（rest-relaxation style）；（9）营养方式（nutritional style）；（10）寻求快乐方式（pleasure-seeking style）；（11）消费方式（consumer style）；（12）衣饰方式（grooming style）（如图7-17）。伯特认为，健康行为取决于人们选择这些生活方式的行动过程，他还认为，生活方式的这12个方面是构成有意义的健康教育的框架。他的生活方式的健康教育分为三个步骤：（1）识别可供选择的生活方式；（2）评价所选择的生活方式或重新评价个人习惯；（3）理智地选择个人的抉择或改变生活方式和习惯。

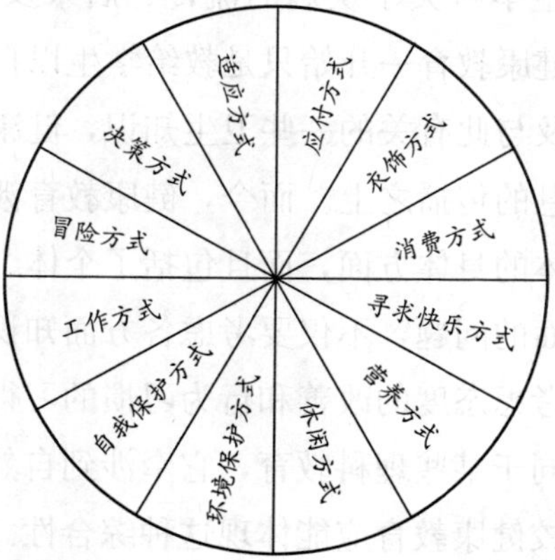

图7-17 伯特的生活方式分类图

（据Burt，J.J.，et al.，1980）

本书涉及的生活方式健康教育中的生活的含义仅局限在一个狭义的范围，即局限于学校和校外生活的基本方面，如营养、运动、休息、娱乐、消费等。

1. 生活方式健康教育的目的

对学生进行生活方式健康教育的目的是使学生“能够充分认识到不良生活方式对社会及自身健康的影响，在领会知识和认识社会责任的基础上，自觉地遵守卫生道德、规范和政策法令，把对生活方式卫生的认识转变为良好的生活方式卫生行为”①。

生活方式是在一定历史时期和社会条件下，各民族、阶级和社会群体的生活模式，包括衣、食、住、行、休息、娱乐、社会交往等方面。对学生进行生活方式健康教育，要抛弃传统生活方式和外来生活方式中落后、腐朽、愚昧和堕落的嗜好、习惯和观念，既注意保留本民族的传统美德和行为方式，又注意学习和借鉴外来文化中生活方式方面文明、健康和科学的部分，使学生逐步形成具有本国特色的、符合民族习俗的文明、健康和科学的生活方式。

学校是对学生进行生活方式健康教育的一个重要场所。健康生活方式的形成和巩固，不良生活方式的改变和矫正，都不是简单的过程，不仅涉及知识和信息的传授和传播，而且涉及态度和行为的改变。陈旧和落后的生活方式是人们在长期生活中逐渐形成的，有其悠久的历史渊源和连续性，因此，它们常是保守的，难以在短时间内就被完全摈弃。随着工业化、城市化和信息化时代的到来，社会生活节奏的加快，以及物质和文化生活的丰富，落后、腐朽甚至堕落的生活方式也会混杂在现代生活方式之中，并对缺乏分辨能力的青少年学生产生影响。学校是一个社会团体，这个团体的共同活

① 朱家雄主编：《现代儿童保健百科全书》，中国大百科全书出版社上海分社 1994 年版，第 338 页。

动是决定该团体每一成员的生活方式的最重要因素，这就是说，学校的教育活动和行为规范对学生生活方式的形成和改善会起到极大的影响作用。成功的学校生活方式健康教育不仅表现为学生的生活各方面符合行为规范，而且表现为学生能对生活方式进行自我调节，它涉及学生的需要、生活取向及对待生活和社会规范的态度等问题。

2. 学校生活方式健康教育的内容

学校生活方式健康教育的内容涉及营养与饮食卫生教育、运动卫生教育、休息卫生教育、防止吸烟和酗酒的教育、消费卫生教育及个人卫生教育等方面。

(1) 营养与饮食卫生教育

营养卫生教育对学生是十分重要的。美国卫生与人类服务部(U. S. Department of Health and Human Services) 将营养卫生教育列为“1990 年国家卫生目标”的一个重点。佩里 (Perry, C.) 等人的研究表明，包括营养教育在内的良好的学校营养方案会对学生产生积极的效果。帮助学生养成良好的饮食习惯是学校健康教育的一个目标，应该帮助学生懂得，虽然饮食受到文化和生活方式的强有力的影响，但是他们能够控制这些影响，消除各种与食品和营养有关的错误概念，建立起选择和摄取健康食品的责任感，养成健康的饮食行为和习惯。

学者们的研究及有经验的教师非正式的观察都发现，只给学生传授有关营养与饮食卫生的知识，学生几乎不会改变他们的饮食习惯。若要学生改变已有的饮食习惯，至少需要两个条件：第一，学生能将自身的健康，特别是良好的营养放在价值观的重要位置；第二，学生必须学会改变行为的一些策略和方法。

安斯珀夫 (Anspaugh, D.) 等人认为，在学校中应给予学生营养与饮食卫生教育，内容包括以下 19 个方面。

①人们之所以吃这样的食品，是有许多理由的。

②丰富的早餐对于生长发育和学习是很重要的。

③食品是生活的重要组成部分。

④食物为身体的生长发育和维持提供能量和营养素。

⑤食物营养素可分为碳水化合物、脂肪、蛋白质、水、矿物质和维生素。

⑥各种营养素对机体具有特殊的功能。

⑦以最佳方式选择各种仔细选择的食品能保证其所需的适量营养素。

⑧四种基本的食物能在计划平衡的营养餐中起作用。

⑨缺乏某些营养素会产生某些疾病。

⑩过瘦弱或者过肥胖会产生身体和情绪问题。

⑪保持适当的体重是自身的责任，但若有这类问题，他人能给予帮助。

⑫即使个体没有体重问题，他也可能营养失调。

⑬简单的食品只要经过适当的选择，也是有营养的，并能提供平衡的膳食。

⑭尝试新的和不同的食品是有趣的。

⑮甜点或不含酒精的饮料的过量食用，也会产生健康问题。

⑯世界上有许多人食不裹腹。

⑰许多人错误地相信一些关于食物的误传。

⑱食物营养表能提供有用的营养信息。

⑲应该理智地计划饮食费用。①

（2）运动卫生教育

学校体育课和体育活动最为直接地迎合了学生对体育运动的需

---

① Anspaugh，D.，*Teaching Today's Health*，pp. 275-276，1987.

要。在理想情况下，学校体育课和体育活动应与学校运动卫生教育齐头并进。学校运动卫生教育不仅要涉及体育运动应开展哪些项目，还要涉及以下一些一般的领域。

①科学基础。对肌肉、骨骼、心血管等系统如何对体育运动作出反应的学习。

②运动安全。学习运动创伤预防的一般要求和方法。

③动机方面。设计表明对体育运动的价值和情感的学习活动，也包括能改善个人习惯的体育活动方案。

④社会文化方面。学习各历史时期和各种社会文化中体育运动或活动的习惯及异同的理由。

所有这些方面的教育，目的只是为了使学生对于体育运动的卫生与安全方面能够最终产生更为理智的个人决策，并将体育运动看作是保持终身健康的必不可少的一部分。

里德等人认为，学校中体育运动卫生教育应包括以下 4 种观念。

①人的机体有很大的潜能，可对各种类型的体育活动作出良好的适应。

②体育运动的习惯对于个人的外观有直接的影响。

③涉及体育运动的娱乐活动常迎合了重要的社会和情绪需求。

④体育运动类型受个人、社会和情景诸多因素的影响。①

（3）防止吸烟、酗酒和滥用药物的教育

吸烟、酗酒和滥用药物是当今世界对人类生命与健康威胁和危害最大的社会问题之一。在全国和全社会，利用传播媒介开展防止吸烟、酗酒和滥用药物的教育，特别是在学校对学生加强这类不良行为的危害的教育是极为重要的。

从 20 世纪 60 年代初开始，欧美掀起了不吸烟教育或反对吸烟

---

① Read, D. and Greene, W. H., *Creative Teaching in Health*, p. 355, 1980.

的运动。80 年代以后开始起用“防止吸烟的教育”这个名称，这是因为健康教育家们发现对已吸烟成瘾者和吸烟还未成瘾者进行教育的效果甚微，于是把焦点转向了非吸烟者。防止吸烟的教育几乎从初中阶段开始就已进行，专家们认为防止吸烟的临界期一般是七年级，有的早在小学阶段就已经开始了。最初，防止吸烟教育的内容主要是吸烟的危害，这样的教育虽然使学生增长了知识，培养了反对吸烟的态度，但是在行动上几乎无一例能获得预期的效果。有人认为，这种教育失败的原因之一是因为儿童在未成年以前“现在的指向性”要比“未来的指向性”强得多，这就是说，对学生解释由于吸烟，可能会在几十年以后得癌症或心血管病的说服力，不会比他们亲眼看到吸烟后心血管系统等立即会发生的生理变化效果会更好。① 也有人在比较了对学生讲解吸烟的长期危害效应与近期效应，却得出了相反的结论，那就是两者的最终效果差别并不大，这就是说，单纯依靠知识方面的教育以防止学生吸烟是困难的。②学者们发现，学生周围的人和环境，特别是父母或亲友吸烟及报纸、电视广告等对学生吸烟行为的影响特别大。据此，有人提出了改进防止学生吸烟的教学内容，使学生能自觉地抵制这些来自社会的影响；也有人在 20 世纪 80 年代提出了“终身技能训练”的新教学内容，他们认为，引起吸烟的原因不仅有社会的，也有心理的，换言之，吸烟行为在很大程度上还取决于学生的性格特征，如不安分、缺乏自控能力、低估自己等，因此，他们设计的教学内容不仅要使学生学会抵制社会影响的技能，还要培养学生自我控制的能力、自尊心和自信心等品质，以减少对社会影响的接受程度和应变能力。这些教育都收到了一时的效果，学生中新吸烟者的人数下降了，但

---

①②［日］黑羽弥生，吕彦译：《关于欧、美、日本等国学校防止学生吸烟的教育》，载《体育译文》1985 年第 2 期。

是远期效果如何尚不清楚。①

克雷通（Clayton，R. R.）认为，学生酗酒与滥用药物的问题倾向于表现出包括离家出走、逃学、随意的性行为、辍学、被开除、破坏公物、偷窃、学业成绩低下、与家庭关系破裂和车祸等在内的失调行为。② 威廉斯（Williams，M.）等人则相信，通过学校教育使酗酒或者滥用药物的学生完全消除这种行为是难以成功的，更为现实的和可达成的目标是让学生有责任性地使用这些物质，也就是说，不要因此而干扰学生完成生活任务的能力，例如，延迟第一次使用这些物质的时间、限制每次的用量、减少使用的次数及避免引起学生使用这类物质的情景等。③

学者们发现，教给学生有关酒和药物对健康的影响作用这一类知识和信息，会增加学生的知识水平，但是学生具有这些有关的知识和信息，对于学生以积极的方式运用这些物质并非是必须的。夏普斯（Schaps，E.）等人发现，在某些情景下，只给学生传授有关信息，反而会引起相反的结果，例如，学生更多地使用这些物质。④ 因此，知识的传授只能作为教育的一个组成部分，而不可作为教育的全部。知识的获得会影响学生的态度。然而，这两者之间没有必然的因果关系。有研究表明，教育对学生使用这类物质的态度的变化，可能掺合了学生过去使用这类物质的行为。威廉斯

---

①［日］黑羽弥生，吕彦译：《关于欧、美、日本等国学校防止学生吸烟的教育》，载《体育译文》1985 年第 2 期。

② Clayton，R. R.，The Delinquency and Druy Use Relationship among Adolescents：A Critical Review，*Drug Abuse and American Adolescent*，Lettieri，D. J.，et al. ed.，ADM81-1166，1981.

③ Williams，M.，et al.，Alcohol and Youth：State Prevention Approaches，*Alcohol Health and Research World*，Vol. 1，pp. 2-13，1981.

④ Schaps，E.，et al.，*Primary Preveation Evaluation Research：A Review of 127 Program Evaluations*，(Contract No. 271754014)，1978.

(Williams, A. F.) 等人发现，学生对使用这类物质的态度变化可能在一开始是有效的，但是并不持久。[①] 因此，许多尝试都以转变学生的态度或价值观为其目标，它们的成功与否并不是很明确的。行为决策成为酗酒和滥用药物教育的重要方面。让学生学会面对各种生活情景，联系所获取的知识和信息及自身的信念，运用决策技能，达到短期和长期的预防目的。大部分的行为决策模式都与哈里奇（Harmrich, M. H.）等人提出的模式相类似，包括决策的六个方面：①明确问题；②认定可能的解决方式；③收集、确证和处理信息及澄清价值；④作出决策；⑤尝试决策；⑥评价决策。[②] 这类模式整合了学生的认知和情感因素，鼓励学生在考虑和尝试可能的解决方法时充分地运用他们的创造性。

安斯珀夫等人建议，在学校中应给予学生防止吸烟、酗酒和滥用药物的概念包括以下方面的内容。

①有效地处理个人的问题对于防止药物滥用是十分重要的。

②自我意象的不良增加了药物滥用的可能性。

③药物的摄取应遵医嘱。

④人们因为身体、情绪和社会原因而运用和滥用药物。

⑤某些药物只有凭医生的药方才能合法地购买到。

⑥某些上柜药物即使没有药方也可以买到。

⑦吸烟对健康有危害。

⑧吸烟不仅对吸烟者有害，对不吸烟者也有危害。

⑨酒精也是一种药物。

---

① Williams, A. F., et al., Philosophy and Evaluation of an Alcohol Education Program, *Quarterly Journal of Studies on Alcohol*, Vol. 29, No. 3, pp. 685-702, 1968.

② Harmrich M. H., et al., Dicision-making and the Behavior Gap, *Journal of School Health*, Vol. 50, No. 8, pp. 455-458, 1980.

⑩酗酒会导致身体、心理和社会问题。

⑪酒精中毒是一种疾病。

⑫酒精中毒会引起许多健康问题。

⑬巴比妥酸盐类物质会引起身体和心理对此类物质的依赖。

⑭巴比妥酸盐类等安非他明类解除忧郁和疲劳的药物如若滥用是有危险的。

⑮非法的药物，包括麻醉性和致幻性药物都会产生非预料中的严重后果。①

（4）消费卫生教育

作为社会的消费者，学生不仅有一般的消费需要和愿望，也有特殊的消费需要和愿望。在商品经济的社会中，广告对刺激学生的消费欲望及建立需要的信念方面产生了难以抵御的影响，琳琅满目的商品为学生在吃、穿、用、住、行等诸方面都提供了众多的选择的机会。消费卫生教育的重要性日趋被人们认识。通过消费卫生教育，学生应该懂得自身消费权益和消费责任，包括寻找有关商品和服务的准确信息，认识需要和愿望的差别，并对消费作出理智的选择，防止发生有损于健康的问题的产生。对学生进行的消费卫生教育最终应当落实在学生消费行为样式的建立之上，童年时期建立起的对商品和服务的评定、选择和使用模式会对一生的身心健康产生影响作用。

安斯珀夫等人建议，在学校中对学生进行的消费卫生教育应包括以下概念。

①健康的商品和服务只有在需要时才应被使用。

②考虑健康保健商品和服务时，获得正确的信息是十分重要的。

③并非所有的商品和服务都是有价值的或者必需的。

---

① Anspaugh, D., *Teaching Today's Health*, pp. 358-359, 1987.

④广告追求的是说服消费，而不是提供信息。

⑤许多的广告用语是言过其实的或误导的。

⑥家庭成员、朋友和同伴会影响商品和服务的选择。

⑦所有的卫生保健商品的标牌都应该仔细阅读，并严格遵照指导使用。

⑧要识别广泛存在的骗人的卫生商品和服务。

⑨有许多方法可以识别骗人的商品和服务。

⑩骗人的商品和服务是无效的或者是有危害的。

⑪医务保健应该只从有资格的、可识别的专业人员那里获得。

⑫许多政府和私人机构为保护消费者利益而工作。

⑬法律维护消费者的权益。

⑭作出理智的消费决策的最佳方法是知道关于商品和服务的事实。

⑮作出理智的决策最终是个人的责任。[1]

（5）个人卫生教育

对学生进行个人卫生教育，特别是从小培养学生良好的个人卫生习惯，这对于维护学生机体的健康，预防疾病的产生具有极为重要的意义。个人卫生习惯是习以为常的卫生行为，它不只是对外界环境的机械反应，而它本身就包含着一种理性地应付与健康有关的问题和情境的倾向。年龄小的学生，行为的可塑性较大，这个时期正是培养个人卫生习惯的良好时机，不仅容易形成良好的卫生习惯，也较易纠正不良习惯，因此应抓紧时机，以提高学生对与健康有关的问题的认识和改善态度作为培养卫生习惯的条件，以行为守则作为培养卫生习惯的基础，逐步发展和巩固良好的个人卫生习惯。

对个人卫生教育的内容包括自理生活的能力、有规律的生活习

---

① Anspaugh，D.，*Teaching Today's Health*，p. 464，1987.

惯、个人清洁卫生习惯及学习卫生习惯，等等。

（二）学校心理卫生教育

从理论上讲，大部分学生的心理是正常的，但是，正常并不等于“理想”，几乎所有的学生的心理品质和情绪特征都有必要加以改善，这对于学生适应社会生活，预防精神疾患是必不可少的。健康教育家普遍认为，直接的教育力量对于学生心理品质和情绪特征的改善具有重大的意义。学校对学生施行的心理卫生教育主要是通过培养学生健全的个性，养成良好的心理卫生习惯及学会消除心理紧张的方法等得以实现的。

1. 学校心理卫生教育的目的

当学生带着焦虑和担扰的心情进入学校，学习对他们来说只能是件痛苦的事情；如若学生缺乏自身价值观，也不能被他人接纳，那么知识的增长对他们来说是不会成功的。

学校心理卫生教育是为改善学生心理卫生知识、态度和行为提供有益的学习经验的过程，旨在通过教育，逐步增强学生自身的心理强度，改善他们的心理品质，使他们自觉和主动地产生和形成各种有益于自身、社会和民族的行为方式和习惯，提高他们适应和改造社会生活的能力。

基于沙利文（Sullivan，H. S.，1953）、哈维格斯特（Havighurst，R.，1953）、格拉泽（Glasser，W.，1969）、吉诺特（Ginott，H.，1961）、温斯坦（Weinstein，G.，1970）等人的工作，戈尔德伯格（Goldberg，J.）和海莫华兹（Hymowitz，E）提出了在课堂中对学生施行心理卫生教育的目的。

（1）增长解决个人和集体问题的能力；

（2）懂得选择，并能根据现实情况和可操作性原则作出选择；

（3）增长自我认识和理解；

（4）培养对他人的同情及与人交往的敏感性；

（5）养成合作、分享、与人协商等品质；

（6）改善与人交往的技能；

（7）增强自信心；

（8）改进自我意象。①

2. 学校心理卫生教育的内容

学校心理卫生教育涉及的内容领域十分广泛，而且根据社会文化背景、年代和教育对象，应有所不同。里德等人在回顾了有关学校心理卫生教育的许多研究以后，认为在学校心理卫生教育普遍使用的许多概念中，下述 4 个方面的 14 个概念最具有典型意义，但是，在具体选择和确定学校心理卫生教育内容时，还须根据客观的需要。

个性和行为的性质

①人具有许多相同的个性特征，但是，每个人的个性是独一无二的。世界上每个人总以某种方式而有别于他人。区别和研究各种不同的个性特征是有用的，学习别人的理想的个性品质往往是有益的。即使我们学得了别人的个性品质，一定程度的特殊个性依然存在。

②每个人的个性包括许多内在的观念、价值和表达方式，使人的行为产生一定的稳定性。大量的完善了的或未完善的知识经验解释了人的个性结构的大部分。个性虽在不断地发展和变化，但是变化是缓慢的。

③许多行为会成为习惯，它们会在实践活动中养成或者消除。个性特点的大部分，诸如关心别人、自力更生等，就如刷牙或者放置桌子一样，都能做到无须意志的作用而自然产生。

④情绪有许多种表达方式。缺乏自信的人有时也表现出傲慢的

---

① Goldberg，J. & Hymowitz，E.，*Mental Health Activities in the Classroom*：*A Handbook*，pp. 1-5，1980.

样子，极其高兴时也会流泪，父母的爱有时会以严厉的惩罚方式表达出来。

⑤情绪的变化和起伏是一些正常行为的反映。几乎所有的人有时都会感到自己十分忧郁不安，而有时则很愉快，引起这种变化的原因往往是难以捉摸的。

⑥像人的成熟一样，人的行为也逐渐变得更为有效，更有建设性和自我指导。这一变化是生长发育的结果，是在成人和同伴的学习经验作用下的结果，是大量自身努力的结果。这对个体及其周围人都是有益的。

行为和个性的决定因素

⑦人的行为由心理、生理和社会因素三个方面决定。人的行为是复杂的，以适应性为其特征。思想、情感和行为都是自然力量复杂的交互作用的结果。虽然，人的行为总趋于某种形式的需要的满足，但是结果可能是满足了需要，也可能没有满足需要。

⑧“自我接纳是心理健康的基础。”① 自我接纳和自学建立在客观地评价一个人的价值、能力和其他重要属性的基础之上。虽然在此过程中，他人可提供帮助，但是这些品质最终须来自内部。

⑨对人的行为的动力作基本的了解，有益于对人际冲突和其他类似问题作出建设性反应。将注意放在非期望行为产生的原因，而不注意这些行为的外部表现的人，一般在作出满意的行为改变方面会更为有效。

⑩情感和友谊是健全个性的发展和心理健康维持的基础。由于人在幼年时期依赖于他人，也可能由于先天的原因，友谊和情感成为人类内心深处的需求，它们一般通过各种人际关系而得以满足。

---

① Washington D.C., National Education Association, *Health Concepts: Guides for Health Instruction*, p.43, 1967.

⑪对待不可避免的死亡问题的接受和调整，对于个性的强度和有效性都具有重要的影响。世间万物之中，唯有人在其有生之年懂得自己注定是要死亡的知识，这些知识虽然令人感到惧怕和不安，但是对它的顺应却能增添人生的意义和乐趣。

社会和个性

⑫对于健全的个性结构，个体和集体的价值观念是重要的。有些价值观念为社会中大部分人所共有，有些则在一定范围内适用，比如只在伦理集体或家庭中适用，还有些则只适用于个人。个人的价值观应适合自己的情况，而且一般不应加入严重的社会冲突之中。

⑬社会对行为的要求因个体年龄而各不相同。在幼小儿童中出现的某种可能受到赞赏和奖励的行为，对年长儿童来说可能被看作是其一般应该具有的行为的一部分。随着个体的成熟，人们对其要求越来越高，如果达不到这种进步，常会产生失望和冲突。

⑭不顾外部力量的影响，社会一般坚持个体应对自己的行为负责。随着一个人的成熟，要求其自我控制和约束的程度也在提高，这种品质的发展不论对个体还是对社会，一般都起有益的作用。

心理疾病

⑮心理疾病似乎表示了对情绪或机体紧张的反应的失调。虽然心理疾病可有不同的分类，但是每一种疾病就其表现形式，特殊症状和需进行的治疗等都各不相同。

⑯适当的心理治疗一般都能减轻或消除心理疾病的症状和障碍程度。对于大多数的心理疾病，都有有效的治疗方法，这些方法的有效性因及时而又彻底地运用而在极大程度上得以提高。①

安斯珀夫等人则认为，在学校中，心理卫生教育应给学生的概

---

① Read，D. A. & Greene，W. H.，*Creative Teaching in Health*，pp. 179-181，1980.

念包括以下方面的内容。

①所有的人都应享有身体安康、爱、安全感、情绪支持和被人接纳等人类的基本需要。

②所有的人都会经历到相同的情绪，却以不同的方式表达情绪，这种差异取决于个体的知觉、价值观和个性特征。

③表达任何给予的情绪都可以有健康的和不健康的方式。健康的情绪表达方式在频率和强度上是与触发事件的影响或重要性一致的。

④每个个体都有特殊的才能、技能和特征，所有这些组成了其独一无二的个性。

⑤个体的态度、信念和判断决定了自我概念、自尊心和自我价值感。强烈的自我价值感是健康心理所不可缺少的部分。

⑥自我价值感来自各种影响，特别是来自家庭、朋友、社区和整个社会关于自身的信息。

⑦强烈的自我价值感的发展能帮助培养与家庭成员和朋友的亲密的、有意义的关系，反之，这种关系也有助于自我价值感的发展。

⑧所有的人在日常生活中都面临紧张的情景。紧张的情景可以通过在产生紧张时的表现而加以鉴别。正确地对待生活紧张事件有可能改变或者消除这种情景。

⑨在日常生活活动中，学习、休闲和寻找快乐能帮助减轻紧张。

⑩个人行为决策是个人心理健康的综合，它们是建立在习得的来自社会交互作用和文化期待的价值观基础之上的。

⑪与人的价值观系统不相矛盾的行为决策能够帮助个体的动机、愿望和需要与家庭、社区和社会的期望取得平衡，从而导致更大程度的情绪平衡、统一和内部平和。①

---

① Anspaugh，D.，et al.，*Teaching Today's Health*，pp. 239-240，1987.

（三）学校的性教育

在学校健康教育的各领域中，没有哪一个领域比对学生的性教育更为困难和更多地受到严重的忽视，即使在一些西方国家的许多公立学校中，也往往对此采取了限制的态度，甚至阻碍把性教育加入到学校的课程中去。柯尔肯德尔（Kirkendall，L. A.）和考尔德伍德（Calderwood，D.）曾对一些有关材料作过评论性研究，发现青少年主要是通过相互交往而得到大部分关于性的知识的。① 他们又对当时的学校课程作了批评，其结论如下。

（1）当性知识是从合适的渠道获得时，它们在范围上往往是有局限性的，内容是贫乏的，并且总是进行得太迟。

（2）从合适的途径所接受的教育，应当更适当地把它归为“生殖教育”，而不是“性教育”。

（3）在性教育中，家长或教师与青少年之间发生的也往往只是传授某些知识而已。

（4）除了要使年轻人避免麻烦以外，家长和教师对通过性教育希望得到些什么缺乏清楚的认识。

此外，柯尔肯德尔等人还认为，儿童青少年关于性知识的主要信息来源是同伴，“他们还通过阅读、看电视、电影、广告或听成人谈话而接受性教育”②。

每个学生都有必要接受性教育，并能从性教育的效果中得到对一生健康的潜在的利益。儿童青少年时期习得的性知识、形成的性观念和性准则是成人期明确的性概念和信念的前身，可能成为青年

---

① Kirkendall，L. A. & Calderwood，D.，The Family，The School and Peer Groups：Sources Information about Sex，*Journal of School Health*，Vol. 35，No. 7，1965.

② Kirkendall，L. A.，Sex Education：A Basic Human Right，*SIECUS Report*，Vol. 4，No. 1，1975.

期或者成人期性行为形成的主要组成部分。忽视了性的问题，儿童青少年的人际关系就不可能顺利地发展；回避了性的问题，儿童青少年的个性就不可能是健全的；如果对儿童的性的问题不进行教育和引导，甚至采取简单粗暴的方法进行压制，那么不仅会挫伤儿童青少年的求知欲，还可能毁坏他们一生健康的生活。

1. 学校性教育的目的

学校性教育的目的是为了增进学生的性健康。

世界卫生组织给性健康下过这样的定义："性健康是情感中、理智中和社会中的性的诸方面的集成，是积极地丰富和提高人类的相互交往和爱的方法。"① 这个定义已被"美国性信息委员会"等一些权威的性教育组织所确认。

瑞典性教育基金会为瑞典的学校制订了性教育的计划目标，该计划是每所学校对学生从 7 岁起进行学校教育的一个组成部分。

（1）学习生物和社会科学，让学生周到地考虑各种内部关系，以及在与同伴的性生活中得到享受。

（2）学习各种社会准则和与性相关的哲理，让学生能够接受这种社会共同的准则并有能力评判和讨论这种准则。"共同准则"可以概括为这样一句话："没有人被允许仅仅为了一个人的满足和需要。"

（3）认识到性对个体、对个体之间及对个体与社会组织的重要性。

（4）认识到性的复杂性，也认识到在亲密的关系中发展人们观念的机会。

柯尔肯德尔提出了性教育与生活的六个领域有联系，这六个领

---

①［美］Z. 拉里斯、M. D. 罗斯著，张丛元等译：《人类性心理》，光明日报出版社 1989 年版，第 207 页。

域是：(1) 生物学方面；(2) 社会方面；(3) 健康方面；(4) 适应性方面；(5) 人际关系方面；(6) 价值观的确立方面。柯尔肯德尔在此基础上提出了关于性教育目标的新观点，并将它与过去那种以压抑和掩饰为基调的传统性教育目标作了比较（见表 7-7）。根据柯尔肯德尔新的性教育目标，性教育虽说要解决一般的性的问题，但是应该从更广的范围去考察性的问题，这就是说，不能只从生物学、生理学角度解释男女的意义和作用，而应从人的健康发展的角度重新理解性教育的意义，即性教育是个体健全人格形成的背景之一。

苏联学者 Д. B. 科列索夫在论述性教育时，提出了性教育的目的和任务。

(1) 观念教育。在最亲密的异性关系范围内，人不是独立于社会的，男性和女性之间的关系不可能截然分为"个体的"和"社会的"；对一个人（儿童少年、青年）进行社会责任感教育就是指对自己的每个行为负责。

(2) 志向教育。希望建立一个稳固、健康、和睦的家庭，能自觉地教育好子女，把教育子女看作是对整个社会、对自己的父母和子女应尽的责任。

(3) 尊重他人的情感教育。应当尊重所有的人，包括尊重男性和女性，能考虑和尊重他们的特点和利益。

表 7-7　性教育目标的比较

过去的性教育	新的性教育
人类的生物学方面。灌输关于生殖行为及其过程，以及性的生理学发展过程的知识。	此外还加上——从更加广泛的性概念即社会的、心理的方面来理解性。

续表

过去的性教育	新的性教育
向幼儿、青少年传授关于人生目标的知识态度。	与其不同—— 贯穿人的整个生涯，使之成为合格公民、男性（女性）角色。培养具有社会性的人格。
否定所有婚外性行为和性表现。	与其不同—— 把性纳入有价值的人生中，放在广泛的人际关系中去考虑。
忌讳性问题，只局限在封闭的团体中。	与其不同—— 在思想和观念十分活跃的当今社会，在具有各种背景的人们的生活中充分利用性的特性。
强制性地灌输“应该知道的事”。	与其不同—— 以“思想和行为的自由”为原则，向每个人传授判断问题时必要的知识，培养思考问题的方法。
在僵化、固定的伦理框架中，传授怎样使用性的方法。	与其不同—— 认为社会在本质上是动态的过程，自己可能建立适合该时期的伦理框架。

（据 Kirkendall，L. A.，1972）

（4）认识自己行为的能力教育。在对待其他所有人和异性的态度上能检点自己的行为，能在这些关系中加深对好坏行为的认识。

（5）责任性教育。对自己的健康和他人的健康负责，坚信过早地发生性关系是有害的，在异性关系中决不允许不负责任和轻率的态度。

（6）养成批判的态度。对男女相互关系方面的庸俗道德残余、对异性关系的错误观点要进行批判。

（7）正确认识成年的教育。了解对成年教育的内容和真正的特征。①

2. 学校性教育课程设计

英国学者毕比认为，性教育进入学校并不意味着再增加一门课程，或增加一些专业课时，性教育“应渗透于整个学校生活，既不能也不应该限于一门专业课程或者一名专职教师。对于真正了解性的必要知识（不管是生活的或社会的，还是伦理的），不应该使学生从周围环境中自然地拼凑起来，然后全部堆放在‘性教育’的名目之下；健康的态度和观念（与实际知识同等重要）不能与学校的普遍格调分离，性教育搞得越好的学校，就越不应该使两者分离，它应自然而然地与学校日常生活融为一体”②。

对于设计和计划有效的性教育方案，里德等人提出了以下 4 个方面的建议。

（1）人类的性指的是区别男性和女性的所有特征，尽管生理上的差异是明显的和重要的，但是在社会中，决定男性和女性的角色的态度、行为和责任也同样是重要的。

（2）一个完善的性教育课程应该为儿童青少年提供以下各种机会：①获得有关人类性的生理、心理和社会等方面的正确而又全面的知识；②能对他们生活中的性方面发展产生有效的个人价值观。当然，要传递良好信息的愿望是显而易见的和被广泛接受的。被忽视的价值观也往往是行为的重要决定因素，而行为又是健康教育所主要涉及的内容。对教师或某个课程而言，如果试图把一些预先选择好的观点强加给男女儿童，那是相当不明智和不切实际的。我们

---

①［苏］Д. В. 科列索夫著，宁波等译：《性教育漫谈》，国际文化出版公司 1988 年版，第 104—105 页。

②［英］S. 毕比著，林立等编译：《性教育学》，农村读物出版社 1989 年版，第 46—47 页。

完全有可能帮助每个人在他的个人家庭、宗教和文化背景中形成一套个人价值观。

（3）帮助一个人逐渐建立起性别角色是相当复杂和需要相当长的时间。在一个人发展的每一个阶段都有一些适当的概念有必要加以掌握，所以从广泛的意义上来说，在学校教育的每一个阶段都应该包含性教育。美国性信息和性教育理事会（SIECUS）主席考尔德伦（Calderone，M.）很强烈地表达了这一观点，他认为："如果我们的目标是培养出能成熟地和有责任地对待其性的成人的话，我们就应该在最早的儿童时期就开始性教育。"①

（4）最有效地实施性教育的方法是把它与家庭生活教育这一个广泛领域密切地联系起来，或者作为它的一个部分……②

里德等人认为，一个好的学校性教育课程，应充分考虑教育上的需要，以及在课程组织方面的问题。

（1）教育的需要。

性的问题涉及健康教育的许多内容领域，在性这一标题下，根据教育的需要，性教育应涉及人类的繁衍、性欲、性别角色和家庭生活等方面的内容。

传统的性教育在"人类的繁衍"这一领域方面充满了怀孕和生殖等生理方面的内容，而忽视了任何涉及性的含义的更为广泛的，并能对学生价值观形成和行为决策提供启示的内容。然而，涉及生殖系统、性交、排卵、怀孕、胎儿发育和生育过程等基础生物学知识，也应该作为学校性教育的组成部分，对这些内容的忽视往往会使学生产生恐惧和焦虑，从而影响与性的更为广泛的领域有关的健

---

① Calderone，M.，The Development of Healthy Sexuality，*Journal of the American Association for Health，Physical Education and Recreation*，Vol. 37，No. 7，p. 24，1966.

② Read，D.，et al.，*Creative Teaching in Health*，pp. 211-212，1980.

康态度和观念的正常发展。在这一方面，性教育的关键在于要在问题出现以前，而不是在问题产生以后才去形成对该问题的正确概念。麦卡利（McCary，J.）曾建议，这类知识和信息应比学生从同伴那里获得提前一年由学校提供给学生，这样会使学生准确而又在有益健康的气氛中获得。

生物学和社会心理的概念的结合对于深刻地理解性欲是不可缺少的，在教育中有必要让学生了解一些关于性欲的意义、作用及有关性欲在两性中的不同表现形式的知识。好的性教育方案应该给予学生机会去探索这些知识及学习如何将这些知识运用到个人的行为决策中去。

性别角色是社会文化对某一性别角色的行为规范和行为期望，而性别同一性则是指对自己性别的意识、体验和确认，这两个概念可以看作是连接生物学性别和心理学性别的概念，还可以看作性别的性和作为行为的性之间的中介。确认自我和自己的生活方式，在各种层次的性观念和性行为中将自己放置在明确的位置上，这是健全人格存在的基础。性教育课程应为学生确认和发展性别角色和性别同一性提供有效的参与机会。

好的性教育课程还应让学生获得知识、技能和态度，通过家庭成员中既有效又耐久的情感关系维持良好的家庭生活。从理想的角度出发，有关家庭生活教育的学校课程应该与学生作为家庭成员的经历同步进行，并帮助和指导他们从这一经历中去学习。然而，一些学生已经接触到了一些远非理想的家庭传统习惯和态度，所以学校课程应使学生学会抵消这些不良经历所带来的影响的能力。

（2）课程的组织形式。

从理论上说，对人类性的研究能以不同的组织形式被引入课程；在实践中，不外乎以下三种情况。

①综合性形式，即把性教育的某些适宜方面作为学习自然科

学、社会科学、体育和语言等课程的一部分，在这种情况下，每个教师都对性教育承担责任。

②在学校中单独开设一门性教育课程，或与“家庭生活”结合起来成为一门课程。

③把性教育作为健康教育课程中的一个主要领域。

以上三种组织形式各有利弊。例如，几乎没有一个健康教育家会反对单独开设一门性教育的课程，然而，鉴于时间和材料方面的问题，很少有人会这样做；又如综合性形式在小学阶段的效果尚好，然而在中学中则往往被各科教师所忽视。据学者们调查，将性教育作为健康教育课程的一部分的做法已经成为最易接受的一种做法，不仅在时间上有所保证，而且还可能将性教育与生长发育、心理健康等相关的内容紧密地结合和协调在一起。

非正规的座谈会和对个体进行的咨询是对学生进行性教育的另一途径，这类形式的教育针对性强，能较为迅速地解决一些现实的问题，满足学生即时的需求。讨论和个别咨询是在心理上支持和谅解的气氛中进行的，问题和焦虑都可以通过自由的交谈而加以表达和解决。

3. 学校性教育的内容

学校性教育的内容取决于性教育的目标和任务。苏联学者科列索夫把性教育的主要内容归为以下 5 个方面，并为各年龄阶段的学生制定了由浅入深的具体谈话提纲。

(1) 与儿童的性别有关的问题，对儿童本身和对社会起作用的性别问题；

(2) 家庭和家庭关系问题，家庭、家庭关系对儿童及其亲属和对整个社会的意义；

(3) 儿童的出生问题和后代的遗传性问题；

(4) 性道德本身的问题；

（5）性卫生问题。①

里德等人在对一些关于性教育的资料进行回顾和评论的基础上，把他们认为在学校健康教育课程中值得强调的概念均衡地列为以下 4 个方面的 18 个条目，它们对于选择和组织学校性教育的内容具有一定的指导意义。

人类的繁衍

①所有的生物都繁衍其自己的种族。生命体都只能来自相似的有机体。要延续生命，繁殖是必需的条件。大多数动物的生活方式都具备了有利于繁殖过程的某种天性。

②许多生命体的繁殖，包括人类，都是雌体和雄体的结合。大多数高等动物和许多有生命的植物，都是通过性繁殖的途径得以繁衍后代的，也就是一个精子和一个卵子的结合。因此，雌雄两性对新生命的遗传都起了同等重要的作用。

③如同其他哺乳类动物一样，人类在其母体的保护性环境中开始了其早期发展的阶段。当儿童还处在最早和最柔弱的发展阶段时，母体的子宫对其来说是最适宜的环境，所以在孕期内，母亲的健康行为是极为重要的。

④当人达到成熟阶段时，典型的生理变化就开始了。在生理成熟的某个阶段，内分泌激素的分泌开始增加了，它刺激了生殖能力和第二性征的发展。

⑤性欲是与人的快乐和生殖有关的一种内在的强大力量。大多数动物都具备了某种有利于生殖过程的天性，对人类来说，性方面的这种天性还促使其对性欲有高度的控制。

⑥适当地发泄或控制性欲将有助于人的健康。不管是通过直接

---

①［苏］Д. В. 科列索夫著，宁波等译：《性教育漫谈》，国际文化出版公司 1988 年版，第 106 页。

的还是间接的手段得到性的满足，采取的行为对人在总体生活的满足方面可能是极为有害的，也可能是极为有利的。

⑦婚姻中的性调节和反应是受婚前和婚后大量不同因素影响的。配偶间总体关系的其他方面会影响性关系，反之亦然。在性方面的以往经历，不管是直接的还是间接的，都会对婚姻中性欲表达的特征产生强烈的、积极或消极的影响。

性别角色

⑧当男孩和女孩成熟时，他们在人格、兴奋性和行为方式上都会表现出明显的不同。按惯例，男性和女性在心理上的差异会传统地产生不同的义务和责任，这反过来又促成了总的人格的差异。尽管性别角色是建立在生理基础之上的，但是它的确定过程多半还是一个文化过程。

⑨青少年期的异性约会及其他一些不同性别的社会活动都在其人格发展中起重要的作用。在青少年期参加一些适量的社会活动能以有益的方式泄发一定程度的性的能量，这样就能更好地控制性欲。除了能满足这一直接需要外，培养起来的社会技能还将有益于终身。

⑩爱情和爱慕都是复杂的人类的情感，彻底了解它们需要大量的社会经历。爱情和爱慕的最佳形式是超越个人而对另一个人的快乐和幸福给予高度的真诚的关心，只有相当的经历和成熟，才能产生该过程所不可缺少的人格品质。

婚姻

⑪家庭能起到满足其成员在身体、心理和社会等方面需要的作用。婴儿能得到必不可少的照料，孩子能受到训练和指导，成人则能找到一个社会承认的发泄性欲的地方。此外，所有的家庭成员都能从相互爱护中获益。这些和其他一些重要的功能在一个完善的家庭中是都会出现的。

⑫配偶的选择是一个关键，它对丈夫或妻子及孩子的生活都会产生重要的影响。

⑬有效的家庭功能依赖于每个家庭成员的适宜行为。每个家庭成员都能对其他成员的快乐和幸福作出贡献，当家庭中某成员遭到了不幸而不能再承担其原来的角色时，这种不幸也会对其他所有成员产生不利的影响。

⑭每个家庭都建立起一系列独特的共同的态度、价值观和行为模式，而这些在某种程度上又都与其他任何家庭都有所不同。当一个家庭刚成立时，每个成员都把自己的一些特点带到婚姻生活中来，而当婚姻发展时，产生的其他经验又会以复杂的方式与这些特点相互作用。

⑮许多因素会影响婚姻关系的总体特征和它的有效性。共同的目标、和谐的人格特征、对责任和权利的一致认识及成功的人际关系，所列的这些只是可能会产生重要影响作用的因素的一些例子而已。

⑯单身的人也常能发展有益的生活方式，使自己也过上丰富而满足的生活。尽管家庭是满足人类的许多重要需要的常规模式，然而这些需要也常可成功地以其他形式得以满足。

家长

⑰家长既可能为孩子的丰富的情感创造条件，也有可能严重地干扰其生活方式。如果孩子在身体、社会和情感方面的需求能得以成功的满足，那么这一切都会为他提供通向成熟和满足的经验。然而，许多人则并非通过家长，而是通过其他途径达到相同程度的成熟和满足。

⑱发展中的人，在其胎儿期、分娩过程和新生儿期都需要相应的医疗护理。在这些过程中往往存在着特殊的健康需要和对健康的特殊威胁，适当的照料和护理能极大地减少这些威胁。

（四）学校的环境卫生教育

生活环境是人类赖以生存的基本条件。在一般情况下，人类和周围的环境形成一种动态平衡，如果环境因素发生剧变，或者由于人为的原因使环境的构成或状态发生变化，就会造成环境污染，甚至扰乱和破坏生态平衡，严重影响人类的健康与生活。随着城市化和工业化的进展，自然界某些地区的生态平衡遭到严重破坏，使人类赖以生存的环境日趋恶化，甚至导致公害病的发生。环境污染问题曾是 20 世纪 70 年代世界上最热门的话题。因此，讲究生活环境卫生，保护人类生存的环境是全人类共同努力的方向。确立保护环境的意识，培养维护环境卫生的行为和习惯，应从教育入手。

1. 学校环境卫生教育的目的

在学校中对学生进行环境卫生教育的目的是通过环境卫生科学知识的传授，让学生认识生活环境卫生的重要性，增强保护生活环境卫生的责任感，提高保护环境的自觉性。

1972 年，联合国召开的斯德哥尔摩人类环境会议通过的《关于人类环境的行动计划》的第四部分“环境问题的教育、情报、社会及文化侧面”的第 96 项中规定，环境教育的目的就在于培养能够一步一个脚印地采取行动，管理、控制自己的周围环境的人。1975 年国际环境教育会议通过的《贝尔格莱德宪章》规定，环境教育的目的是认识并关心环境与人类的问题，因此，为解决当前的问题和防患于未然，培养人们掌握作为个人与集体所必需的知识、技能、态度、意愿和实践能力。

《贝尔格莱德宪章》对于环境教育课程的目标也作了详尽的规定。

（1）关注。对于整个环境及其问题的关心和感受性。

（2）知识。对于整个环境及其问题及对于人类环境的严肃的责任与使命的基本理解。

（3）态度。对于社会价值与环境的强烈感受性。参与环境的保护与改善的积极性。

（4）技能。掌握解决环境问题的技能。

（5）评价能力。能从生态学、政治、经济、社会、审美及其他教育观点，评价环境状况的测定和教育计划。

（6）参与。为有效地采取解决环境问题的行动，必须加深对于环境问题的责任与事态的紧迫性的认识。①

2. 学校环境卫生教育的内容

安斯珀夫等人认为，在学校中对学生进行的环境卫生教育应包括以下的概念。

（1）个体高水平的健康只有在环境有利于健康的情况下方能保持。

（2）在任何特别的环境中，所有的动物、植物和自然资源形成了自身维持的生态系统。

（3）生态系统的各个部分是相互依赖的。

（4）每一个生态系统联系所有其他的生态系统，形成一个称为生态层的环状结构。

（5）由于人类有能力改变和操纵环境，人类的活动对生态系统有最大的影响力。

（6）人类的活动已对环境造成了很大的危害，并影响到环境的卫生。

（7）主要的污染问题是空气不新鲜，水质差，有害的化学物质缺乏管理，水土流失，以及辐射和噪声。

（8）人口过多也是环境问题的一个原因。

（9）对自然资源的保护、生态环境的维持及避免环境的污染是

① 钟启泉编著：《现代课程论》，上海教育出版社 1989 年版，第 477—479 页。

保护生态层的基础。

（10）生态层的保护必须依赖个体和公众的行动。①

日本学者大野、恩藤、加藤三人提出了在学校中进行环境教育要建立以下 5 个中心概念。

（1）一切有生命的东西，同它周围的环境都处于相互依赖的关系之中。

（2）一切有生命的东西都需要食物与能源，以维持其生命。

（3）环境正在遭到破坏，环境应加以保护。

（4）人类是破坏环境的最大因素。

（5）地球世界依赖于有限的资源。②

① Anspaugh，D.，et al.，*Teaching Today's Health*，p. 492，1987.

② 钟启泉编著：《现代课程论》，上海教育出版社 1989 年版，第 482 页。

主要参考文献

一、中文图书

1. 《辞海·医药卫生分册》，上海辞书出版社 1981 年版。
2. 瞿葆奎主编，朱家雄等选编：《教育学文集·体育》，人民教育出版社 1988 年版。
3. 唐锡麟主编：《儿童少年卫生学》，人民卫生出版社 1988 年版。
4. 贾伟廉主编：《健康教育学》，人民卫生出版社 1988 年版。
5. ［美］沃林斯基著，孙牧虹等译：《健康社会学》，社会科学文献出版社 1992 年版。
6. 叶恭绍主编：《中国医学百科全书·儿童少年卫生学》，上海科学技术出版社 1984 年版。
7. 童立亚、万钫、赵幼侠、朱家雄编著：《学校卫生学》，上海教育出版社 1987 年版。
8. ［捷］夸美纽斯著，任钟印译：《大教学论·教学法解析》，人民教育出版社 2006 年版。
9. ［英］洛克著，杨汉麟译：《教育漫话（全译·注释本）》，人民教育出版社 2006 年版。
10. 李林静编著：《学校卫生学》，西南师范大学出版社 1986 年版。
11. 中央教育科学研究所比较教育研究室编译：《简明国际教育百科全书·人的发展》，教育科学出版社 1989 年版。
12. 哈尔滨医科大学主编：《儿童少年卫生学》，人民卫生出版社 1980 年版。
13. 唐锡麟编：《儿童少年生长发育》，人民卫生出版社 1991 年版。

14. 徐苏恩主编:《儿童少年卫生学进展》，人民卫生出版社 1984 年版。
15. 刘志诚、于守洋主编:《营养与食品卫生学》，人民卫生出版社 1988 年版。
16. 北京师范大学公共心理学编写组编:《心理学》，北京师范大学出版社 1985 年版。
17. 陈家麟著:《学校心理卫生学》，教育科学出版社 1991 年版。
18. [美] 林格伦著，章志光等译:《课堂教育心理学》，云南人民出版社 1983 年版。
19. 张德琇著:《教育心理研究》，教育科学出版社 1982 年版。
20. [日] 诧摩武俊著，临立译:《儿童的性格与心理》，天地图书有限公司 1977 年版。
21. [苏] E. B. 肖洛霍娃主编，吴志革等译:《个性心理学和生活方式》，社会科学文献出版社 1989 年版。
22. [苏] B. A. 瑟先科著，陈一筠译:《夫妇冲突》，中国妇女出版社 1984 年版。
23. [日] 山根清道编，张增杰等译:《犯罪心理学》，群众出版社 1984 年版。
24. [美] 凯特·穆迪著，粟秀玉译:《电视的影响与儿童电视病》，中国广播电视出版社 1988 年版。
25. 邵瑞珍等编著:《教育心理学》，上海教育出版社 1983 年版。
26. 朱文思主编:《教学的生理心理卫生》，上海科学技术出版社 1982 年版。
27. 朱家雄主编:《现代儿童保健百科全书》，中国大百科全书出版社上海分社 1994 年版。
28. 钱信忠主编:《中国医学百科全书·社会医学和卫生管理学》，上海科学技术出版社 1984 年版。
29. 郑晓边编译:《儿童行为障碍与矫正》，广西科学技术出版社 1990 年版。

30. 陶国泰编:《儿童多动症的研究》,天津科学技术出版社 1983 年版。
31. [美] W. B. 科勒斯涅克著,陈云清译:《学习方法及其在教育上的应用》,山西人民出版社 1981 年版。
32. 陈永生主编:《高校健康教育教程》,华东师范大学出版社 1992 年版。
33. [美] 柏忠言编著:《西方社会病》,生活·读书·新知三联书店 1983 年版。
34. 周达生、戴梅竞编著:《现代社会病》,上海中医学院出版社 1993 年版。
35. [日] 依田新主编,杨宗义等译:《青年心理学》,知识出版社 1981 年版。
36. [美] Z. 拉里斯、M. D. 罗斯著,张丛元等译:《人类性心理》,光明日报出版社 1989 年版。
37. [苏] Д. B. 科列索夫著,宁波等译:《性教育漫谈》,国际文化出版公司 1988 年版。
38. [英] S. 毕比著,林立等编译:《性教育学》,农村读物出版社 1989 年版。
39. 钟启泉编著:《现代课程论》,上海教育出版社 1989 年版。
40. [美] 埃利希·弗洛姆著,孙依依译:《爱的艺术》,工人出版社 1986 年版。
41. [美] 迈克·佩克编著,李立等译:《家庭·社会的冲击波》,中国社会科学出版社 1992 年版。
42. 郑日昌、陈永胜著:《学校心理咨询》,人民教育出版社 1991 年版。

二、中文论文

1. 杨波:《儿少卫生学问答》,载《学校卫生》1983 年第 1 期。
2. 贾灏、周宗祺、朱贵升:《对儿少卫生工作发展方向的讨论意见》,载《学校卫生》1983 年第 4 期。

3. 唐锡麟：《试谈儿少卫生学的立足点》，载《学校卫生》1982年第2期。
4. 傅茂笋：《从现代医学的发展看儿少卫生学的研究方向》，载《学校卫生》1985年第2期。
5. 程桂兰等：《睾丸与儿童少年生长发育关系的初步探讨》，载《学校卫生》1989年第3期。
6. 陈明达等：《关于中国青少年儿童身体形态、机能、素质研究的概述》，载《体育科学》1981年第1期。
7. 胡虞志：《要重视当代儿童发育加速面临的有关问题》，载《学校卫生》1986年第4期。
8. 朱家雄等：《碘缺乏对儿童青少年智力和体格发育的影响以及缺碘地区学校教育的若干问题》，载《华东师范大学学报（教育科学版）》1986年第3期。
9. 陈家麟：《中小学生心理健康问题研究》，载《教育研究》1985年第6期。
10. 罗炳光：《中小学生心理不健康比例偏高》，载《新民晚报》1989年1月11日。
11. 孙煜明：《儿童问题行为与心理挫折》，载《南京师范学院学报（社会科学版）》1986年第2期。
12. 于言舒等：《慢性疾病对儿童社会心理发育的影响》，载《中国儿童发展》1993年第6期。
13. 叶恭绍、吕姿之：《三十二年来我国儿童少年卫生研究工作的回顾》，载《中国预防医学杂志》1982年第1期。
14. ［日］黑羽弥生，吕彦译：《关于欧、美、日本等国学校防止学生吸烟的教育》，载《体育译文》1985年第2期。

三、外文图书和论文

1. Allensworth，D. D.，et al.，The Comprehensive School Health Pro-

gram: Exploring an Expanded Concept, *Journal of School Health*, Vol. 57, No. 10, 1987.

2. Marshall, W. A. & Tanner, J. M., Puberty, *Human Growth*, (edited by Falkner, F. & Tanner, J. M.), Vol. 2, 1986.
3. Van Wieringen, J. C., *Secular Growth Changes*, *Human Growth*, Vol. 3, (edited by Falkner, F. & Tanner, J. M.), 1986.
4. Hetherington, E. M., et al., Long-term Effects of Divorce and Remarriage on the Adjustment of Children, *J. Am. Acad. Child Psychiatry*, Vol. 24, 1985.
5. Clark, L. L., et al., Emotional and Behavioural Problems Experienced by Children Living in Single-Parent Families: A Pilot Study, *Journal of Paediatrics and Child Health*, Vol. 29, No. 5, 1993.
6. Johnson, J. H., *Life Events as Stressors in Childhood and Adolescence*, 1986.
7. Cowen, E. L., et al., Differentiating Attributes of Children Referred to a School Mental Health Program, *Journal of Abnormal Child Psychology*, Vol. 12, 1984.
8. Lawrence, D. B. & Russ, S. W., *Mediating Variables between Life Stress and Symptoms among Young Adolescents*, paper presented at the annual meeting of the American Psychological Association, Los Angeles, 1985.
9. Sterling, S., et al., Recent Stressful Life Events and Young Children's School Adjustment, *American Journal of Community Psychology*, Vol. 13, 1985.
10. Fontana, A. & Dovidio, J. F., The Relationship between Stressful Life Events and School Related Performances of Type A and Type B Adolescents, *Journal of Human Stress*, Vol. 10, 1984.
11. Mullins, L. L., et al., Cognitive Problem Solving and Life Event Cor-

relates of Depressive Symtoms in Children, *Journal of Abnormal Child Psychology*, Vol. 13, 1985.

12. Strober, M., Stressful Life Events Associated with Bulimia Anorexia Nervosa, *International Journal of Eating Disorders*, Vol. 3, 1984.
13. Carey, V., et al., Childhood Injury Mortality in New South Wales, *Journal of Paediatrics and Child Health*, Vol. 29, No. 2, 1993.
14. Achenbach, T. M., et al., *National Survey of Problems and Competencies among Four to Sixteen-Year-Olds*, 1991.
15. Goldney, R. D., Suicide in the Young, *Journal of Paediatrics and Child Health*, Vol. 29, (Supplement), 1993.
16. Power, T. & Bartholomew, K., Family-school Relationship Patterns: An Ecological Assessment, *School Psychology Review*, Vol. 16, 1987.
17. Sabbeth, B. & Stein, R., Mental Health Referral: A Weak Link in Comprehensive Care of Children with Chronic Physical Illness, *Journal of Developmental and Behavioural Pediatrics*, Vol. 11, 1990.
18. Hobfoll, S. E. & Vaux, A., Social Support: Social Resources and Social Context, in *Handbook of Stress* (Goldberger, L., et al. eds.), 1993.
19. Sarason, B. R., Sarason, I. G. & Pierce, G. R. (eds.), *Social Support: An Interactional View*, 1990.
20. Antonucci, T. C., et al., Social Support and Reciprocity: A Cross-ethnic and Cross-national Perspective, *Journal of Social and Personal Relationships*, Vol. 7, 1990.
21. Shumaker, S. A. & Brownell, A., Toward a Theory of Social Support: Closing the Conceptual Gaps, *Journal of Social Issues*, Vol. 40, 1984.
22. Vaux, A., *Social Support: Theory, Research and Intervention*, 1988.
23. Stone, D. B., et al., *Elementary School Health Education: Ecologi-*

cal Perspectives，1976.

24. Thompson，R.，*School Counseling Renewal*，1992.

25. Schultz，E. W.，et al.，School Climate：Psychological Health and Well Being in School，*Journal of School Health*，Vol. 57，No. 10，1987.

26. ［日］高石昌弘著:《健康与教育》，载《教育学大全集 20》，第一法规出版株式会社 1983 年版。

27. ［日］高石昌弘著:《学校保健概说》，东京同文书院 1980 年版。

